D1687019

Licht. Schatten.

Eberhard Schlotter
„Unsicher", Öl auf Leinwand, 1970
80 x 75 cm
Privatbesitz, Bad Bevensen

Licht. Schatten.

Festschrift für Eberhard Schlotter
zum 85. Geburtstag

herausgegeben von

Hans Reinhardt und Thomas Reinheimer

Justus von Liebig Verlag

Impressum:

© Copyright 2006
für die einzelnen Beiträge bei den Autoren und Künstlern
für die Zusammenstellung beim Justus von Liebig Verlag, Darmstadt
ISBN 3-87390-212-5
Gestaltung und Druck: Druckerei Ph. Reinheimer GmbH, Darmstadt
Justus von Liebig Verlag, Darmstadt

Mit dem Titel unserer Festschrift unternehmen wir den Versuch, die Beiträge der Gratulanten durch ein Rahmenthema zu bündeln. Licht. Schatten. Die Metaphern schienen uns mächtig und ergiebig. Die Möglichkeit, das gesetzte Thema radikal zu variieren oder es gar ganz beiseite zu schieben, haben wir eingeräumt. Der Zuspruch der Freunde war groß.

Die Original-Grafiken von Günter Grass, Leo Leonhard, Christoph Meckel, Malte Sartorius, Götz Spieß und Paul Wunderlich überreichen wir in einer gesonderten Mappe.

Für das Leben von Pilzen ist Licht nicht erforderlich. Für sogenannte Glückspilze schon. Hilde Domin wünscht Dir, lieber Eberhard, zum „hohen" Geburtstag alles Gute. Von Deinem Sturz wußte sie nichts. Im hohen Alter von sechsundneunzig Jahren starb sie im Februar.

Seit einem Jahrzehnt schenken Kunstwissenschaftler dem „Schlagschatten" größere Aufmerksamkeit. Deine Malerei, Deine Grafik, Eberhard, könnten den Diskurs bereichern. Kein Zweifel!

Wirf weiterhin Schatten. Und bleibe im Licht.

Wir gratulieren.

Die Herausgeber

INHALT

Dieter Ronte, Eberhards Schatten-Licht 8

Hilde Domin, Nicht müde werden 10

Werner Fuld, „Transkription" (Arno Schmidt) 12

Irena Berjas, Schatten-Bilder 14

Christoph Meckel, Schwarz, die Schwärze 18

Christoph Meckel, „Figur" (Radierung) 19

Horst Denkler, Buntenbock 20

Günter Kunert, WEIT FORT 22

(eS) *„Licht" auf Tabarca* 23

Bernd Rauschenbach, Das Märchen vom Maler Orpheus und seinem Schatten 24

Gabriele Wohmann, Die Kälte 26

Peter Rühmkorf, Um Gedichte so richtig zum Leuchten zu bringen 28

Günter Grass, „Verschiedene Pilze" (Lithografie) 30

Leo Leonhard, „Zwei Paar Schuhe" (Radierung) 32

Malte Sartorius, „Atelier Altea" (Radierung) 34

Götz Spieß, „Mauerregal im Mirador" (Radierung) 36

Paul Wunderlich, o.T. (Radierung) 38

Klaus Fußmann, Den Maler Eberhard Schlotter kenne ich 40

Federico Kauffmann Doig, Ultratumba entre los Antiguos Peruanos 42

Dietrich Briesemeister, Don Quijote Ilustrado 48

Alfredo Gómez Gil, Los Grabados sobre el „Fausto" de J. W. von Goethe por Eberhard Schlotter 64

Heiko Postma, Der Blick durchs Loch in der Mauer 66

(eS) *Collage zu Kolumbus* 69

Karl Riha, VICE VERSA 70

(eS) *Stilleben* 71

Björn Engholm, Erinnerung an Horst Skodlerrak 72

Konstanze Radziwill, Und wieder Kunst und Leben 74

Wolfram Benda, Llombay 78

Hilmar Hoffmann, „Kultur für alle" bleibt auf der Agenda der Zukunftssicherung 80

Ingrid Kranz, „Es gibt für mich nur farbige Schatten" (Kurt Kranz) 82

Maria Friedrich, Grußadresse 84

Gotthelf Schlotter, Mit Dank 86

Ursula und Heiko von der Leyen, Onkel Eberhard zum Fünfundachtzigsten 88

Rolf Becks, Im Schatten des Orakelbaums oder Möglichkeiten und Grenzen der Zukunftsforschung 90

Jörg M. Wills, Licht, Schatten und Mathematik 98

Günther Moewes, Hallo, Lichtstrahl 100

Klaus Pörtl, Schwarz-weiß auf Zelluloid: Luis Buñuel in seiner surrealistischen Epoche 102

Jörg Drews, Kreuz- und Querzüge durch meine Bibliothek 112

(eS) *Stilleben* 117

Anita Shah, Altea, im Februar 2006 118

Helmut Luft, Für Eberhard, den Künstler und den Freund 120

(eS) *„Peter Schlemihl"* 122

Hans Ulrich Engelmann, „Verlorener Schatten" 124

Bernd Krimmel, Die wundersame Geschichte des Eberhard Schlemihl alias Don Quischlott 126

Werner Fuld, Nichts und viel Neues 130

Hans Wollschläger, Vom langsamen Gang 132

Zu den Autoren 136

Dieter Ronte

EBERHARDS SCHATTEN-LICHT

Gegensätze ziehen sich an? Der Volksmund hat nicht recht. Das Helle und das Dunkle, Licht und Schatten bedingen einander. Sie sind existenziell. Schon Platon hat es in seinem Höhlenbeispiel nachgewiesen, in seiner Untersuchung über das Licht und den Schatten, die Illusion, Wirklichkeit und Wahrhaftigkeit.

Bei dieser Suche nach Wahrheit, die nur indirekt angesprochen wurde, müssen wir nicht schlottern. Eberhard Schlotter hilft uns Verzagenden, indem er Licht und Schatten voneinander trennt, um sie zugleich wieder miteinander zu verbinden. Damit sind die Radierungen inkludiert, das Hell und Dunkel, das Schwarz und Weiß, ebenso wie die Bilder, die sich langsam evolvieren. Sie wachsen aus dem Umriss heraus, um sich selbst besser zu artikulieren, um später mit deutlicher Schärfe Dinge gegeneinander stellen zu können, die wie Schatten und Licht aufeinander wirken.

Schlotter gelingt es, vom Realisten zum abstrahierenden Schilderer und dann, zum Surrealisten zu werden; ein denkender Künstler, der diesen Gattungen dennoch nie entsprochen hat. Licht und Schatten bedeutet für ihn Höhle und Projektion, Geborenwerden und Leben, Wandern zwischen den Städten, zwischen der Stadt des Darmverschlusses (statt Darm) bis zu Hannover (nicht alleine, sondern an der Leine) und Celle (ohne Monasterium oder gar Cellulitis) und auch zu den spanischen Höhen von Altea (fast hoch, doch zentral maritim). Er pendelt zwischen Licht und Schatten, zwischen Sonne und Nebel, zwischen der Hitze und der Kälte der Kulturen, zwischen alter und ego.

Ist er die Lichtgestalt, die ausdauernd-permanent ästhetischen Schatten wirft? Die Biografie des Künstlers liest sich erleuchtend atemberaubend, wenn man bedenkt, dass viele Künstler seines Jahrgangs (z.B. Joseph Beuys, Emil Schumacher) nur dort arbeiten konnten, wo sie geboren wurden, am Niederrhein, am Rhein, in Westfalen usw. Zettels Traum als Biografie? Nein, die Verortung Zettels alias Schlotters durch den Freund Arno Schmidt ist inkorrekt. Die sprachlich hingeworfene Verwortung entspricht nicht den bildmächtigen Wanderungen des Schilderers.

Dennoch ist Schlotter wie Arno beweglich, erstaunlich flügelleicht, sozusagen ein intellektueller Überflieger der Bilder. Er kann verbinden, was unverbindbar erscheint. Er kann die Schwere eines Aktes im Dunkeln eines deutschen Zimmers, die Sinnlichkeit dieser Frauen mit der Leichtigkeit der spanischen Mancha verbinden – so wie Cervantes; aber auch mit anderen Schriftstellern, ohne sich selbst verlassen zu müssen. Schlotter agiert über Jahrhunderte, nicht im Sinne von Ewigkeit, über viele Jahrzehnte hinaus von sich selbst zu sich selbst und zu anderen. Er ist ein dunkler Tresor europäischer Geschichte, die er immer wieder Blitze schlagen lässt.

Ein Tertium comparationis ist wichtig für ihn. Nicht das duale Prinzip von Licht und Schatten; nein, dieses ambivalente Verhalten zu Schatten und Licht bestimmt sein Oeuvre. Dieses ist viel reicher als nur von Abhängigkeiten bestimmt. Es ist impulsiv und gebildet (kein Gegensatz), von hoher humanistischer Ausprägung und zugleich von größter privater Freiheit. Diese fordert nicht die Unterwerfung des Betrachters, aber seine Zuneigung an die Vorgaben des Künstlers.

Hier beginnt das Problem von Schatten und Licht: der Vorwurf, die Rezeption, die Projektion, die Internalisierung, die Fläche, die Helle, die Dunkelheit aber auch das Verständnis, das Unverständnis, die Erhellung, die absolute intellektuelle Dunkelheit oder Klarheit, der Ruhm und die Finsternis, Exaktheit und Verweigerung, Orden und Verlassenheit. Die Höhle des Eremiten ist öffentlich.

Schlotter spielt mit diesen Paradigmen, den Gegensätzen. Er liebt sie, er fordert sie heraus. Präzise wie ein Don Quichotte spielt er mit Wirklichkeit und Nicht-Wirklichkeit, bewegt er sich in der Mancha del Arte, versucht er, zwischen pata negra und tinto, zwischen Mosel und Geburt zu unterscheiden. Schlotter ist ein Künstler, der klärend eingreifen will. Er weiß, was er sagt, vielleicht auch erst, nachdem er es gestaltet hat. Aber er formuliert immer präzise, was er will. Er ist kein Stotterer, kein Schlafender, kein sich selbst Erweckender, sondern un misionero, der mit der Hand nach vorne zeigt: so und nicht anders. So wie Licht und Schatten separierbare Schnittstellen sind, so unzertrennbar sind sie. Die schmale ‚spanische' Figur wirft erhellende Dunkelheit in Bildern.

Schlotter ist ein Vorgebender. Er glaubt an seine Vorausgaben. Er weiß, dass ohne kreative Visionen die Welt sich anders darstellen würde. Nicht Ereignis als Event ist gefragt, sondern die Betrachtungsweise auf eine Welt, die in sich gesehen katastrophal ist, aber durch die Don Quichottesche Brille vielleicht besser verstanden werden kann. Schlotter formuliert präzise und hart, aber für den Rezipienten dennoch im Konjunktiv. Die Optionen nach Fragen werden nicht a priori vernichtet. Seit der Renaissance liebt die Öffentlichkeit – aber nicht in Deutschland (seit dem Faschismus) – den pictor doctus, der Schlotter eigentlich ist.

Licht- und Schattenwirkung – im Schatten steht der Rezipient, er ist wahrscheinlich meist der Dümmere – zeigen auf, dass ein Künstler wie Schlotter in vielen

Medien, Techniken, besonders im Bereich der Radierungen und Zeichnungen, aber auch in vielen Gemälden mit ihren Widersprüchen in der Lage ist, die Kontrastwirkung von Hell und Dunkel im Sinne von Verstand und Unverstand, von Licht und Schatten im Sinne von Weiß und Schwarz zu visualisieren.

Dass ein Künstler sich verändern kann, dass er eine permanent neue Entäußerung sucht, ohne sich stilistisch zu verlassen, ist in der Kunst der Nachkriegszeit der Bundesrepublik Deutschland – die wahrlich, ästhetisch, intellektuell, theoretisch, kulturpolitisch, politisch, föderalistisch, ökonomisch, sozial, sozial gerecht, sozial ungerecht usw. zu werten ist – eine Setzung, die nur wenige Künstler geschafft haben – alle aber von späterer, jüngerer Generation.

Der unmittelbare Drang zur Artikulierung in der Verbindung mit politisch sozialer Verantwortung – ohne dass ein dogmatisches Theorem daraus entwächst als spielerischer Vorwurf an eine sich nicht ändern wollende Gesellschaft – ist das Rezept Schlotters, ohne dass dieses als Regelwerk auch nur irgendwie in der Vielfalt der Ereignisse der Werke Schlotters ein rechtsgültiges Erklärungsmodell liefert. Schatten und Licht messen nicht wie eine Waage.

Licht und Schatten sind Gegensätze, die Vielfältigkeiten und Abhängigkeiten bewirken. Schlotter nutzt diese Spannung par excellence; aus sich heraus, für uns alle, als Künstler, als Streiter, als Vorwerfer, als Akzeptierender, als ein sich der Literatur Unterwerfender und ihr Visualisierender; als ein Künstler ungewöhnlicher Lebensdaten. Die Orte sind unterschiedlicher kaum zu denken. Sie differieren im Licht, in der Sprache, in ihren Präzisionen und Leichtigkeiten, im Geschmack, im Geruch, in den Schärfen und Untiefen, in den Weichheiten und ihren Verdauungsmöglichkeiten. Schlotter ist ein Künstler, der wie kein anderer die Suche nach der ästhetischen Nische nicht befolgt hat. Er bleibt bis heute ein Wanderer. Licht und Schatten werden ihn auf diesem Weg weiterhin hoffentlich noch viele Jahre begleiten. Europa braucht keine Schlemihls, sondern Europäer, die Schatten werfen, Männer mit Eigenschaften.

Hilde Domin †

NICHT MÜDE WERDEN

> Nicht müde werden
>
> Nicht müde werden
> sondern dem Wunder
> leise
> wie einem Vogel
> die Hand hinhalten.
>
> Hilde Domin

HILDE DOMIN
Nicht müde werden...

Ihnen, sehr geehrter Herr Schlotter,
alles Gute, wünscht zum lieben
Geburtstag Ihre
    Hilde Domin —
    schon 96 (!)

LITERARISCHE ANSICHTS-KARTE 105
GERHARD C. KRISCHKER
KLEEBAUMSGASSE 9 · 96049 BAMBERG

– geschrieben im November 2005 –

Hilde Domin starb am 22. Februar 2006

Werner Fuld

TRANSKRIPTION

Arno Schmidt
Elysium
2. Stock, links

Lieber Eberhard!

Entschuldige, daß ich so spät schreibe – aber 1. ist es ja ungefähr so, wie wenn jemand von Dir verlangte, Du solltest, nach Feieramd, zu Deiner Erholung noch ein bißchen malen, und 2. (Und das ist das Entscheidende) hat die Sezession bis gestern darüber diskutiert, was hienieden zu Deinem 85. veranstaltet werden soll – : Es soll ja was Würdiges sein wie bei meinem Fest, als die Schröter in durchsichtigstem Necklige aus Lilis Neckermann-Katalogen rezitierte: Volle Corona, kann ich Dir flüstern!

Zur Sache: Du weißt, daß ich von Kunst nichts verstehe; (das bißchen, was ich davon ahne, habe ich mir praktisch nur an Deinen Arbeiten abgelinst). Deshalb habe ich mich da rausgehalten: Es handelt sich nicht um Dich allein – ich muß ja auch noch den Lilienthal machen.

Beschlossen wurde jedenfalls eine Ausstellung Deiner Schwarzen Serie in der Villa Hades – mit allen Beteiligten (wenn Kreuder nicht wieder unauffindbar ist) als lebenden Modellen. Die „letzten Tage von Pompeji" und die „Beiden Alten" waren ja seinerzeit bei der großen Kunstausstellung in München abgelehnt worden: Wie Du, im Anblick von Schönheit versunken, daselbst grundsätzlich in die Scheiße getreten bist!

Edschmid hatte sich angeboten, aus Deinem Don Quijote einen Roman zu machen – hatte vergessen, daß es das schon gibt. Auch ein Chor der Kunsthändler war im Gespräch. Aber die haben Dir ja jahrelang Krüppel zwischen die Beine geworfen: erst die Salonabstrakten, dann die Schnellfingrigen.
Aber trotzdem (jetzt kann ich's ja sagen) habe ich Dich immer beneidet – : Nicht nur um Deine Kunst des Weglassens, die ich Dir abgelinst habe, sondern wegen Deiner hundertfarbigen Schatten-Palette: Wofür ich mühsam die Wortmaschine anwerfen mußte, lauerte bei Dir immer im Handgelenk. Tina erinnert sich noch, wie ich bei ihr das erste Blatt anstaunte: ›mühsame Technik, diese Siebdrucke‹; naja, ich hatte damals keine Ahnung.

Tieck lutterte mir vorhin übern Weg, als käme er vonner Reise ins Blaue – : stolzgeschwallt präsentierte er mir das Neue Buch: „Die Gemälde", mit den Bildern von Dir – das Nachwort hielt er mir so dicht vor die Brille, daß sie vor Weihrauch beschlug.

Sonst in praxi nichts Neues: Viel schmutzige Wäsche, die Dich nichtmal der Falten wegen intressieren würde – Vandalusien ist eben überall und Darmstadt und Celle auch. Die Gegner werden immer dümmer = ahnungsloser. Die Feinde hätten wir pflegen sollen! Hier unten merken wir immer mehr, daß man abhängig ist von intelligenten Feinden, sonst überlebt man nicht. Du wirst mir noch danken für meine Tagebücher! Richter wäre schon längst im Orkus, wenn Schiller nicht gewesen wäre; hier macht er den Meteorologen und wir lassen ihm das Vergnügen mit den Fröschen. Tina war wegen Purzel dagegen, aber sie hat sich mit Lili so arrangiert, daß sie Purzel mal 'ne Maus mitbringen darf und für mich das Maggi.

Also!: Du versäumst hier nichts! Und hast demnach keinen Grund, Dich hierher zu beeilen! Laß Dich feiern zu Deinem 85. – das ist da oben doch was!

Gruß Arno

Irena Berjas

SCHATTEN-BILDER

Die frühen "Schwarzen Bilder" von Eberhard Schlotter

Aus bestens unterrichteten Kreisen habe ich erfahren, dass im Elysium zum 85. Geburtstag von Eberhard Schlotter in der "Villa Hades" eine Ausstellung der Schwarzen Bilder mit "lebendem Personal" geplant ist. Meiner Ansicht nach können Ort und Akteure nicht besser gewählt sein. Sicherlich wird es einen Katalog aus besonders berufener Feder geben – im Speziellen hoffe ich auf eine Reportage von Plinius über die Geschehnisse während des Ausbruchs des Vesuvs. Doch leider wird sich wie üblich bei dieserlei Veröffentlichungen die Transkription hinziehen.
Ich bin jedoch der Ansicht, dass in dieser Anthologie – diesem Geburtstagsgruß an den Maler Eberhard Schlotter – mit dem Thema „Licht und Schatten" seine Schwarzen Bilder nicht fehlen dürfen. So raffe ich ein wenig zusammen, was andere und ich zu dieser beeindruckenden Gruppe von Gemälden geäußert haben, und erwarte dann mit Spannung Reaktionen und neue Erkenntnisse aus dem Elysium.

Der Kern dieser frühen dunklen Bilder, fast gänzlich reduziert auf die Farbe Schwarz und ihre Abmischungen, entstand in den Jahren 1962 bis 1964. Doch nicht nur die Farbgebung, sondern auch die Technik ist ungewöhnlich. In einer Kombination aus Malerei und Plastik, mit einem Gemenge aus Sand, Bindemittel und Pigment schuf Schlotter Individuen, Einzelpersonen und Gruppen sowie Stillleben, die sich teilweise im Relief über den zweidimensionalen Bildgrund erheben. Zum Teil[1] erinnern sie mit ihren Ritzungen in das feuchte Malmaterial an Sgraffitos. Der suggestiven Wirkung dieser Werke kann sich der Betrachter nicht entziehen.

In einem Brief vom 6. November 1962 berichtete der Künstler seinem Freund, dem Schriftsteller Arno Schmidt: „*Ich bin feste an der Arbeit und Du wirst Freude haben wenn ich Dir sage am Porträt. Durch jahrelanges Experimentieren und Suchen hab ich eine Möglichkeit gefunden die mir schier unbegrenzte Mittel in die Hand gibt.*"[2] Die drei Bildnisse[3], die dann genannt wurden, zählt man heute zu den „Schwarzen Bildern". Diese Quelle gibt nicht nur Hinweise auf die zeitliche Einordnung der Serie, sie spricht auch zwei Themen an, auf die im Folgenden näher eingegangen werden soll: die Suche nach Übereinstimmung zwischen Technik und Ausdruck, und die erneute Beschäftigung mit dem Thema Mensch.

Eberhard Schlotter erwähnte *jahrelanges Experimentieren*, das den Werken vorausgegangen war. Um sich der darin innewohnenden Vorstellung von einer Entwicklung anzunähern, die letztlich zu den „Schwarzen Bildern" führte, muss man auf die frühen, in Spanien entstandenen Arbeiten zurückblicken.

Die zahlreichen Reisen Eberhard Schlotters[4] in Länder der Mittelmeerregion seit dem Beginn der fünfziger Jahre bezeugen seine Faszination für den „Süden", die er rückblickend in dem gleißenden Licht, das die Formen isoliert hervortreten lässt, den Farben und dem Eindruck der stillstehenden Zeit begründet sah[5]. 1956 zog er nach Altea bei Alicante. Er beschäftigte sich weiterhin mit der Darstellung der sichtbaren Welt, doch begann eine Suche nach Hintergründigem in den Dingen. Nach eigenen rückblickenden Reflexionen provozierten die frühen Spanienerfahrungen in dem Maler ein analoges Denken. Ihm erschien das Land noch in der „Archaik" verhaftet mit lebendigen Mythen[6]. Zeugnisse dafür finden sich schon Mitte der fünfziger Jahre besonders in den Radierungen[7]. Durch Motive, in denen ein Boot zum Fisch, der Fisch zum Krug, dessen Schatten wieder zum Fisch wird, verdeutlichte Eberhard Schlotter die Ambivalenz der Formen. Aber nicht nur Formen, sondern auch ihre/die Schatten, von ihrem Ursprung befreit, in den Bildern eine eigene Existenz bekommen, verunsichern die Realitätserfahrung des Betrachters. Schließlich sollten die Oberflächen zum Ausdruck eines persönlichen Eindrucks, einer Empfindung werden, wie aus einem Brief, am 16. Dezember 1957 an den Schriftsteller Arno Schmidt geschrieben, hervorgeht: „*Die Mittel müssen der Form gerecht werden. Eine Glasscheibe wie ein Stein, ein Samttuch wie Holz, ein Berg wie das Meer und Wasser wie ein Stück Blech. Keine banalen Surrealismen, Realität wie Erlebnisse.*"[8] Eberhard Schlotter stellte die Wirklichkeit in seinen Bildern als Wiedergabe einer subjektiven Erfahrung dar. Die Irritation an der optischen Wahrnehmung der Umwelt steigerte er, indem er durch die Verwendung von Sand, Gewebe und Papier, die er in die Bilder aus dieser Zeit einarbeitete, in die malerische Illusion den konkreten Gegenstand einfügte. Dieser ist als Bildelement einerseits in die ästhetische Betrachtung eingebunden, andererseits bleibt seine physische Präsenz erhalten. Man könnte sagen, dass er gleichzeitig Imitation und Realität ist, so wie im Gemälde die Zerstörung der Fiktion einer möglichst authentischen Nachbildung der Wirklichkeit gegenübergestellt wird.

Sand nutzte Eberhard Schlotter in dieser frühen Phase für die Wiedergabe von Mauerstrukturen, doch bald darauf bildete er mit ihm auch andere Außenhüllen nach, wie das an eine metallene Oberfläche erinnernde Meer in dem Gemälde „Watt und alte Wände" aus dem Jahr 1958[9]. In dem „Stillleben mit zwei Gläsern" formte der Künstler 1962[10] die Gegenstände als Relief aus dem Sandgemisch. Die Farbe wurde aus ihrer deskriptiven Funktion entlassen, und der Schritt zu den monochromen, grisailleartigen „Schwarzen Bildern" erscheint geradezu folgerichtig. Hier wird die Meinung vertreten, dass nicht allein jene immer wieder zitierten in-

Eberhard Schlotter
„Die letzten Tage von Pompeji", 1962/63
Öl/Mischtechnik, 130 x 135 cm

neren Erschütterungen[11], hervorgerufen durch die krisengeschüttelte weltpolitische Situation und persönliche Enttäuschungen, zu der düsteren Farbreduzierung führten, sondern sie auch als eine logische Folge langen Suchens und Experimentierens zu sehen ist, hinter der die Frage – *was ist Realität* – steht.

Diverse internationale Künstler setzten ab den vierziger Jahren kunstfremde Materialien wie Gips, Leim, Kitt, Sand, Zement und Asphalt in ihren Gemälden ein. Exemplarisch sollen hier nur Jean Dubuffet (1901-1985), der diese Werke selbst als „Art brut" bezeichnete, und der aus Barcelona stammende Antonio Tàpies (*1923) benannt werden. Letzterer formte aus Sand und Zement an Mauerstrukturen erinnernde Bildgründe. Mit der Technik des Sgraffito legte er die Bildträger teilweise frei, und schuf auf diese Art kryptische Zeichen und an Verletzungen erinnernde Ausschabungen. Gemeinsam ist Tàpies und Dubuffet die subjektive Deformation der zweidimensionalen Bildfläche mit „nichtswürdigen" Mitteln, um die „zivilisierte" Bewusstseinsschicht des Betrachters zu durchdringen und seine Assoziation auf neue Ebenen – eine ursprünglich kindliche, wie bei Dubuffet, oder eine mythische, wie bei Tàpies – zu lenken. Eine in die fünfziger Jahre zurückreichende Auseinandersetzung Eberhard Schlotters mit den hier zitierten Werken internationaler Künstler kann nicht nachgewiesen werden. Doch war ihm der deutsche Maler Willi Baumeister, der seit 1919/20 Sand und Kitt in seine „Mauerbilder" einarbeitete, persönlich bekannt. Beide begegneten sich als Mitglieder der „Neuen Darmstädter Sezession". Das Buch Baumeisters „Das Unbekannte in der Kunst" wurde intensiv rezipiert[12].

Das Experiment begründete sich somit anfänglich in dem Wunsch einer möglichst authentischen Oberflächenwiedergabe. In diesem Entwicklungsprozess wandte Eberhard Schlotter die Mischtechnik freier für den „Gegenstand", entfernt von dem ursprünglichen Sujet – der Wand – an. Das technische Mittel machte das Motiv sowohl optisch als auch haptisch erfahrbar. Die Transformation eines Malmittels, das ab der Mitte der vierziger Jahre von Künstlern der abstrakten Malerei verwendet wurde, für die Gegenstandsnachbildung, schließlich, in den „Schwarzen Bildern", für die Darstellung des Menschen, erscheint geradezu provokant. Doch wie eine Rekonstruktion der Entwicklung der Mischtechnik im Werk Schlotters zeigt, war er ebenso wie die Künstler des Informel fasziniert von der evokativen Kraft des Materials.

Die „Suche" nach dem, was, jenseits der rein optischen Erfahrung, der Gegenstand an Ambivalenzen und Metaphern in sich trägt, führte über das technische „Experiment" zur Ausdruckskraft des Malmittels und schließlich über die Marginalisierung der deskriptiven Funktion der Farbe zur Nutzbarmachung ihrer Wirkung auf den Betrachter. Dies spiegelt sich in den Reaktionen der Presse auf die „Schwarzen Bilder" anschließend an die erste größere Präsentation dieser Werke 1965 im „Haus am Lützowplatz" in Berlin[13]. Die „Berliner Morgenpost" betitelte die Ausstellung als *präzise Alpträume*, der „Telegraf Berlin" charakterisierte *Menschen wie Schatten*, und in der „Berliner Stimme" war zu lesen: *„… bei dem Bild „Pompeji im Aschenregen" [wird] die Wirkung erzielt, als versinke tatsächlich die Stadt in Staub und Asche. Pompeji scheint eine tiefschwarze Esse zu sein."*[14] Unter den 22 ausgestellten Gemälden werden heute 8 zu dieser Werkgruppe gezählt. Vor allem die Bildnisse und Historien, wobei Pompeji das Thema des Untergangs in Staub und Asche in sich trägt, wurden und werden immer wieder mit Untergang, Schatten, Zerstörung und Tod in Verbindung gebracht.

Die intensive Beschäftigung mit der Farbe Schwarz und im Besonderen die Anerkennung ihrer Eigenständigkeit setzte sich erst Ende des 19. Jhs. durch. Die Diskussion, ob Schwarz ein „Abdunkler" oder eine selbstständige Farbe sei, reicht jedoch bis in die Renaissance zurück[15]. Kandinskys These von der psychischen Wirkung der Farbe durch Assoziationen, 1910 in seiner Schrift *„Über das Geistige in der Kunst"*[16] formuliert, war Eberhard Schlotter bekannt[17]. Indem der Künstler die gegenstandsbeschreibende Funktion der Farbe Schwarz auf Tonwerte beschränkte, verstärkte er ihre psychische Farbwirkung. Ähnliche Assoziationen wurden zu den „Schwarzen Bildern" geäußert, wie sie Kandinsky für die Farbe selbst formulierte. Bemerkenswert erscheint, dass die Ausdruckskraft von Schwarz auf den Gegenstand selbst übertragen wird, der dadurch eine Verbindung zu Tod und Vergänglichkeit bekommt. Besonders für die Bildnisse wurde Technik und Farbe gemeinsam zum Ausdrucksträger für „Alter" auf der Schwelle zur Auflösung.

Dies führt nun zu der Gattungsfrage. In der anfangs erwähnten Briefstelle berichtete Eberhard Schlotter davon, dass er sich mit dem Porträt beschäftige. Rückblickend kann man feststellen, dass ein großer Anteil der „Schwarzen Bilder" Darstellungen der menschlichen Figur, sowohl im Bildnis, benannt oder anonym, als auch in der Historie sind.

Der Betrachtung dreier Bildnisse – jenes der „Tante Mel"[18], des „Kasimir Edschmid"[19] und des „Heinrich Schlotter"[20], des Vaters des Künstlers – zeigt, dass besonders die Partien des Inkarnats als erhabenes Relief mit poröser, an Felsen erinnernder Oberfläche nachgebildet wurden. Die Physiognomie orientiert sich an dem Modell, und das Relief nähert sich durch die dritte Dimension der Realität an, doch die zerklüfteten Oberflächen verweigern, gesteigert in der Annäherung an das Bild, die Verwechselbarkeit von Urbild und Abbild. Streng genommen sind diese Porträts im mimetischen Sinn nicht am Modell fixiert. Um eine Vorstellung von dem Dargestellten zu bekommen, wird die Imagination des Betrachters gefordert. Diese wird immer subjektiv sein, da jeder seine eigene „Rekonstruktion" vollzieht. Jedoch ist sie nicht beliebig, da der Maler dem Dargestellten durch Habitus und Mimik spezifische Ausdruckswerte eingegeben hat. Eberhard Schlotter zerstört im Gegensatz zur Fotografie und der traditionellen Porträtmalerei die Suggestion der leiblichen Präsenz des Dargestellten.

Der Vergleich mit Alberto Giacometti mag auf den ersten Blick verwundern. Und doch haben die Menschendarstellungen der „Schwarzen Bilder" in gewisser Hinsicht eine Verwandtschaft mit den Porträtplastiken des Italieners. Beide Porträtformen verweigern die Ineinssetzung mit dem Urbild und fordern die Imagination des Betrachters[21]. Wie die Skulptur Alberto Giacomettis, so entfernt sich auch das Relief der „Schwarzen Bilder" Eberhard Schlotters in der Annäherung im optischen und auch im haptischen Eindruck vom Vorbild bis zur vollständigen Unkenntlichkeit der einzelnen Form. In der Nahsicht erlebt man den Reiz an der amorphen Oberfläche und die Freiheit für eigene Assoziationen. Im Verlangen nach Identifizierung wird der Betrachter hingegen an einen distanzierten Standort zurückgewiesen. In den Figuren der „Schwarzen Bilder", den Porträts, Historien und Namenlosen, rufen Farbe, Technik und Ausdruck, Form und Inhalt gleichermaßen den Eindruck von Vergänglichkeit, Alter und Zerstörung hervor. Die zerklüfteten Oberflächen thematisieren zudem die Dialektik zwischen Präsenz und Absenz des Porträtierten, ein genuines Gattungsproblem.

Das Bildnis seines Vaters schuf Eberhard Schlotter 1964, in dessen Todesjahr. Es zeigt ihn, den Bildhauer Heinrich Schlotter, als Halbfigur, leicht nach rechts gewandt mit erhobenem Kopf und einem in die Ferne gerichteten Blick. Die Darstellung erscheint auf einer zweiten Fläche, die sich scheinbar über den Bildgrund gelegt hat – also wie ein Bild im Bild. Die Fiktion stellt sich als solche dar. Die Konturen des Körpers gehen teilweise in den Hintergrund über. Die leibliche Hülle löst sich wie nach dem Tod auf, nur der Kopf, traditionell Sitz oder Ort des Gedankens, erscheint von dieser Metamorphose noch nicht betroffen zu sein. Das eindrucksvolle Gedenkbild an seinen verstorbenen Vater gehört zu den letzten „Schwarzen Bildern", die Eberhard Schlotter in den sechziger Jahren schuf. Erst fünfundzwanzig Jahre später, Ende der achtziger Jahre, griff er das Thema erneut auf.

---

1) Tatmura – Darstellung als Sgraffito in: Messingstadt, Mitteltafel, 1960/1961, 185x210 cm, Mischtechnik auf Leinwand, Eberhard Schlotter Stiftung Celle.
2) Zitiert aus: Bernd Rauschenbach, Arno Schmidt. Der Briefwechsel mit Eberhard Schlotter, Zürich 1991, S. 216.
3) Es handelt sich dabei um: „Bildnis eines unbekannten Mannes", 1962, Mischtechnik, Verbleib und Maße sind nicht bekannt; „Ernst Kreuder", 1962, Mischtechnik, 108,5 x 54 cm, im Besitz des Künstlers; „Arno Schmidt", 1962, Mischtechnik, 140 x 50 cm, Privatsammlung. Besonders in der letzten Veröffentlichung wird vehement die Meinung vertreten, dass auch das Porträt Arno Schmidts zu dieser Gruppe zählt, vgl. Wolfgang Schneider, Abgesänge. Eberhard Schlotter. Das späte Werk, Darmstadt 2004, S. 104-110.
4) Eine ausführliche Biographie des Künstlers bis 1986 in: Heidi Roch-Stübler und Günther Flemming, Eberhard Schlotter & Arno Schmidt. Viele gemEinsame Wege, Lamspringe 1987, S. 253-272, das. auch eine umfangreiche Bibliographie zum Thema Schmidt/Schlotter.
5) „[...] und natürlich das Licht, das alle Formen klar und deutlich hervortreten läßt. [...] Und dann die Farben, das strahlende Weiß der Dörfer, das tiefe Blau von Meer und Himmel, das Grün und Braun der Felder. Spanien ist wie ein Purgatorium, wie eine Reinigung des Sehens und der Sinne. Und außerdem glauben Sie dort, die Zeit stände still, die Dinge bewegten sich nicht, so wuchtig und wie für die Ewigkeit gebaut erscheinen dörfliche Architekturen oder so träge liegen die Landschaften da. Das reizt mich dieses Moment des Statuarischen, so muß für mich ein Bild sein, wie ein Porträt der Ewigkeit." Zitiert aus: Der Versuch die Wunden zu heilen mit dem Skizzenbuch, Eberhard Schlotter im Gespräch mit Michael Stoeber, in: Galerie Stübler (Hrsg.), Eberhard Schlotter. Frühe und späte Bilder, Hannover 1996, o. S.
6) „Statt Asphalt und Autos, steinige Wege und Eselskarren. In der Archaik des Landes scheinen die Alten Mythen noch lebendig. Traum und Wirklichkeit verschwammen hier in eins nichts scheint natürlicher als ein Denken und Gestalten in Analogien und Metaphern: ein Boot, das zum Fisch, ein Krug, der zum Frauenleib wird und so weiter und so fort." Zitiert aus: Stoeber 1996, a.a.O. (Anm. V), o. S.
7) Einige Beispiele: „Mediterrane Welt", Radierung 1955; „Der Felsen", Radierung 1955; „Der große Krug", Radierung 1955, alle abgebildet in: Eberhard Schlotter. Werkverzeichnis der Radierungen von 1936–1968, Darmstadt o. J. [1968], Nr. 107, 108 und 111.
8) Zitiert aus: Bernd Rauschenbach (Hrsg.) Schmidt/Schlotter 1991, a.a.O. (Anm. II), S. 65.
9) „Watt und alte Wände", Öl und Mischtechnik auf Leinwand, 1958, 95 x 120 cm.
10) „Stilleben mit zwei Gläsern", Mischtechnik auf Leinwand, 1962, 34 x 50 cm, im Besitz des Künstlers.
11) Letztlich erneut aufgegriffen und intensiv behandelt bei: Schneider 2004, S. 104-107 (Anm. III).
12) Das Buch „Das Unbekannte in der Kunst" kam am 21.11.1947 in einer Auflage von 5000 Exemplaren in den Buchhandel. Vgl. Felicitas Baumeister und Jochen Canobbi, Biographie, in: Gottfried Boehm, Willi Baumeister, Stuttgart 1995, S.227.
13) Farbe wagt sich nicht hervor. Werke Eberhard Schlotters im Haus am Lützowplatz, in: Die Welt, Berlin vom 2.2.1965; Präzise Alpträume. Drei Maler stellen am Lützowplatz aus, Berliner Morgenpost vom 4.2.1965; Interessante Note im Ausstellungsprogramm, in: Berliner Stimme vom 6.2.1965; Menschen wie Schatten. Bilder und Montagen am Lützowplatz, in: Telegraf Berlin vom 19.2.1965.
14) Siehe Anm. XII. Vgl. auch: Irena Stiefel: Das Porträt des Kasimir Edschmid von Eberhard Schlotter. Die Präsenz des Malers im Bildnis, unveröffentlichte Magisterarbeit, FU-Berlin 2000, S. 35-37.
15) Vgl. John Gage, Die Sprache der Farben. Bedeutungswandel der Farbe in der bildenden Kunst, Ravensburg 1999 (London 1999), S. 229 ff.
16) Wassily Kandinsky, Über das Geistige in der Kunst, Bern-Bümlitz 1952 (München 1912).
17) Max Peter Maass, Eberhard Schlotter, Darmstadt 1971, S. 298.
18) „Tante Mel", 1963, Mischtechnik auf Leinwand, 115 x 105 cm, im Besitz des Künstlers.
19) „Kasimir Edschmid", 1964, Mischtechnik auf Nessel, 125 x 120 cm, im Besitz des Künstlers.
20) „Mein Vater", 1964, Mischtechnik auf Leinwand, 145 x 130 cm, im Besitz des Künstlers.
21) Vgl. Max Imdahl, Relationen zwischen Porträt und Individuum, in: M. Frank und A. Haverkamp (Hrsg.), Individualität, in: Poetik und Hermeneutik XIII, München 1988, S. 587-598.

Christoph Meckel

SCHWARZ, DIE SCHWÄRZE

für Eberhard Schlotter,
Meister der Aquatinta

Als ich anfing zu zeichnen, mit achtzehn Jahren, wollte ich Schwarz und Schwärze beherrschen. Das zukünftige Schwarz, meine Schwärze, sollte rauh und restlos Schwarz sein, dichtes Dunkel mit dem Gewicht vollkommener Lichtlosigkeit. Schwärze sollte wie ein Tierblick glänzen. Die Vorstellung bleibt nach Jahrzehnten stark wie im Anfang. Aus meinem Zinkblech ätzte ich ein Schwarz, das zuviel Grau enthielt, zuwenig Glanz ausstrahlte. Ein Grund dafür war die braune Kupferdruck-Farbe. Ich ersetzte sie durch Schwarz mit leichtem Grünton (mischte etwas Gelb in das schwarze Schwarz).

Zur erhofften Schwärze verhalf mir ein Zufall. Ich glaubte, eine Platte verätzt zu haben, in warm gewordener, zu starker Säure; der Probeabzug zeigte das Gegenteil. Die Ätzung war tiefer als sonst in das Zinkblech gegangen, die freigelegte, genaue Struktur der Striche hielt mehr Farbe fest als jede, die ich bisher gezeichnet hatte. Mein Schwarz erwies sich als fest, tief, leuchtend (Schwarz war für mich nie die Farbe des Todes). Es kam jetzt darauf an, die Plattentöne und Grauwerte zu gestalten, damit sie das Übergewicht der Schwärze im Bild festhielten.

AQUATINTA entdeckte ich zuerst bei Goya, Klinger, Dix, und war überzeugt, daß dieses Verfahren auch für mich gut sei. Also ging ich los auf AQUATINTA, wirbelte Asphaltstaub im Kasten, zuviel, zuwenig, und bemerkte nach ein paar Probedrucken: andere machten das besser als ich. Sie brauchten Abstufungen von Schwarz, Varianten von Schwärze, nicht Schwärze selbst. Die Schwärze, die ich mit AQUATINTA erreichte, hatte zuviel von technisch-grafischer Tönung. Sie war für mein Bild zu glatt, zu dünn, zu sehr hergestellt und herstellbar, zu wenig gezeichnet, nicht elementar. Die Schwärze, die ich zu machen versuchte, kam im Risiko, durch Zeichnung zustande.

Das ist lange her. Später wurde alles Technische zu Magie, zwischen Versuch und Erfahrung, Spiel und Notwendigkeit, Grundstein und Schlußstein eine Gewißheit des Zeichners, immer gefährdet und unerschöpflich.

Als ich KALTNADEL für mich entdeckte, erfuhr ich, was Schwarz war und Schwärze und sah, die kam nur selten durch Ätzung zustande. Das Schwarz der Kaltnadel wurde Gewißheit, Zauber.

Christoph Meckel

„Figur", 1985
Radierung, 20 x 20 cm

11/15
„F. Eberhard Schlotter"

Horst Denkler

BUNTENBOCK

Sich selbst hat er als „Maler" bezeichnet, der liest und schreibt (3/18):[1] Bekennender „Freund der Literatur und begierig Lernender", interessiert an „Geschichte und Geschichten" neben den „tausend Gesichten" (7/10), ist Eberhard Schlotter stets bemüht gewesen, „Worte, gesagte, geschriebene, [...] zu erfahren, zu benutzen" und sich der „Sprache" als Ausdrucks- und „Verständigungsmittel" zu bedienen (Sbd 3/16 und 9), um sein bildkünstlerisches Darstellungspotential zu ergänzen und zu erweitern. Seiner Maxime entsprechend, daß die Verwendung von Sprache verlangt, „mit ihr umgehen" zu können (Sbd 3/9), beweisen die zwischen 1994 und 2005 erschienenen 29 Einzelhefte seiner *Geschichten hinter Bildern*[2] sein Vermögen, dieser Verpflichtung gerecht zu werden. Denn im Malen wie im Reden und Schreiben beherzigt Schlotter seine Künstlererfahrung, daß mit dem „Handwerk" alles anfängt (13/15) und sich der Kunstwert mit dem Handwerklichen entscheidet (Sbd 2/7).

Schlotters literarische „Anblicke, Einblicke, Ausblicke" (1/7), in denen sich „Wahrheit und Dichtung – Realität und Imagination – Angst und Phantasie" (NF 4/16) mischen, suchen daher artifizielle Originalität mit technischer Perfektion zu verbinden: Erinnerungen, Beobachtungen, Erlebnisse, Anekdoten, Lesefrüchte, Randbemerkungen, Seitenkommentare, Reflexionen, Bekenntnisse, Notizen und Skizzen sammeln sich zu Prosakatarakten, die das „Gedankenhinundher" (NF 3/12) zum ästhetischen Spiel koordinierter Reminiszenzen, Assoziationen, Synästhesien steigern und das Neben- und Nacheinander von Raum und Zeit auf- und herumwirbelnd zum Tanzen bringen. Dabei geraten Stoffe und Themen in gegenseitig befruchtende Wechselbeziehungen und entfalten jenen berückenden „Beziehungszauber", den Peter Rühmkorf in anderem Zusammenhang beschrieben und Schlotter für sich und seine Geistesverwandten gelten gelassen hat (Sbd 4/12): Herkunft, Familie, Frauen, Freunde, Bekannte, Krieg und Nachkrieg, Heimat und Fremde, Leben und Tod sowie alles, worin Dieter Fortes Roman *Auf der anderen Seite der Welt* (2004) die Essenz und Substanz des Geschichten-Erzählens begreifen will: „Licht und Finsternis, Hell und Dunkel, Tag und Nacht".[3]

Was Wunder, daß Schlotter zum 65. Geburtstag eine Festschrift verehrt wurde, welche Licht und Schatten in Beziehung setzt (12/18 f.): Der Maler des schattenlosen Lichtes und des lichtlosen Schattens, der schattenwerfenden und ohne Schatten auskommenden Figuren und Gegenstände, der Lichtwelten und Schattenreiche hat nach eigener Aussage stets mit einem hellen und einem dunklen Auge (Sbd 3/16) auf die „lichte Leinwand" geschaut, die ihn immer wieder und stets von neuem herausfordert, sie mit Farben zu bedecken und mithin beschattend einzudunkeln (4/10). Seine „Wortfindungen" (NF, Sbd 1/19) für entsprechende Bildunterschriften sind daher unerschöpflich, wie nur einige Beispiele von vielen bezeugen mögen. „Auf schwarzem Grund", „Schwarzer Lappen", „Schwarze Treppe" treffen auf „Kaltes Licht", „Lichtbild", „Cap Blanc", „Weißes Meer". „Dem Schatten auf der Spur" sind viele Bilder und heißen: „Austritt der Schatten", „Schatten im Alleingang", „Schatten im Abgang", „Im Schatten viel Neues", „Farbige Schatten", „Die Schatten werden immer schwärzer", „Schatten in der Mauer", „Der Schatten einer Tasse", „Schatten und Gläser", „Flaschen-Schatten", „Der konstruktive Schatten", „Eurydikes Schatten", „Am Acheron" und „Eingang zur Unterwelt", in der ja bekanntlich die Toten als Schatten den Verlust des Lichtes betrauern. Und schließlich verbinden „Licht und Schatten" das Helle und das Dunkle: „Zwielichtiges", „Masken in Halbtrauer", „Zwischen-Reich" spielen auf die „Passage" zwischen den Gegensatzpolen mit ihren vieldeutigen Ambivalenzen an, die sich zwischen „starken Farben und Dunkelheiten" einerseits und dem „großen Licht" andererseits auftun (4/19).

Was sich in den soweit in Auswahl herbeizitierten Bildtiteln andeutet, setzt sich in Schlotters literarischen Texten fort: Das „Licht" (Sbd 4/14) und die „Lichtlosigkeit" (3/8) mit allen ihren Übergängen und Zwischenwerten werden geradezu leitmotivisch heraufbeschworen.

„Ich freue mich über das Licht" (4/6), heißt es in einem Text, in einem anderen: „Das bißchen Licht, was es gibt, lohnt zu lieben." (10/12). In glückseligen „Lichtjahren" (NF 3/10; NF 4/6), erfüllt von „strahlendem Tageslicht" (NF 4/16), werden die Mittelmeerländer als funkelnder Abglanz des mythischen Arkadien erfahren (16/5); die Gefährdung solcher Paradiese kündigt sich jedoch mit der „Unbarmherzigkeit des Lichts" (NF 4/6) der „südlichen Sonne" (10/11) an, die erleben läßt, daß „Licht und Schatten" ihre Einfallszonen gnadenlos ‚überfallen' können (NF 3/6). Dabei nimmt die dunkle Seite des Lichts immer bedrohlichere Züge an, insbesondere, wenn sie sich zur Schwärze vertieft. Das klingt an in adjektivischen Zuschreibungen wie „schwarze Mauern" (Sbd 4/10), „braunschwarzes Blut" (Sbd 2/10), „rabenschwarze Fischer" (15/12) und komplexen Zusammensetzungen wie „Schwarzkleid" (16/5) und „Schwarzkittel" (16/8); das verdichtet sich in Mitteilungen wie „aus allen Gegenständen wachsen tote Schatten" (20/13) und „Tiefe Schwärze drückt von oben auf den glasigen Schnee" (6/5); das vertieft sich im Ostfronterlebnis „Schwarz lag der Schnee." (11/11), gipfelt im Tod bedeutenden „schwarzen Schatten" (1/5) mit seinen Assoziationen zu „Styx" und „Acheron" (Sbd 4/10) und bricht zögernd den Bann des Dunkels, wenn ein „matter Mond [...] sich mühsam aus den schwarzen Schleiern über'm Horizont" (16/14) befreit.

Am Beispiel der dunklen Triebe des Fleisches (NF 3/10) oder des schwarzen Schnees auf dem Schlachtfeld des Winterkriegs (11/11) zeigt sich aber, daß Schlotters Bildersprache besondere Intensität bei der Evokation metaphorischer, synästhetischer oder oxymorontischer Zwischentöne gewinnt, die Schwarz und Weiß, das Dunkle und das Helle, das Finstere und das Lichte zusammenfallen lassen.

So ist es kein Zufall, wenn Schlotter Möglichkeiten gesucht und gefunden hat, in der graphischen Technik der Aquatinta-Radierung „weiche Übergänge" vom Hellsten bis ins tiefste Schwarz zu ätzen (13/17). Bildtitel wie „En passant", „Verwandlung", „Unsicher" vermitteln, was in der ebenso trivialen wie geheimnisvoll-unheimlichen Bildunterschrift „Flaschenschatten ambivalent" ausgedrückt ist: die Vieldeutigkeit der Zwischenreiche, in denen mehr assoziiert wird, in Fluß gerät und Form gewinnt, als das vordergründig Gesichtete hergibt. Der dabei gewonnene ästhetische Mehrwert heißt Poesie.

Was ich damit meine, möchte ich an einem einzigen Stichwort verdeutlichen, das zwischen platter Konkretion und phantasieanregender Metaphorik changiert und sich als poetisches Rätsel lesen läßt, dessen Lösung offen bleiben soll.

Dieses Wortbild heißt „Buntenbock" (NF 3/10). Es ist syntaktisch verknüpft mit dem Flüßchen „Innerste" im Harzer Nebelland (NF 3/7) und wird geäußert im Zusammenhang mit Schlotters Radierungen zu Wilhelm Raabes gleichnamiger Erzählung *Die Innerste* (1876), kommt dort aber gar nicht vor. Wer weitersucht, auf die Landkarte blickt und landeskundliches Regionalschrifttum heranzieht, wird allerdings schnell fündig: Buntenbock heißt ein kleines Gebirgsdorf bei Clausthal-Zellerfeld, das sich einen bunt gestreiften Ziegenbock ins Wappen gesetzt hat, obwohl der Ortsname auf Bünte am Beek zurückzuführen ist und damit eine kleine Streusiedlung am Bach bezeichnet. Weder der Ort selbst noch die sprachgeschichtliche Herleitung seines Namens und dessen volksetymologische Umsetzung in heraldische Anschaulichkeit tragen zur Erhellung der Schlotterschen Erwähnung bei; was von ihr statt dessen bleibt, ist der poetische Reiz eines unaufgelösten Bilderrätsels, welches Farbenfreude mit triebhafter Animalität verknüpft und allem Anschein nach seine Auflösung in der „privaten Ordnung" findet (Sbd 4/11), die Schlotter seinen Bildern und Texten unterlegt, ohne ihren autobiographischen Sinn preiszugeben. Dementsprechend hat er mehrfach Meinungsäußerungen der Kunstkritikerin Juliane Roh zitiert: „Um in die Bilderwelt Schlotters einzudringen, müßte man mit ihm gelebt haben", meinte sie (4/16); denn ständig entdecke man etwas, von dem man sich wünschte, dabei gewesen zu sein (NF 1/18). Doch was wäre damit gewonnen? Gerade weil ich weiß, wie es zu der Erwähnung von Buntenbock gekommen ist und daß sich mit ihr Schülererlebnisse und konzeptionelle Planungsgespräche unter Männern im Kreise schöner, kluger, großmütig-nachsichtiger Frauen verbinden, möchte ich nicht mehr ausplaudern und dem poetischen Rätselwort seine phantasiebeflügelnde Aura belassen: Angesiedelt zwischen biographisch bestimmbaren, aber unaufgedeckten und hermetisierten Fixpunkten, soll es seine Multivalenz behalten, für die Schlotter den treffenden, das Vergleiten ins vieldeutig Ambivalente umschreibenden Bildtitel „Par-orama" gefunden hat. Denn wie sich zwischen Schwarz und Weiß, Hell und Dunkel, Licht, Schatten und Finsternis Zwischensphären öffnen, in denen die Imagination der Betrachtenden freischwebend vagieren kann, lädt „Buntenbock" die Lesenden ein, ihre Gedanken im freien Spiel schweifen zu lassen.

Für das damit gewährte ästhetische Vergnügen wollen wir Eberhard Schlotter danken mit den gleichen Worten, die er für seinen Freund Horst Skodlerrak gefunden hat (Sbd 4/7): Bleiben Sie gesund und machen Sie so weiter, unseren Respekt haben Sie.

---

1) Eberhard Schlotter: Geschichten hinter Bildern. Heft 3. Bargfeld: Bücherhaus 1995. S. 18. Aus Schlotters „Geschichten hinter Bildern" wird wie folgt zitiert: Der Heftnummer folgt die durch Querstrich getrennte Seitenzahl; für Sonderbände gilt die Sigle Sbd, für Neue Folge NF.

2) Eberhard Schlotter: Geschichten hinter Bildern. Hrsg. von Günther Flemming. 20 Hefte und 4 Sonderbände. Bargfeld: Bücherhaus 1994-2002. – Neue Folge. 4 Hefte und 1 Sonderband. Darmstadt: Justus von Liebig Verlag 2005. – Zur Zitierweise vgl. Anm. 1.

3) Dieter Forte: Auf der anderen Seite der Welt. Roman. Frankfurt am Main: S. Fischer 2004. S. 253.

Günter Kunert

WEIT FORT

War einst Welt vor dichter Jalousette,

die, geschlossen, sie vermied. Wagte nicht

sie aufzuziehen, denn sonst hätte

ich den Traum zerstört durch Licht:

wo es einbricht, muß sogleich ermatten,

was im Dämmer einzig existieren kann.

Schatten leben lieber unter Schatten

und in ihrem bitterdunklen Bann.

Für Eberhard Schlotter

Eberhard Schlotter,
„Licht", auf Tabarca aquarelliert,
Ende September 1989
(H.R. war dabei!)

36 x 25 cm
Privatbesitz, Bad Bevensen

Bernd Rauschenbach

DAS MÄRCHEN VOM MALER ORPHEUS UND SEINEM SCHATTEN

Eberhard Schlotter,
dem Meister aller Schatten,
zum 85. Geburtstag

Vor langer, langer Zeit, und noch dazu in Griechenland, lebte ein Maler, der hieß Orpheus. Er war ein unvergleichlicher Maler, dem Gott Lukas selbst die Farben anrieb und die Pinsel wusch; wenn er sich auf die Felder und in die Wälder Thrakiens setzte und seine Staffelei aufbaute, so kamen die Vögel in der Luft, die Fische im Wasser, die Tiere des Waldes, ja die Bäume und Felsen herbei, um sich von Orpheus malen zu lassen. Denn sie vermeinten, dadurch das ewige Leben zu erlangen. Das kam aber daher, daß Orpheus sie auf seine Leinwände malte, wie wenn sie dort lebten und nicht in der Luft, im Wasser oder im Wald. Die Ähnlichkeit der Konterfeis war so groß, daß die Vögel in den Zweigen der gemalten Bäume ihre Nester zu bauen begannen – und nur die klügsten unter ihnen bemerkten irgendwann, daß Zweige, Bäume, Nester, ja sogar sie selbst nur gemalt waren.

Die äußerst plastische Malerei des unvergleichlichen Orpheus war um so bewundernswürdiger, als die Zentralperspektive, die späteren Malern bei der Düpierung der dritten Dimension so überaus hilfreich zur Hand gehen würde, erst in späteren, noch weit voraus liegenden Jahrtausenden entdeckt werden sollte.

Kein Wunder also, daß Orpheus der angesehenste Maler Thrakiens, der bekannteste Maler Griechenlands, und bald der bedeutendste Maler des damaligen Erdkreises genannt wurde. Orpheus hätte demnach allen Grund gehabt, zufrieden zu sein. Aber ein zufriedener Künstler ist kein Künstler; und da Orpheus der größte Künstler überhaupt war, war er auch der unzufriedenste.

Was ihn so unzufrieden machte, war aber dies:

Sein Lehrer und Meister (dessen Name sich längst in den Tiefen der Vorzeit verliert) hatte ihn gelehrt, das Licht sei die Wiege der Malerei. Und so achtete Orpheus bei seiner *pleinair*-Malerei darauf, sowohl seine Modelle als auch seine Leinwand immer im guten Licht zu haben. Das hieß, er stellte seine Staffelei stets so auf, daß die Sonne ihm im Rücken stand und ihm über seine Schulter schaute. So badeten seine Modelle im schönsten Licht sich, und auch seine Leinwand wäre optimal ausgeleuchtet gewesen, hätte es da nicht immer diesen dunklen Flecken gegeben, diese Schatten, die sein eigener Kopf und Oberkörper auf die Leinwand warfen. Er konnte sich nach links oder nach rechts biegen, soviel er wollte: Immer gab es diesen dunklen Bereich, auf dem die Farben anders wirkten als auf den sonnenbeschienenen Teilen der Leinwand – dieser dunkle Bereich, in dem die Farben machten, was sie wollten. Das einzige, was zwischen Orpheus und seinem Bild stand, war er selbst. Er selbst warf einen Schatten auf seine Kunst.

Diese Einsicht machte ihn eines Tages so wütend, daß er seine Pinsel zu Boden warf und rief: „Ach führe doch mein vermaledeiter Schatte zur Hölle!" Natürlich rief er das auf Griechisch bzw. Thrakisch, und statt „Hölle" sagte er irgendetwas, das wie „Hades" geklungen haben muß – ich weiß den Wortlaut nicht genau. Orpheus wiederum wußte nicht, daß die Sonne an eben diesem Tag sich vorgesetzt hatte, ihre angeborene Schüchternheit endlich zu überwinden und Orpheus zu fragen, ob er nach all' den Vögeln in der Luft, Fischen im Wasser und Tieren im Walde nicht auch einmal sie, die Sonne am Himmel, malen wolle. Als sie nun seinen Fluch oder Wunsch hörte, besann sie sich auf ihre göttlichen Fähigkeiten und freute sich über die günstige Gelegenheit, Orpheus mit der Erfüllung seines Wunsches einen Gefallen tun und ihn gnädig stimmen zu können, auf daß er desto eher ihrem Wunsch nach einem Porträt nachkommen würde. Sie sprach daher zu ihm: „Ab heute will ich Dir noch mehr Licht spenden als zuvor und durch Dich hindurchscheinen." Ihrem Trick, dabei einfach auf einen bestimmten Anteil ihres Spektrums zurückzugreifen, kam erst später Herr Röntgen auf die Schliche. Viel später. Sie fuhr indes fort: „Die Menschen aber sollen denken, Du seist ein Mann ohne Schatten und glauben, Dein Schatte sei ins Reich aller Schatten gegangen." Kaum hatte sie dies gesprochen, warf Orpheus keinen Schatten mehr, ob auf die Erde, ob auf seine Leinwand. Da freute sich Orpheus; er hub seine Pinsel auf und wollte schon weiter seine Vögel, Fische, Tiere, Bäume und Felsen malen, da sprach die Sonne abermals zu ihm und bat:

„Lieber Maler, male mir,
male mir ein Bild von mir."

Da drehte sich Orpheus um, sah der Sonne lange ins Angesicht und begann zu malen. Das dauerte. Schließlich reichte Orpheus mit einer entschlossenen Bewegung die Leinwand der Sonne ans Firmament. Die Sonne schaute eine Weile ratlos auf ihr Bild, als müsse da noch was kommen – dann ging sie schamrot unter. Die Leinwand hatte ihr nichts als ein gleichmäßig gleißendes Weiß gezeigt. (Schon damals hätte man sehen können, daß die Mode der monochromen Malerei sich dereinst als Sackgasse erweisen würde.)

Auch Orpheus wurde nichts weniger als glücklich mit diesem *deal*. Zwar malte er besessen und perfekt und unvergleichlich wie zuvor. Jedem Vogel wurden akkurat die Federchen abgemalt, jedem Fisch die Schüppchen, jedem Tier die Härchen, jedem Baum die Blättchen und jedem Fels die Äderchen. Doch – Lukas seis geklagt! – irgendetwas fehlte. Die Federn saßen den Vögeln wie angeplättet, alle Fische sahen aus wie Flundern, die Tiere besaßen die Tiefe von Scherenschnitten, und die Bäume und die Felsen kannst Du Dir jetzt selbst vorstellen, denn Du ahnst ja, was da los war.

Der Künstler schafft die Welt nach seinem Bilde. Und da Orpheus selbst ohne Schatten war, hatte er kein Konzept mehr vom Schatten und schuf eine Welt ohne Schatten, malte Bilder ohne Tiefe.

„Sein Pech!" könnten wir jetzt achselzuckend sagen. Doch leider war Orpheus so berühmt und vorbildlich, daß alle seine griechischen Kollegen, seine römischen Nachfahren, selbst die mittelalterlichen Maler noch seinen bunten, flachen Abziehbildchen nacheiferten und sämtlich ihre schattenlosen Bilderwelten schufen. – Erst in der Renaissance stiegen mutige Männer hinab ins Reich der Schatten, um der Welt die Tiefe zurückzuholen. Davon aber erzähle ich vielleicht ein andermal. Jetzt, lieber Eberhard, feire erstmal schön und male bitte weiter Deine schattenreichen Bildwelten und weltreichen Schattenbilder.

Gabriele Wohmann

DIE KÄLTE

Man könnte die Uhr nach ihr stellen, sechs Uhr fünf am Morgen, noch keiner da ausser ihr, mit keinem hat sie bis jetzt gesprochen. Sie findet das gut für ihre Konzentration. Sechs Uhr fünf, und da trifft man sie beim Wrack: So heisst die düstere Szene, die sie täglich und, denn das ist ein Ritual, gehört ins Programm, das ganze Jahr hindurch geniesst. Auf die sie nicht nur seelisch, sondern sogar auch, einfach beim Anblick (sie geht nicht ins Meer) körperlich reagiert. Der Anblick vermittelt ihr die sinnliche Empfindung von Kälte: Sie friert. Sie friert mitten im schrill strahlenden, heissen Hochsommer rings um den Rahmen ihres schwarzen Wrackmeer-Ausschnitts. Sie denkt an Künstler. die das winterliche Meer gemalt haben, und ihr fällt kein einziges Bild ein, vor dem sie gefroren hat.

Ihr Wrackmeer ist an keine Jahreszeit gebunden, weckt ihre jahrzehntelange, in der Kindheit verankerte Erfahrung mit der speziellen Kälte von Licht und Wassergeruch und der Seeluft an Stränden auf, täglich ab sechs Uhr fünf. Ihr Wrackmeer (das vor langer Zeit *sein* Wrackmeer war) ist nicht zum Baden da, ist nichts für Gelächter, Ballspiel, Schwimmer, Surfer, nichts für all diese menschlichen Beleidigungen der strengen Ernsthaftigkeit; das ist das wahrhaftige Meer, schön abweisend, menschenfremd wie es sich gehört, unvergnüglich-gefährlich, todernst. Als es vor langer Zeit *sein* Meer war, dann ihres wurde, dachte sie sofort: Er kennt sich aus. Ich weiss keinen seinesgleichen, der die Botschaft des Meers so gut verstanden hat, so gründlich wie er. Seine, längst ihre weissen kleinen Brandungswellenausläufer züngeln schräg ungestaffelt über die feindselige schwarze Wasseroberfläche, nachdem sie sich gebrochen haben: erstarrt und für immer, wie auch das Meer, über das sie geschwappt sind, erstarrt und für immer und unter einem gusseisernen Himmelsstück. Zwischen Meer und zwei mächtigen Steinblöcken von schmutzigem, schimmligem Weiss ragt das dunkelgraue Wrack eines Fischkutters aus der Kulisse, vor der sie, obgleich wohlig-warm, sechsunddreissig acht Körpertemperatur, zugleich doch wohlig-schaudernd friert. Gegen das Frieren und weil das jetzt sowieso an der Reihe ist, lässt sie die Arme kreisen. Sie ist so tief in diese Inszenierung eingespielt, dass sie sogar die gesalzenen Butterbrötchen schmeckt, die ihre Mutter Jahrzehnte früher am späten Strandvormittag den Kindern austeilte.

Pünktlich, man könnte die Uhr nach ihr stellen, sechs Uhr zwanzig: Standortwechsel. Sie nimmt Abschied von der Wrackmeer-Szenerie. Zeit für den Programmpunkt zweiter Kaffee des Tages, Bodenübungen bei der Gymnastik. Bis morgen, sagt sie zum schwarzen Schauplatz im Goldrand des Bilderrahmens um die Graphik ihres Einmaligen und Einzigartigen, der die Kälte darstellen konnte. Bis morgen, lieber Eberhard.

Das Wrack 1, 1961, AR (WV 241) – 27,2 x 49,4 cm

Peter Rühmkorf

UM GEDICHTE SO RICHTIG ZUM LEUCHTEN ZU BRINGEN

Für Eberhard Schlotter
zum 85.!

Herzlich und in alter
Verehrung von seinem

Peter Rühmkorf

Um Gedichte so richtig zum
Leuchten zu bringen,
muß man oft über eigene
Schatten springen.
Doch die Fetzen, die dabei
hängen bleiben,
helfen erst, die Ideen in die
Tiefe treiben.
Heißt, das Licht entringt sich
kühn der Beschattung:
Dies als Gruß von der meinen
an Deine Gattung,
weil Porträt oder Landschaft,
bei Licht besehen,
erst durchs rechte Schattieren
zu Augen gehen!

Original 42 x 29 cm

Günter Grass

VERSCHIEDENE PILZE

„Verschiedene Pilze", 2005
Lithografie, Blattgröße 39 x 53 cm

e.a.
– Für den Meister der Schwarzen Kunst Eberhard Schlotter
zum 85. Geburtstag meine „Verschiedenen Pilze" –
Günter Grass

31

Leo Leonhard

ZWEI PAAR SCHUHE

"Zwei Paar Schuhe – Hommage an van Gogh und Magritte", 1986
Radierung (Aquatinta und Mezzotinto), 32 x 44 cm

22/30
für Eberhard Schlotter zum 3. Juni 2006
mit herzlichem Glückwunsch und in Verbundenheit von Leo Leonhard

33

Malte Sartorius

ATELIER ALTEA

„Atelier Altea", 2006
Radierung, 30 x 39 cm

Für Eberhard der erste Druck / mit meiner großen Bewunderung für Dein künstlerisches Werk,
meinen herzlichen Glückwunsch zum 85. lieber Eberhard und Dank für Deine Freundschaft / In Liebe
Malte + Liesel

Für Eberhard der erste Druck „ATELIER ALTEA"

Götz Spieß

MAUERREGAL IM MIRADOR

"Mauerregal im Mirador"
Radierung, 2006
19,5 x 30 cm

e/a für Eberhard Schlotter

Ich hatte vor dem Frühstück immer noch genügend Zeit, mir in aller Ruhe anzusehen, wie sich die Schatten verkürzten und verlängerten und letztlich doch der große das Ganze mit seinem Schattenmaul verschlang.
(Götz Spieß an H.R., 11. Februar 2006)

37

Paul Wunderlich

Radierung, 2000
29 x 20 cm

3/20
für Eberhard Schlotter zum 3.6.06
mit Hochachtung und guten Wünschen. / Paul Wunderlich

3/20

für
Eberhard Schlotter
zum 3.6.06 mit
Hochachtung und
guten Wünschen
Paul Wunderlich

Klaus Fußmann

DEN MALER EBERHARD SCHLOTTER KENNE ICH ...

... schon seit den sechziger Jahren. Er galt uns jungen Zwanzigjährigen als der kommende Surrealist, Geheimtipp, Freund vieler Schriftsteller, und, auch Freund aller einflussreichen Leute von Hessen. Der Mann war erfolgreich und hilfsbereit: Hatte er doch dem Autor Arno Schmidt, 1955 in Darmstadt, eine Wohnung verschafft und das in Zeiten großer Wohnungsnot.

Persönlich bin ich ihm nie begegnet, er weilte immer in Spanien. Aber aus den Erzählungen des Malers Hermann Bachmann, der ihn wohl öfter in Altea besuchte und ganze Ferienaufenthalte dort verbrachte, entstand das Bild eines Malerfürsten, der im südlichen Überfluss lebte, köstliche Rotweine servierte und täglich zum Mahle lud. Großzügig war dessen Leben. Seine Hazienda lag in steinigem Gelände und soweit das Auge reichte, gehörte alles Land dem Künstler. Besucher gaben sich die Türklinken in die Hände, verbrachten Stunden und Tage im Haus, jeder war willkommen. Der Hausherr machte sie miteinander bekannt, und im Schatten der Pergola wurden aus potenziellen Feinden Freunde, die bis in die späte Nacht hinein über die Kunst und das leichte Leben in Spanien diskutierten. Eine Bestätigung der ans Märchenhafte grenzenden Erzählungen des Hermann Bachmann fand ich dann Jahre später in einem Buch von Alfred Andersch, der darin bereits während der langen Anfahrt durch Frankreich und die Pyrenäen das herrliche Leben auf der Ranch des Eberhard Schlotter schilderte, welches sie, als Freunde des Meisters, bestimmt erwartete.

Wieviel mag von diesen so entstandenen Eindrücken vom Maler Eberhard Schlotter der Wirklichkeit entsprechen? In seinen Bildern und Zeichnungen sehe ich Spanien, interpretiert und doch zum Greifen nah. So sieht die spanische Sierra aus. Schlotters Malerei ist altmeisterlich präzise, sein Können solide und lebendig. Meine Malerei ist dagegen chaotisch. Doch in Südamerika habe ich mich mit ihm, virtuell natürlich, fast getroffen. Seine Zeichnung vom Dorf „San Bartolomé" in Ecuador ist mit meiner Gouache „Mulegé" aus Baja California durchaus vergleichbar. Na, ein bisschen verschieden sind wir schon, aber ich glaube, wir würden uns verstehen.

Eberhard Schlotter
„San Bartolomé", 1981

Klaus Fußmann
„Mexico, Baja California, Mulegé",
Gouache u. Bleistift
295 x 410 mm

Federico Kauffmann Doig

ULTRATUMBA ENTRE LOS ANTIGUOS PERUANOS

LA MUERTE EN EL ANTIGUO PERU CONFORMA UNA TEMÁTICA DE AMPLIO ESPECTRO, QUE INCLUYE PROCEDIMIENTOS RELATIVOS A FORMAS DE SEPULTURAS Y A CEREMONIAS Y RITOS FUNERARIOS, COMO TAMBIÉN TÉCNICAS TOCANTES A LA PRESERVACIÓN DEL CADÁVER MÁS OTROS DIVERSOS TÓPICOS. DE TODA ESTA GAMA DE ASUNTOS CONCERNIENTES AL MUNDO RELACIONADO CON LO FUNERARIO, EL AUTOR SELECCIONA UNO COMO OBJETIVO PRINCIPAL: EL RELACIONADO A LAS CREENCIAS SOBRE LA EXISTENCIA DEL INDIVIDUO EN ULTRATUMBA.

1. Las fuentes de conocimiento

El culto tributado a los difuntos es una práctica universal, que hunde sus raíces en las brumas de la prehistoria de la humanidad. En el Perú antiguo éste alcanzó visos de especial relevancia como lo ponen en evidencia los testimonios arqueológicos, etnohistóricos y etnográficos.

Las fuentes arqueológicas dan cuenta de la costumbre universal en los Andes de sepultar al difunto acudiendo a patrones funerarios altamente complejos. Los mismos incluían tareas como son la excavación de hoyos, el acondicionamiento de tumbas, la construcción de mausoleos o *pucullo*(s), el empleo de procesos de momificación, el empaquetar el cadáver con telas, el acompañar al difunto con potajes y bebidas servidas en platos y cántaros elaborados con esmero, etc. Las fuentes arqueológicas incluyen también pinturas y representaciones escultóricas en cerámica en las que se aprecian escenas que se suponía tenían lugar en ultratumba.

Las fuentes etnohistóricas, conformadas por documentos escritos en los siglos XVI y XVII y cuyos autores fueron españoles como Cieza, mestizos como Garcilaso y nativos como Guaman Poma, permiten completar el cuadro de la vida en el más allá ofrecido por los testimonios arqueológicos. Pero más que sobre la existencia después de la muerte, nos informan de aspectos como el *paca-ricuy* (velatorio) y el ampuloso ritual al que se le asociaba; de las normas observadas durante los funerales; del *puruc-aya* o ceremonia anual realizada en memoria a los ancestros fallecidos; y de varias otras prácticas tocantes a la estructura funeraria andina.

La tercera fuente de conocimientos sobre la temática que nos ocupa, es la etnográfica. Ésta se refiere a la información proporcionada por las costumbres ancestrales, todavía en uso, relativas al mundo de lo funerario. Este importante caudal de testimonios se suma y conjuga también, con las fuentes de información citadas anteriormente. Gracias a los datos etnográficos el estudioso tiene la posibilidad de presenciar, en la actualidad, aspectos varios concernientes a cómo era practicado el ceremonial funerario en uso hace más de 500 años. Sobreviven, por ejemplo, las creencias y costumbres sobre la *pichca* o permanencia física del espíritu del difunto durante cinco (*pichca*) días; sobre el portar los deudos alimentos al panteón en la fecha de recordación de los finados, a fin de compartir con ellos los alimentos que en vida habían sido de su preferencia; sobre el colocar encima de la mesa del hogar potajes en honor del pariente difunto; sobre el rito del lavado de la ropa del muerto; más otras diversas tradiciones que continúan latiendo en el marco de lo que calificamos de "arqueología viviente". Sin embargo, esta fuente no agrega nada a la comprensión de la idea que se tenía en el antiguo Perú sobre la existencia en ultratumba; concepción ésta que ha quedado relegada al olvido de la memoria colectiva.

LÁMINA I
Ave humanizada que ampara a seres en estado agónico,
sosteniéndolos de la mano o dándoles de beber
(Dib. en G. Kutscher 1983, fig. 123).

2. La vida en ultratumba a través de imágenes

Los testimonios procedentes de las distintas fuentes de estudio acabadas de enumerar constituyen pruebas irrefutables de la presencia, entre los antiguos peruanos, de una firme convicción acerca que después de expirar el individuo le esperaba una nueva etapa de existencia. En su esencia, esta creencia es común a la humanidad y debió ser heredada de edades paleolíticas. En América fue introducida con las sucesivas oleadas de inmigrantes que cruzaban el Estrecho de Bering hace más de diez mil años.

El conocimiento que tenemos acerca de cómo era imaginada aquella segunda vida, en ultratumba, es sin embargo en extremo limitado. Algunos atisbos los proporciona la cerámica mochica o Moche, a través de imágenes retratadas hace unos 1500. También Guaman Poma (c.1600) aporta material iconográfico sobre el tema de la muerte, si bien es cierto que sus dibujos se limitan casi por entero a figurar aspectos del ritual funerario y a señalar los tipos de tumbas que se estilaban construir en los cuatro *suyo*(s) o regiones que conformaban el Incario. Es de advertir que los gráficos de Guaman Poma, si bien son estereotipados no por eso deben considerarse como meros productos de la imaginación de su autor.

La abundante iconografía Moche, pinta como que también plasma escultóricamente, en cerámica, cuadros de ultratumba. En estas representaciones los difuntos no obstante su apariencia esquelética aparecen danzando animadamente, asidos de la mano y soplando flautas y tocando otros instrumentos musicales. En algunos casos estos "muertos-vivos" expresan, en sus rostros, los gestos típicos de personas embriagadas o en trance. La iconografía mochica representa asimismo, escenas amorosas que tienen lugar en contextos macabros (Benson 1975; Donnan 1976; Hocquenghem 1987; Kauffmann Doig 1966, 1979b; Kutscher 1954; Larco 1965).

Algunas de las escenas amorosas que tienen lugar en ultratumba, revelan estar inmersas en ceremonias propiciatorias de la fertilidad. Tal el caso de la representación escultórica de un varón, de rostro cadavérico, que se masturba mientras mujeres con las cabezas trocadas por calaveras, extienden sus manos para recibir el semen que el personaje desparrama al eyacular (Benson 1975, p. 118; Kauffmann Doig 1966, p.31).

Debe subrayarse que, ni la abundancia ni las variaciones presentes en las escenas de ultratumba plasmadas en la cerámica Moche, se exteriorizan en las restantes expresiones de la iconografía arqueológica peruana; salvo, aunque en menor escala, en la de Vicús. En cuanto a las representaciones de Sechín, se trata simplemente de cadáveres y de restos anatómicos de descuartizados y de decapitados que consideramos no constituyen otra cosa que productos de sacrificios humanos (Kauffmann Doig 1979a). Las torres funerarias de Sillustani sugieren, por su parte, ser formas de representar falos, en los que los difuntos eran prácticamente enclaustrados; de tal manera que si bien deben reproducir ideas metafísicas sobre la vida y la muerte, no constituyen fuentes que permitan realizar inferencias sobre la vida en las moradas de ultratumba (Kauffmann Doig 1976, pp. 270-272). Lo mismo cabe decir de los sarcófagos en forma de estatuas, de la cultura chachapoyas, que también parecen evocar falos con apariencia de persona y en los que las mandíbulas remarcan el glande.

LÁMINA II

Danzas macabras: a) Como se desprende de las estrellas, se trata de una danza ritual que tiene lugar por la noche. Las "carcanchas" o muertos animados danzan al son de antaras y flautas. Los cántaros aluden a la bebida que se consume. G. Kutscher proponía que eran ciegos los músicos representados (Dib. G. Kutscher 1950, fig. 33); b) El personaje central tiene las características de *Ai apaec,* la divinidad mochica más encumbrada (Dib. Ch. Mead 1924); c) Danzarines asidos de la mano al son de flautas y de la "tinya" o tambor pequeño (Dib. Ch. Mead 1924); d) Los seres esqueléticos sostienen una porra alargada a manera de bastón de ritmo y en su mayoría exhiben pene erecto (Dib. G. Kutscher 1993, fig. 162).

3. La fuente etnohistórica y sus distorsiones

Mientras que la fuente arqueológica es parca y las escenas representadas son difíciles de interpretar, los escritos de los siglos XVI y XVII concitan, en algunos casos, dudas acerca de la autenticidad de la información que consignan.

Por lo mismo es preciso apreciar estos relatos etnohistóricos con cautela. Y es que estos testimonios, escritos con posterioridad a la presencia española, están influenciados por ideas judeo-cristianas. Desde los primeros pasos de la invasión europea, éstas alteraron conceptos legítimos de la religión incaica en general. Las interpolaciones y distorsiones a que de este modo estuvieron expuestas las creencias andinas fueron promovidas tanto por evangelizadores como por los propios mestizos e indios cristianizados, que consideraban que esta estrategia tramposa, aunque bien intencionada, era una manera correcta de acelerar el proceso de catequización.

Tal el caso señalado por Pierre Duviols (1977) y por Henrique-Osvaldo Urbano (1981) en relación a *Viracocha*, ser sobrenatural andino que fue colmado de atributos bíblicos para asemejarlo a Jehová; enagenándosele de esta manera su carácter primigenio de Dios del Agua como parece indicarlo hasta su nombre (*Vira* = grasa y por extensión espuma que se forma en las orillas del mar y los lagos; y *cocha* = concentración de agua: mar, lagos y lagunas) (Kauffmann Doig 1987, 1988). Lo mismo sucede con la falsificación de los himnos escritos en quechua y dedicados a Viracocha (Molina c.1572), que afloraron para respaldar las acciones evangelizadoras (Kauffmann Doig 1993, p.20).

Un caso elocuente de distorsión del pensamiento religioso andino con fines catequistas, es el que registra Garcilaso (1609, Lib. II, cap. XXVII), aun cuando sin que lo advirtiera. En efecto, al transcribir un verso que extrajo de los escritos del padre Blas Valera y según el cual quedarían demostradas las virtudes poéticas de los incas, se desprende que de las diecinueve líneas de las que se compone, las primeras trece son genuinas y se refieren al Dios del Agua Andino mientras que las últimas seis son totalmente apócrifas, al haber sido destinadas a poner al Dios del Agua en una jerarquía inferior a la del Padre Eterno bíblico e inclusive intentar identificar a Jehová con Viracocha. De esta manera *Illapa*, la divinidad masculina reguladora del agua, luego que en el verso referido le era atribuida el control sobre las lluvias, figura minimizada cual ente secundario que obedece órdenes:

> *El Hazedor del mundo,*
> *El Dios que le anima,*
> *El gran Viracocha,*
> *Para aqueste oficio*
> *Ya te colocaron*
> *Y te dieron alma*

A pesar de llegarnos la información etnohistórica presente en las crónicas manipulada, como lo comprueban los casos expuestos, y aún considerando la escasez de datos sobre la vida en ultratumba que ésta registra, débese afirmar que gracias precisamente a estas fuentes es que podemos conocer a grandes rasgos algunos aspectos tocantes a la concepción que tenían los antiguos peruanos de la existencia en el más allá.

LÁMINA III
a) Danza macabra al son de flautas y al compás de sonajeras
(Dib. G. Kutscher 1983, fig. 164);
b) Danza macabra, al pie de un sujeto que se masturba y vierte su semen sobre los personajes de la escena, masculinos y femeninos que parecen ansiosos de cogerlo
(Dib. F. Kauffmann Doig 1978, 1979).

4. Lo que informa la fuente etnohistórica

De acuerdo a lo que informa la fuente etnohistórica cabe destacar, en primer lugar, que la visión andina de ultratumba era distinta a la concepción que sobre el particular presenta la Biblia tanto como los escritos en lo general acerca de las antiguas religiones del Viejo Mundo. En efecto, no obstante que la creencia en la existencia después de la muerte se repetía en el Perú antiguo, a los difuntos no les esperaba ni cielos ni infiernos. "No distinguen que allá ha de haber ni penas para los malos ni glorias para los buenos", exclama al respecto Pablo Ioseph de Arriaga (1621).

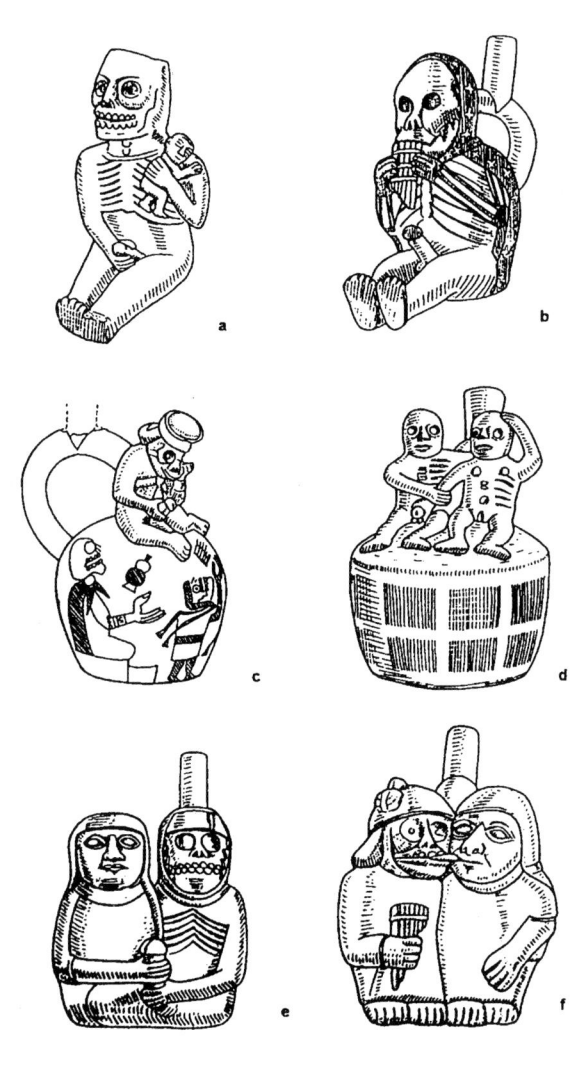

LÁMINA IV
Difuntos en acciones de sexualidad.
Las dos figuras del sector inferior muestran a "carcanchas" varones junto a mujeres vivas (Dibs. F. Kauffmann Doig 1966).

La referida ausencia de premiación o de condena, en ultratumba, se explica por cuanto la estructura mágico-religiosa constituía algo que era aparte de la moral. Se centraba más bien en actos de adoración y ofrendas, destinadas a congraciarse con las divinidades, que decidían si castigaban o nó a los hombres, desatando catástrofes como sequías, lluvias torrenciales o heladas, fenómenos que por igual provocaban crisis de alimentos (Kauffmann Doig 1987, 1988, 1993a, 1993b). Castigos como éstos sólo se producían por haber mostrado la gente descuido en las reverencias que permanentemente debían rendir a las divinidades que encarnaban los poderes sobrenaturales. Los asuntos que competían a los preceptos morales como el adulterio o el ocio, eran de incumbencia del Estado. Era éste el que fijaba las normas e impartía a los infractores severos castigos.

Algunas fuentes etnohistóricas señalan que los muertos tenían sus moradas en el *upa-marca*, que se traduce por tierra del silencio. A este lugar acudían los difuntos luego de permanecer por espacio de cinco días allí donde habían habitado, algo así como fantasmas (Calancha 1638). Por su parte Pablo Ioseph de Arriaga (1621) indica que la morada de ultratumba era el *samay-huasi*, que traduce como "casa del descanso".

Estas versiones, que coinciden en términos generales, son al parecer apócrifas por cuanto están en contradicción con las imágenes representadas en la iconografía Moche, que retratan a los cadáveres en actividad, ocupados en danzas rituales que al parecer tenían lugar por la noche puesto que las escenas transcurren en medio de un cielo salpicado de estrellas.

También de acuerdo a otras fuentes etnohistóricas se colige que el más allá no era, de manera alguna, una morada de reposo. Así en los *Sermones* de Francisco de Ávila se señala que era creencia que los difuntos iban "a tal quebrada, o valle, y que allí viven, obran, beben y comen, y que las mujeres muelen en los batanes" (Avila 1648). Por el conocimiento profundo de las creencias nativas y por el hecho que batanes aparecen frecuentemente asociados a tumbas, el relato de Ávila merece especial reconocimiento. En todo caso, está despojado de blondas de fábula.

En relación a lo expuesto acerca de que los muertos proseguían sustentándose en el más allá, debemos subrayar que precisamente el principal utensilio usado en la preparación de los alimentos, el batán, constituye un objeto de ofrenda a los muertos; por lo que se le encuentra con frecuencia asociado a sepulturas.

Por lo expuesto, la existencia en ultratumba era imaginada como una continuación de la forma de vida que el individuo había experimentado en el mundo terrenal. De este modo los campesinos proseguían labrando sus tierras, como los jerarcas ordenando a sus súbditos y reteniendo sus privilegios.

Arriaga (1621) es enfático al respecto: "no conocen en esta vida ni en la otra más bienaventuranzas que tener buena chácara (sementera), de que puedan beber y comer y así dicen que (los difuntos) van a hacer chácaras y sementeras ...". Y en cuanto a prerrogativas disfrutadas en vida, agrega que "cuando morían los incas, para haberlos de enterrar (sepultarlos) ... mataban para poner con ellos mujeres, para que en la otra vida les hicieran *chicha*, y *cumbi-camoyocs*, y componedores de ojotas, y otros oficiales para que allá les sirviesen". El sacrificarse las mujeres de los personajes fallecidos en aras de seguir acompañándolos en ultratumba, ha sido caracterizado por Carlos Araníbar (1970) como un tipo especial de inmolación que califica con el término de *necropompa*.

Atendiendo a las referencias etnohistóricas citadas puede conjeturarse que el concepto de alma, en el sentido bíblico, no tuvo vigencia en los Andes. Y de estar en lo cierto, el vocablo *camaquen* podría no haber sido otra cosa que el resultado de un intento catequista de acuñar un término equivalente a ánima. La iconografía misma parece poner en evidencia esta conclusión, ya que a los muertos se les imaginaba cual si fueran cadáveres animados: a manera de seres vivientes dotados, únicamente, de ciertos rasgos esqueléticos que permitiesen identificarlos como difuntos. La palabra *carcancha*, hasta la actualidad en uso en la región de Lambayeque, califica elocuentemente la noción del cadáver animado presente en la iconografía (Kauffmann Doig 1979b).

En cuanto se refiere al recorrido que debía cubrir el difunto para alcanzar las moradas de ultratumba, este acontecimiento es mencionado por algunos cronistas aunque de modo extremadamente lacónico. Entre la gente de la sierra, después de haber expirado el período de cinco días de la *pichca*, los difuntos cruzaban un río por un puente muy estrecho hecho de cabellos, contando para ello con la ayuda de unos perros negros; habría, sin embargo, que indagar si este relato está o no libre de influencias llegadas de Europa. En cuanto a los costeños, éstos tenían por creencia que los muertos se dirigían a islas guaneras conducidos por *tumi*(es) o lobos marinos (Calancha 1638). Por su parte, en áreas cordilleranas sureñas, se suponía que los finados terminaban dirigiéndose al Coropuna, una alta montaña situada en Condesuyos, Arequipa, que se eleva hasta alcanzar los 6,425 m de altitud. Otros trozos míticos transmitidos por Pedro Cieza de León (1553, cap. XCVII), relatan que la gente que moraba cerca del antiguo santuario de Ausangate, en el Cusco, tenía por cierto que "las ánimas que salían de los cuerpos yvan a un gran lago: donde su vana creencia les hazía entender auer sido su principio: y que de allí entrauan en los cuerpos de los que nascían". Con todo, la alusión acerca de la presencia en el antiguo Perú del concepto alma o ánima en su connotación bíblica, es asunto discutible.

En efecto, la tradición paleo-neolítica heredada por los antiguos americanos y referida al empeño puesto en la preservación del cuerpo del difunto parece respaldar el planteamiento al que ya nos hemos referido, acerca de una aparente ausencia de la noción de alma. Una aproximación más detenida a la información etnohistórica permite concluir que, asimismo, el concepto de resurrección debió estar ausente por más que algunos autores, como Garcilaso (1609, Lib. II, cap. VII), influenciados por el cristianismo, se empeñen en insistir en lo contrario.

El cuidado extremo que ponían los antiguos peruanos en cuanto se refiere a la preservación del cadáver, permite conjeturar que la existencia de las *carcancha*(s) proseguía *ad eternum*. Pero esto siempre y cuando no se produjera la extinción del cadáver por putrefacción, fuego u otros agentes. De acontecer una calamidad como la citada y desaparecer así el cuerpo del difunto la "vida" en las moradas de ultratumba cesaba por siempre, sobreviniendo de este modo lo que podría calificarse de "muerte definitiva".

Entierro de un soberano visto por Guaman Poma (c. 1600).
Al fondo un *pucullo* o mausoleo.
En primer plano el difunto en compañía de una de sus mujeres, autoinmoladas en el ritual denominado por Carlos Araníbar (1970) *necropompa*.

BIBLIOGRAFIA CITADA

ARANÍBAR (Carlos)
1970   "Notas sobre la necropompa entre los incas". Revista del Museo Nacional 36 (1969-1970), pp. 108-142. Lima.

ARRIAGA (Pablo Ioseph de)
1621   Extirpación de la idolatría del Pirv. Lima.

AVILA (Francisco de)/DAVILA (Francisco)
1648   Tratado de los Evangelios, qve nuestra madre la Yglesia propone en todo el año, desde la primera Domenica de aduiento, hasta la Vltima missa de difuntos, santos de España, y añadidos en el nueuo rezado. Explicase el Euangelio, y se pone vn sermon en cada vna de las lenguas Castellana y General de los indios deste Reyno del Perú, y en ellos donde da lugar la materia se refutan los errores de la Gentilidad de dichos indios. Por el doctor Francisco Dávila. Tomo primero que contiene desde la primera de Adviento, hasta el sábado de la Octava de Pentecostés. Segundo Tomo de los sermones de todo el año, en lengua índica y Castellana, para la enseñanza de los Indios, y extirparción de sus idolatrías. Obra póstuma del Dr. don Francisco Dávila, canónigo de la Santa Iglesia Metropolitana de los Reyes, sacada a luz por el licenciado Florián Sarmiento Rendón, Capellán Mayor del Monasterio de Santa Clara, íntimo amigo y albacea testamentario del Autor. 2 vs. Lima.

BENSON (Elizabeth P.)
1975   "Death-associated figures on mochica pottery". Death and Afterlife in Pre-columbian America (Dumbarton Oaks Research Library and Collections), pp. 105-144. Washington, D.C.

CALANCHA (Antonio de la)
1638   Coronica moralizada del orden de San Augustin en el Perú, con sucesos egenplares en esta monarquia. Dedicada a Nuestra Señora de Gracia, singular patrona i abogada de la dicha orden. Compuesta por el muy reverendo padre maestro Fray Antonio de la Calancha de la misma orden, i definidor actual. Dividese este primer tomo en quatro libros, lleva tablas de capítulos, i lugares de la sagrada escritura. Año 1638. Con licencia en Barcelona: Por Pedro Lacavalleria, en la calle de la Librería. Barcelona.

CIEZA DE LEON (Pedro de)
1553   Parte primera. Dela chronica del Perú. Que tracta la demarcacion de sus prouincias: la descripcion dellas. Las fundaciones de las nueuas ciudades. Los ritos y costumbres de los indios. Y otras cosas estrañas dignas de ser sabidas. Fecha por Pedro d'Cieça de Leon vezino de Seuilla. Sevilla.

DAVILA (Francisco)
          (Véase AVILA, Francisco de)

DONNAN (Christopher B.)
1976   Moche art of Peru/Precolombian symbolic communication (Museum of Cultural History, University of California, Los Angeles). Los Angeles.

DUVIOLS (Pierre)
1977   "Los nombres quechua de Viracocha, supuesto 'dios creador' de los evangelizadores". Allpanchis Phuturinqa 10, pp. 65-92. Cuzco.

GARCILASO DE LA VEGA (Inca)
1608   Comentarios reales de los incas (…). Lisboa.

GUAMAN POMA (Phelipe)
c.1600 Nueva coronica y buen gobierno (Paris, 1936). MS.

HOCQUENGHEM (Anne Marie)
1987   Iconografía mochica (Pontifica Universidad Católica del Perú). Lima.

KAUFFMANN DOIG (Federico)
1966   Mochica, Nazca, Recuay en la arqueología peruana (Universidad Nacional Mayor de San Marcos).
1976   El Perú arqueológico. Tratado breve sobre el Perú preincaico. Lima.
1978   Comportamiento sexual en el antiguo Perú. Lima.
1979a   "Sechín: ensayo de arqueología iconográfica". Arqueológicas (Museo Nacional de Antropología y Arqueología) 18, pp. 101-142. Lima.
1979b   Sexual behaviour in ancient Peru. Lima.
1987   "South american indians: indians of the Andes". The Encyclopedia of Religion (Edited by Mircea Eliade et al.) v. 13, pp. 465-472. New York (Macmillan Publishing Company).
1988   "El mito de qoa y la divinidad universal andina". El culto estatal del imperio Inca (Ed. Mariusz S. Ziolkowski). Universidad de Varsovia/Centro de Estudios Latinoamericanos; Seria Studia i Materialy 2, pp. 1-34/Memorias del 46º Congreso Internacional de Americanistas/Simposio ARC-2. Amsterdam.
1993a   La pluma en el antiguo Perú. Las plumas del Sol y los ángeles de la Conquista (Banco de Crédito del Perú), pp. 11-37. Lima.
1993b   "Pinturas mágicas sobre placas de cerámica (Chucu/Condesuyos, Arequipa)". Arqueológicas 21 (Museo Nacional de Arqueología, Antropología e Historia del Perú), pp. 9-202. Lima.

KUTSCHER (Gerdt)
1950   Chimu. Eine altindianische Hochkultur. Berlin.
1954   Nordperuanische Keramik: Figürliche verzierte Gefäße der Früh-Chimu. (Monumenta Americana 1/Ibero-Amerikanische Bibliothek). Berlin.
1983   Nordperuanische Gefäßmalereien des Moche-Stils (Mit einer Einführung und Nachwesen von Ulf Bankmann). Materialien zur Allgemeinen und Vergleichenden Archäologie 18. München.

LARCO HOYLE (Rafael)
1965   Checán: Essay on Erotic Elements in Peruvian Art. Geneva/Paris/München.

MOLINA (Cristóbal de)
c.1572 "Relación de las fábulas y ritos de los incas por Cristóbal de Molina, cura de la parroquia de N.S. de los Remedios del Cuzco". (Colección de Libros y Documentos referentes a la Historia del Perú 1. Lima 1916). MS.

MARCOY (Paul) – ps. Lorenzo Saint Cricq
1869   Voyage a travers l'Amerique du Sud. 2 vs. Paris.

MEAD (Charles W.)
1924   Old civilizations of inca land. Anthropological Papers (American Museum of Natural History) 15 (3), pp. i-ii, 313-343. New York.

URBANO (Henrique-Osvaldo)
1981   Wiracocha y Ayar. Héroes y funciones en las sociedades andinas (Biblioteca de la Tradición oral Andina 3). Cusco.

Dietrich Briesemeister

DON QUIJOTE ILUSTRADO

Como todas las grandes obras de la literatura universal – la Biblia, la Divina Comedia, el Fausto – el Ingenioso Hidalgo Don Quijote de la Mancha ha inspirado un sinnúmero de interpretaciones figurativas de parte de artistas. La difusión y el influjo de la obra cervantina en Europa queda indisolublemente unido no sólo a las traducciones, sino también a las ilustraciones que se integran en las ediciones del texto o a obras plásticas, gráficas y artesanales independientes (pinturas, esculturas, grabados, dibujos, tapices) que retratan tipos, motivos y episodios tomados del libro famoso. Tanto las traducciones como las visualizaciones forman parte esencial de la historia de la recepción de la novela a lo largo de cuatro siglos. La trayectoria de Don Quijote en la historia del arte es al mismo tiempo la historia de una continua lectura remodelada en forma de imaginería. Texto original, versiones, adaptaciones a otros géneros (teatro, ballet, opera, música) e iconografía están sujetos a discursos exegéticos y cambios fundamentales en la comprensión de la novela que con el paso del tiempo van evolucionando de modo variado en los distintos países y se sobreponen o entremezclan mutuamente. El poder y el potencial de las representaciones visuales que a diferencia de las traducciones a lenguas nacionales producen un impacto más allá de cualquier frontera desencadenan una dinámica propia que se nutre tanto de la comprensión e interpretación previas del pre-texto literario como de los recursos artísticos y técnicos aptos para narrar y reproducir la escritura en otro medio de comunicación con su respectivo acervo de signos. La adaptación de la novela a otro medio que emprende el artista combina la representación literaria con el dispositivo icónico. Se trata, por consiguiente, de una forma de trasladar o de parafrasear visualmente actos de lectura. El acto de lectura de un texto provoca en la mente del lector una visualización imaginada de las ficciones que componen la historia de Don Quijote. Por otra parte, este protagonista mismo fracasa en el afán de ajustar la realidad de sus andanzas a las imaginaciones que estriban en una lectura excesiva de libros sin reconocer su contenido ficcional. La percepción que tiene Don Quijote de la realidad está desfigurada por conceptos ideales prestados de las novelas de caballerías.

En vez de dar una traducción literal de la novela el artista, pasando del texto a la imagen, opera una selección y concentración que abstrae el mensaje y sentido de su contextura verbal El Bachiller Carrasco (II, 3) en su ponderación de las hazañas más enjundiosas practica por primera vez tal selección a título ilustrativo. Los delirios y sueños, las alucinaciones y quimeras que brotan de la fantasía de Don Quijote provocan una representación figurativa que ponga en escena las fantasmagóricas apariciones. Igual que la traducción la ilustración pierde, elimina y añade algo de lo que está reproduciendo y recreando visualmente en dibujo, pintura o forma plástica. La imagen renarra, comenta y adapta el texto al alcance del medio artístico aplicado transmitiendo su propia versión y visión del asunto. Ya por su etimología imagen (imago) e imitar (imitari/imitatio) se relacionan con el principio básico tradicional de cualquier actividad creador-artistica: la aemulatio.

La novela de Cervantes que transgrediendo la norma clásica de la imitatio destruye el genero caballeresco al parodiarlo y transformarlo en otro género contiene no pocas reflexiones metatextuales sobre la relación entre texto e imagen. Como su "padrastro" Cervantes Don Quijote es muy "imaginativo". En el prefacio Cervantes traza su autorretrato y a lo largo de la historia de Don Quijote proliferan los pasajes ekfrásticos, cuadros pictóricos y series de escenas pintorescas. Si bien es verdad que Cervantes al hablar irónicamente de las deficiencias de su obra alude a citaciones, sentencias, acotaciones y anotaciones que le faltan, sin mencionar las ilustraciones tan características de los libros de caballerías contra que dirige su invectiva, con todo, la idea de transponer la historia y sus protagonistas en estampas no le es ajena. Sancho hubiera ganado fácilmente la apuesta con su amo cuando profetizaba "que antes de mucho tiempo no ha de haber bodegón, venta ni mesón o tienda de barbero donde no ande pintada la historia de nuestras hazañas; pero querría yo que la pintasen manos de otro mejor pintor que el que ha pintado a éstas" puestas delante de sus ojos en la sala baja de un mesón aldeano (11, 71). Estas sargas viejas pintadas de "malísima mano" eran pobres sustitutivos de guadamaciles que representaban en copia degradada el robo de Elena y la historia de Dido y Eneas. Es muy típico de la capacidad imaginativa del hidalgo que mire los tapices poco vistosos al revés como espejo fantasmagórico de una edad dorada en que hubiera preferido vivir. Por otra parte, cuando Don Quijote visita el taller de una imprenta en Barcelona (11,62) compara metafóricamente el traducir con el "mirar los tapices flamencos al revés": "que aunque se veen las figuras, son llenas de hilos que las escurecen, y no se veen con la lisura y tez de la haz; y el traducir de lenguas fáciles, ni arguye ingenio, ni elocución, como no le arguye el que traslada, ni el que copia un papel de otro papel". Otro ejemplo que sirva de escarmiento lo da el pintor Orbaneja de Úbeda, "que cuando le preguntaban qué pintaba, respondía: 'Lo que saliere'; y si por ventura pintaba un gallo, escribía debajo: 'Este es gallo', porque no pensasen que era zorra." (II, 71; II, 3). Es muy frecuente en el lenguaje del Siglo de Oro el uso sinónimo de pintar (dibujar, delinear) y describir. Covarrubias define descrevir como "narrar y señalar con la pluma algún lugar o caso acontecido, tan vivo como si lo dibuxara". Cervantes y Don Quijote identifican al pintor con el escritor según la conocida divisa "ut pictura poesis" que corresponde a la definición de la pintura como retórica muda (o "retórica pintura"). Mantiene Don Quijote: "pintor o escritor, que todo es uno" (II, 71).

En este sentido se usan también expresiones como "pintar con palabras", "pintar al vivo", "representar en su imaginación al vivo", "figurarse", "imaginar". No tiene ningún inconveniente Don Quijote en ser pintado: "Retráteme el que quisiere ... pero no me maltrate" (II, 59) dice en un juego de palabras que podría servir también de directiva y lección para los futuros ilustradores. Ya en su primera salida, hablando consigo mismo, Don Quijote anticipa premonitoriamente su fama (gloria) en términos de la fórmula clásica horaciana "Exegi monumentum aere perennius": "Dichosa edad y siglo dichoso aquel donde saldrán a luz las famosas hazañas mías, dignas de entallarse en bronces, esculpirse en mármoles y pintarse en tablas, para memoria en lo futuro" (I, 2). En el razonamiento con el bachiller Sansón Carrasco (II, 3) Don Quijote se ufana "Una de las cosas ... que más debe de dar contento a un hombre virtuoso y eminente es verse, viviendo, andar con buen nombre por las lenguas de las gentes, impreso y en estampa".

Imágenes o escenas pintadas juegan un papel importante en la estructura e intención que Cervantes confiere a su narración de las acciones y aventuras de Don Quijote. Es el caso en el episodio que relata la batalla con el gallardo vizcaíno (I, 9) a base del manuscrito apócrifo del historiador árabe Cide Hamete Benengeli. "Estaba en el primero cartapacio pintada muy al natural la batalla de Don Quijote con el vizcaíno, puestos en la mesma postura que la historia cuenta ... y la mula del vizcaíno tan al vivo, que estaba mostrando ser de alquiler a tiro de ballesta. Tenía a los pies escrito el vizcaíno un título que decía: Don Sancho de Aspeitia, que, sin duda, debía de ser su nombre, y a los pies de Rocinante estaba otro que decía: Don Quijote. Estaba Rocinante maravillosamente pintado, tan largo y tendido, tan atenuado y flaco, con tanto espinazo, tan ético confirmado, que mostraba bien al descubierto con cuánta advertencia y propiedad se le había puesto el nombre de Rocinante. Junto a el estaba Sancho Panza, a los pies del cual estaba otro rótulo que decía: Sancho Zancas, y debía de ser que tenía, a lo que mostraba la pintura, la barriga grande, el talle corto y las zancas, y por esto se le debió de poner nombre de Panza y de Zancas". El narrador cita, por decirlo así, del libro de Benengeli (hijo del ciervo – cervino – cervato – cervuno, en alusión a Cervantes mismo) y narra cómo Don Quijote venció finalmente al vizcaíno a continuación del capítulo anterior que quedó en suspenso cuando la fuente manuscrita acabó.

Otro ejemplo ofrece el cuento de las maravillas y el retablo de los títeres de Maese Pedro con su mono (II, 25). Maese Pedro maneja las figuras del artificio, mientras que su criado sirve de "intérprete y declarador de los misterios de tal retablo: tenía una varilla en la mano, con que señalaba las figuras que salían ... y el trujamán comenzó a decir lo que oirá y verá el que le oyere". Sigue toda una "representación" escénica narrada en que Don Quijote, quebrantando la ilusión teatral, irrumpe de repente como si fuese realidad el teatro.

Don Quijote sufre una burla cruel en el palacio de los Duques que ya conocen su historia tanto por la lectura del libro como por la representación visual en unos tapices. Ahora el hidalgo sale en carne y hueso para caer en una supuesta realidad que no es otra cosa que engaño truhanesco e imaginación fingida. El cariz burlesco y carnavalesco de las bromas palacianas exacerba los espejismos humillantes de su puesta en escena. El desencanto de Don Quijote se anuncia cuando la Duquesa rogó "que le delinease y describiese pues parecía tener felice memoria, la hermosura y facciones de la señora Dulcinea del Toboso" (II, 32). Don Quijote se niega de plano a trazar en retrato aunque ser en rasguño y bosquejo alegando dos condicionantes 'imposibles' para 'al final' lamentar el trasunto negativo, la desfiguración de Dulcinea que se convierte bruscamente "de princesa en labradora, de hermoso en fea, de angel en diablo de luz en tinieblas". En dos presupuestos Don Quijote alude a la teoría del arte (la función de la memoria) y al "paragone" (el orden de precedencia de las artes). Razona el hidalgo con toda seriedad: "Si yo pudiera sacar mi corazón, y ponerle ante los ojos de vuestra grandeza, aquí sobre esta mesa y en un plato, quitara el trabajo a mi lengua de decir lo que apenas se puede pensar porque vuestra excelencia la viera en él toda retratada; pero ¿para qué es ponerme yo ahora a delinear y describir punto por punto y parte por parte la hermosura de la sin par Dulcinea, siendo carga digna de otros hombros que de los míos, empresa en que se debían ocupar los pinceles de Parrasio, de Timantes y de Apeles, y los buriles de Lisipo, para pintarla y grabarla en tablas; en mármoles y en bronces, y la retórica ciceroniana y demostina para alabarla?" En primer lugar Don Quijote se explaya sobre lo que Vicente Carducho expondría más tarde sobre el proceso creador del artista en sus *Dialogos de la pintura* (Madrid 1633): "El interior Pintor pinta en la memoria o imaginativa los objetos que le dan los sentidos exteriores ... este Pintor interior ... los elige y corrige, haciendo en la imaginativa una perfecta Pintura ... La manos no hacen más que copiar la pintura que les da la memoria" (diálogo IV). El segundo argumento resume en breves palabras la primacía de la pintura sobre la escultura y el rango competitivo de la retórica frente a la pintura (como 'retórica muda').

La estructura episódica de la historia de Don Quijote, la gran plasticidad del arte narrativo de Cervantes y, sobre todo, el mundo maravilloso de las imaginaciones del propio Caballero de la triste figura desde el inicio echan un reto a la ilustración artística, la teatralidad de tantos episodios y su dramatismo escénico incentivan e inspiran igualmente la representación figurativa. Así texto ficcional e imágenes entran en una simbiosis excepcional con un amplio despliegue de motivos.

La primera salida de Don Quijote en representación visual después de la publicación de su "vida y hechos" a guisa de libro al principio de enero de 1605 ocurrió en un cortejo en Valladolid (10 de junio de 1605) al aire libre. Esta actuación ya tiene un antecedente claro en la misma novela (II, 62), cuando Don Quijote entra en Barcelona: "en las espaldas, sin que lo viese, le cosieron un pargamino, donde le escribieron con letras grandes: Éste es don Quijote de la Mancha. En comenzando el paseo, llevaba el rótulo los ojos de cuantos venían a verle, y como leían: Éste es don Quijote de la Mancha, admirábase don Quijote de ver cuantos le miraban, le nombraban y conocían."

Las momerías, juegos de mascaradas, pantomimas, desfiles y torneos eran diversiones públicas o cortesanas al aire libre muy populares por toda Europa que tienen una tradición muy arraigada. Como espectáculo teatral de variedades consistían en una serie de números sueltos o escenas (acompañadas de música o bailes) en que salen figuras alegóricas, mitológicas, fabulosas y personajes simbólicos, burlescos, etc. A los espectadores se les ofrecía información sobre la acción en rollos de papel o grandes letreros. Funciones con temática quijotesca se dieron ya en fecha muy temprana y antes de las representaciones gráficas no sólo en España, sino también en Francia, Alemania e incluso en América.

La teatralización lleva consigo una visualización y puesta en escena de las figuras con su indumentaria y atributos. El testimonio más temprano de una de estas festividades celebrada en Dessau (Alemania, ducado de Anhalt) en octubre de 1613 se ha conservado. Presenta a Don Quijote en medio de una bufonada con siete figuras, una mojiganga a la turca y una fila de campesinos revoltosos. Los grabados en cobre de Andreas Bretschneider muestran a un enano a caballo encabezando la procesión como bufón con corneta. Sigue el cura llevando la maqueta del molino. El barbero, con golilla y bacía en la cabeza, levanta un barril (que sustituye los pellejos que no se usaban en Alemania). La Sin par Dulcinea, en vestido de gala con golilla y toca de punta, es corpulenta y fea. Detrás de ella va el "Ingenioso Hidalgo Don Quixote de la Mancha, caballero de la triste figura", montado con armas en su rocín, con golilla y penacho enorme. Su escudo muestra un retrato de Dulcinea con la divisa El Caballero de la Triste Figura. Sancho Panza "scudiero" le acompaña con su jumento, lanza y escudo. Al final va "la linda Maritornes" con el cordel que alude discretamente al episodio grotesco del capítulo I, 43, seguida de una carreta de bueyes con la maqueta de un edificio importante, alusión a la jaula de palos enrejados en que Don Quijote fue llevado a su casa (I, 46).

Es notable el hecho de que en el mismo año 1613 – y muy al principio de la recepción de Cervantes en Alemania que coincide con el apogeo tardío del *Amadís* – tuvo lugar en Heidelberg un juego de cañas en que salió Don Quijote invocando a su caballero modelo Amadís. Para ambas figuras literarias – y Sancho – se inicia en aquel momento una gloriosa carrera teatral de las adaptaciones (comedias, 'zarzuelas' [Singspiele], óperas, dramas, ballets). En Dresden, la corte de Sajonia, se representó también en 1613 una comedia sobre el Amadís de Andreas Hartmann, que se había inspirado en pinturas sobre esta materia en el palacio de Freudenstein. La aparición pública de Don Quijote en círculos cortesanos se vincula a la tradición muy popular del loco. Considerando que la primera traducción alemana del Quijote sale mucho más tarde en 1648 (la fecha de una edición de 1621 queda sin comprobar) sorprende tanto por la exactitud de pormenores – por ejemplo, el escudo, la elección de las aventuras, el barbero y la linda Maritornes con la soga, la apariencia del Caballero de la triste Figura – y las empresas en castellano como por su representación gráfica. La golilla es el atributo estereotipado del español en hojas volantes satíricas de la época. El hidalgo que entra en escena como fanfarrón (Rodomont) es también un prototipo en caricaturas y versos satíricos de publicidad antiespañola. La serie de siete grabados, la primera muestra figurativa que hace referencia a personajes y motivos de la novela (los frontispicios de las primeras ediciones del Quijote en España no tienen una relación concreta con el texto) viene acompañada de un poema y de un largo desafío al hidalgo de La Mancha compuestos por Tobias Hübner.

La segunda década del siglo XVII en que Don Quijote entró en Alemania por imágenes si no ya con el cuerpo íntegro de la novela cervantina, es particularmente fecunda en la difusión de la literatura española por los territorios protestantes como católicos. En 1614 el *Lazarillo de Tormes* fue traducido por primera vez en Silesia, otra versión alemana salió en 1617 junto con una primorosa adaptación de *Rinconete y Cortadillo* al ambiente del hampa de Praga con el título significativo *Zwo kurtzweilige lustige und lächerliche Historien. Die erste von Lazarillo de Tormes, einem Spanier, was für Herkommens er gewesen, wo und was für abentheuerliche Possen er in seinen Herrendiensten getrieben ... und wie er letstlich zu etlichen Teutschen in Kundschafft gerathen ... Die ander von Isaac Winckelfelder und Jobst von der Schneid* (Augsburgo 1617). En 1615 Aegidius Albertinus dio a la imprenta su refundición alemana del Guzmán de Alfarache de Mateo Alemán. La *Pícara Justina* salió en 1620 (segunda parte en 1627) *Die Landtstörtzerin Iustina Dietzin Picara genandt*. A pesar de esta marcada presencia de obras primas de la literatura española en Alemania en vísperas de la Guerra de Treinta Años, no se conocen ni los caminos ni a los agentes intermediarios por donde entraron en la temprana fase de una recepción masiva que se prolongó durante el siglo XVII.

Mientras que la primera edición ilustrada en lengua castellana se editó en Bruselas sólo en 1662 con 16 calcografías de Frederik Bouttats (ca 1610-1676), discípulo de Rubens, las traducciones francesa, inglesa, alemana y holandesa ya llevan decoraciones gráficas con bastante anterioridad. Aquí se observa el fenómeno del plagio o de las ilustraciones lo que contribuye a cierta estandarización internacional de estilo, padrón de montaje e interpretación. El frontispicio de la versión francesa (de François de Rosset, Paris 1618) de la segunda parte canoniza la composición prototípica del caballero andante y su escudero copia da de forma muy fina para la traducción inglesa (de Thomas Shelton, London 1620).

Les Advantures du fameux chevalier Dom Quixot de la Manche et de Sancho Pansa son escuyer, publicadas en Paris (1650-1652) por Jacques Lagniet (ca 1600-1675), editor y comerciante de estampas, y su equipo de grabadores con Jérôme David y otros, ofrece el primer ejemplo de ilustraciones a toda página en serie (en total 37 y una portada) intercaladas en el texto, pero también publicadas sueltas con extensas declaraciones al pie de las hojas. Para apreciar la composición y ejecución técnica de las planchas en talla dulce son sumamente interesantes los dibujos preparatorios a la pluma que se conservan en la Hispanic Society of America en Nueva York. Langniet se destaca, además, como editor de *L'Avan-*

turier Buscon, histoire facétieuse (1633), de Til Vlespiegle (1663) de Hermann Bote (francés: espiègle, derivado del neerlandés Till Uilenspiegel, pícaro y truhán, protagonista de cuentos populares de bufonadas) y de una colección de dichos y proverbios. En este contexto de famosos libros "farsantes" se sitúa también su Don Quijote, tosco, burlesco, absurdo, loco, muy al gusto del *Roman comique* realista (1651-1657) y de *Virgile travesti* de Paul Scarron. El frontispicio presenta a la izquierda a Don Quijote con triste figura – ¡la cara le denunciaría como amateur de la chasse!, explica la inscripción – con golilla y bigote: así encarna el prototipo satirizado del español. Sancho, labriego tonto y grosero, ocupa el centro. En el fondo, a lo lejos, se ve un molino de viento. El asno abultado relinchando a la derecha pasa por ser el símbolo del hombre que no entra en razón.

A mediados del siglo XVII salen ediciones ilustradas del Quijote en varios países que se adaptan a las exigencias del tiempo – tanto en el comercio del libro y el arte de grabado como en el discurso exegético y el gusto del público lector – que marcarán el camino futuro de la recepción. La primera traducción alemana incompleta de la novela se publicó en el mismo año en que el tratado de paz concluido en Münster (1648) puso fin a la Guerra de Treinta Años y a la pretendida y tan temida Monarquía Universal de España. El traductor Joachim Caesar realizó un trabajo meritorio. Su *Don Kichote de la Mantzscha, das ist Juncker Harnisch auß Fleckenland* va adornado de un frontispicio y cinco grabados sencillos en pequeño tamaño, entre ellos la obligatoria reverencia a los molinos de viento y el episodio grosero (I, 16) de la pelea nocturna en la fonda. Se trata de la primera "serie" de entalladuras insertadas en el texto que sólo abarca los capítulos 1 a 22 de la primera parte.

La versión holandesa publicada en Dordrecht en 1657 por Jacob Savery (1617-1677) aumenta el número de estampas a 24 más dos frontispicios en cierto modo emblemáticos. El primero representa a Don Quijote a caballo y a Sancho de pie con su jumento, sendos animales vistos de frente como si marchasen adelante encarándose con el lector. Por encima de ellos preside la escena como norte e idea directriz un medallón con el retrato de Dulcinea en perfil. De uno y otro lado se elevan en el fondo las estatuas monumentales de Amadís y Orlando en armadura. El frontispicio pone ostentativamente en escena los modelos literarios "nobles" en el pedestal confrontados con su pálido trasunto y con un retrato de medio cuerpo de Dulcinea en perfil. El grabado de la segunda portada muestra a Don Quijote con un león flanqueado por Dulcinea y Sancho como gobernador. Entre ambos salta a la vista el retrato de Merlín. La elección de los episodios que presentó Savery determina el canon antológico durante casi un siglo. Sus grabados alcanzaron una amplia difusión en el mercado internacional y a través de copias e imitaciones combinadas con nuevas planchas.

La primeras ilustraciones inglesas de la mano de un grabador desconocido fueron publicadas en *The history of the most renowned Don Quixote of Mancha and his Trusty Squire Sancho Pancha, now made English according to the Humour of our Modern Language* /1687). Las dieciséis estampas y una portada fueron reeditadas tres veces en Londres al principio del siglo XVIII. No sólo el texto se adapta al genio de la lengua inglesa ("humour of our modern language"), sino también las ilustraciones representan un escenario natural y arquitectónico (casas, castillos, batanes) más bien nórdico-fantasioso. El estilo de las imágenes es, como en el caso de Savery, poco refinado que se pierde en lo trivial y burlesco. La portada que en cierta manera da el tono visual a la obra entera como una obertura representa a Don Quijote y Sancho caminando; Sancho tiene aspecto de enano o bufón, mientras que en el fondo Dulcinea está cebando los cerdos en el corral con dos casas rústicas. En la lejanía se extiende un paisaje montañoso con arboledas.

Al lado de las representaciones figuradas en desfiles cortesanos y las ediciones con grabados se dan tambien las primeras muestras de pintura y tapices con motivos sacados de la historia de Don Quijote. Se les atribuyen a los hermanos Le Nain y su círculo algunos cuadros. En un cuadro de la colección particular Stirling en Keir (Escocia) el pintor ofrece una vista de Don Quijote y su escudero, representando dos estamentos, la caballería y la clase campesina. Ambas figuras aparecen en postura digna. El artista se abstiene de atribuirles el menor rasgo satírico (excepto el yelmo) o de exaltación heroica; no se miran mutuamente, sino dirigen los ojos al espectador que observa el momento de la entrega de la lanza y la salida. Muy al margen, desde el fondo y a escondidas Dulcinea se asoma por el tragaluz de su casa humilde. Cuadros de Domenicus van Wynen o de Egbert van Heemskerk (1634-1704) quien trabajaba en Inglaterra muestran escenas de aldea al estilo neerlandés o turbulentas bambocciatas. Johannes Hartau cita una poesía de Salomon de Priezac 'La Foire Saint-Germain' (ca 1650) donde el poeta y consejero de estado describe pinturas que se exponían en la (supuestamente fingida) Rue des Grotesques, y en particular un retrato de Don Quijote. Su amigo Antoine de Saint-Amant había trazado en 'La Chambre du Desbauché' una serie de "estampas imaginarias" extravagantes, entre ellas una representando a "Dom Quichote" y sus "aventuras más grotescas" como "Guidon de Carnaval".

Con frescos y tapices Don Quijote entra – o vuelve – al mundo cortesano y feudal como elemento decorativo de lujo. Alrededor de 1640 María de Médici encargó a Jean Mosnier de ejecutar 34 escenas quijotescas en el palacio de Chéverny (Blois). En su castillo de Kilkenny (Irlanda) el duque de Ormonde poseía una serie de cinco tapices. Francis Poyntz, "His Majesty's Chief Arras Worker", manufacturó otra serie (compuesta de por lo menos seis piezas) que con su ornamentación vegetal y animal exuberante, sus detalles exóticos y fantásticos pertenece, según el juicio de los expertos, a las creaciones artísticas más espectaculares de la iconografía quijotesca.

El arte de la tapicería alcanzó su apogeo en el siglo XVIII francés con los cartones de Charles-Antoine Coypel (1694-1752) y Charles-Joseph Natoire (1700-1770). Con Coypel, pintor de la corte francesa de gran prestigio e hijo de una familia de artistas, se opera un cambio estilístico, cualitativo e ideológico profundo. Coypel era también autor de unas cuarenta piezas dramáticas, entre ellas un *Don Quichotte* (perdida) y el libreto para el ballet *Les Folies de Cardenio*, siendo orgulloso de combinar la pluma con el pincel ("homme de lettres et de pinceau"). Así asocia a la experiencia teatral una viva imaginación escénica. Pintó sus cartones para surtir efectos en espacios interiores de grandes dimensiones. La función decorativa y la técnica de la tejeduría priman sobre el diseño y la concepción del cuadro. La ilustración de libros requiere otra disposición en relación al texto y tamaño del libro.

Por encargo del rey Coypel pinto 27 cartones para tapices entre 1714 y 1751. La ejecución de más de 200 tapices en nueve series se llevó a cabo en la Manufactura de Gobelinos hasta que la Revolución francesa puso fin a la producción en 1794. La comisión de la casa real ennobleció el tema que a partir de entonces adquirió un matiz más bien cortesano y galante contrastando con la anterior tosquedad, sátira y el ambiente rústico que corresponde a la sensibilidad, los ideales de la vida y las costumbres sociales (fêtes galantes, fiestas campestres). Se destaca ahora la condición noble del caballero, su elegancia y valor que dejan reconocer la esencia de lo humano. El cambio paradigmático en la interpretación de Don Quijote se anuncia ya con la sustitución del adjetivo *redoutable* por *admirable* en la traducción francesa de Filleau de Saint-Martin (1677/78). Coypel dedica más atención a la segunda parte eligiendo 20 episodios. Son de preferencia episodios de la novela que plasman esencialmente momentos festivos, diversiones o escenas campestres. Los tapices se asemejan a cuadros teatrales fijados con bastidores y un gran número de figuras en movimiento, que hablan un lenguaje vivo gestual y visten un ropaje de moda sin referencia alguna al colorido 'típico' español. Los tapices eran pinturas fingidas que se colocaban en las paredes de los salones con marcos decorativos y guirnaldas de flores. Como regalos diplomáticos preciosos llegaron, hasta incluso, a la corte de Prusia.

Por su parte, Coypel encargó a un grupo de excelentes grabadores de llevar los cartones pintados para tapices a estampas talladas que alcanzaron una gran popularidad a lo largo del siglo XVIII, sirviendo nuevamente de modelo para ediciones publicadas o reimpresas en Francia, los Países Bajos y Alemania. A partir de 1723/24 se editaron varias series con grabados hechos por pinturas de Coypel, con el título significativo *Les Principales Avantures de l'Incomparable Chevalier Errant Don Quichotte de la Manche, peintes par Charles Coypel, Premier Peintre du Roy, et gravées sous sa direction par les plus habiles Artistes en ce genre* (25 calcografías). Dos reediciones con seis láminas adicionales aparecieron en La Haya en 1746 con leyendas en francés respectivamente neerlandés. Tanto la primera como la última plancha (ca 1724) son muestras de gran efecto que expresan la comprensión del texto visualizado por Coypel. Lleva la inscripción "Don Quichotte conduit par la Folie et embrasé de l'amour extravagant de Dulcinée sort de chez luy pour estre Chevalier Errant". A la salida del palacete Aldonza Lorenzo se le presenta a Don Quijote sonriente y coqueta. En el fondo aterrador se divisan ya los futuros sucesos: el molino gigante con cara de monstruo, las asas armadas y el rebaño de ovejas con un bosque de lanzas. Envuelta de nubes la figura alegórica de La Folie está revoloteando con coraza, yelmo de Mambrino, penacho y el cetro del loco encabezado de una muñeca de bobo. Con su dedo señala en dirección del molino. Al mismo tiempo Amor está descendiendo de las nubes y dirige su antorcha sobre el arnés de Don Quijote, con la otra mano apunta a Dulcinea ricamente vestida pasando harina por un cedazo. El frontispicio escenifica alegóricamente la salida de Don Quijote en postura parecida (¿o parodiada?) al famoso caballero apocalíptico de Durero que marcha adelante desafiando cualquier peligro y destino. Al final Coypel colocó su grabado "Don Quichotte est délivré de sa folie par la Sagesse" que altera el texto cervantino. El ingenioso hidalgo está sentado en una silla, pero no está enfermo ni muere. La Sagesse en figura apoteósica de Minerva expulsa la Folie, una doncella seductora que en su mano lleva un castillo, alusión a los proverbiales "châteaux en Espagne" (castillos en el aire). Sancho, lleno de asombro, levanta los ojos, mientras que su amo duerme "el sueño de la razón" para despertarse finalmente sanado por la luz del entendimiento y el triunfo de la razón (así reza el título de una pieza teatral de Coypel). Las piezas de la armadura están tiradas por el suelo. En el texto que acompaña *Les principales aventures de l'admirable Don Quichotte* en la edición de Lieja (1776), el amo explica a Sancho que Minerva le había revelado en una aparición lo ridículo de su ilusión de la caballería errante, Sancho, sin embargo, cree que Minerva es otra Dulcinea. Don Quijote aclara que Minerva es la diosa de aquella sabiduría que les falta hoy día a tanta gente y reproduce el largo parlamento divino. Sancho queda asombrado y pierde todas las esperanzas de ganar riqueza y lugartenencia. Don Quijote le consuela con un elogio del juicio sano como verdadero tesoro que siempre enriquece. Es curioso observar como la solución de desenlace sugerida por el pintor en su imaginación, dejando en suspenso el fin del héroe, reconvierta la escena nuevamente en literatura. Don Quijote ya no sigue siendo el quimerista ridículo, sino se transforma en un favorito del Siglo de las Luces.

Coypel eligió los episodios visualizados no de acuerdo con la secuencia textual de la narración cervantina, sino conforme a sus propios criterios estéticos, al gusto de su clientela y a las exigencias decorativas. Tanto los cartones pintados como los grabados y tapices evidencian una gran intensidad teatral (efectos de luminosidad, lenguaje de los gestos, movimientos expresivos de las figuras, perspectiva, adorno del escenario natural. En vez de las peleas y situaciones grotescas Coypel prefiere las escenas galantes y caballerescas. La boda de Camacho será convertida en fiesta galante. Sus ideas estéticas se fundan en la teoría del arte, de lo sublime, y los valores socio-culturales de la época. En su discurso académico del 1º de febrero de 1749 *Parallèle de l'Eloquence et de la Peinture* Coypel diserta de sus principios artísticos. El poeta y el pintor usan los mismos géneros tradicionales de elocución: el estilo sencillo ('humilis'), moderado ('mediocris', 'modicus') y sublime ('grandis'). "Il me paroit que c'est du style tempéré que le Peintre doit faire choix pour rendre les sujets galands tirés de la Fable ou des bons Romans, et nombre de ceux que nous fournit l'Histoire, qui sont nobles sans être héroiques". En cuanto a lo burlesco y satírico opina Coypel: "Ainsi que les écrivains, les Peintres peuvent s'égayer le style burlesque, et se permettre la raillerie; mais ce n'est qu'avec beaucoup de goût, de la finesse et de prudence qu'ils doivent faire usage de l'un lique de l'autre, s'ils veuillent les rendre agréables à la bonne compagnie. Parmi les vrais connaisseurs les plus graves aiment à rire quelquefois, et la raillerie délicate ne leur déplaît pas toujours; mais la basse bouffonerie leur répugne, et la satyre mordante les révolte". La interpretación que Coypel propone con las estampas alegóricas que encabezan y cierran su álbum, por cierto, se apartan del texto, Coypel se defiende alegando que "les beaux tableaux allégoriques ne sont qu'un assemblage d'heureuses métaphores. Notre objet, quand nous travaillons dans ce genre, c'est de rendre nos pensées plus entes et plus lumineuses, et non pas de les voiler, de manière qu'elles deviennent les énigms pour le public".

En Inglaterra *The History of the most renowned Don Quixote of Mancha and his Trusty Squire Sancho Pancha* (Londres 1687) es la primera edición ilustrada por un grabador anónimo. Los 16 grabados fueron reeditados varias veces hasta principios del siglo XVIII. En 1738 apareció una edición de lujo de la *Vida y hechos del ingenioso hidalgo Don Quixote de la Mancha* en Londres con 68 ilustraciones a toda página, un frontispicio alegórico y un retrato de Cervantes que marca otro hito en la iconografía e historia tipográfica universal de la obra de Cervantes. La casa editorial de los Tonson ya se había dedicado desde 1697 a publicar las obras de Milton, Dryden y Shakespeare con profusión de estampas. Con John Vanderbank (1694-1739) y William Hogarth (1697-1764) colaboraron dos artistas muy exitosos en su época, ambos rechazan la manera de Coypel ya conocida por estampas sueltas y las ilustraciones de una edición inglesa del Quijote (Londres 1725). El médico John Oldfield quien supervisó la labor de la ilustración antepuso a la edición un *Advertisement concerning the Prints*, una temprana y notable reflexión ensayística sobre la relación entre texto e imagen. Ambos transmiten distintos tipos de mensajes. El artista no debería pasar por alto esta importante diferenciación, puesto que una interferencia de la imagen arriesga ofuscar el sentido del texto y alterarlo por una amplificación desmesurada del significado. Por eso critica las estampas 'equivocadas' de Coypel, porque no guardan proporción los temas seleccionados con las imágenes que, por consiguiente, desfiguran el texto en vez de ilustrarlo.

William Kent contribuyó un retrato imaginario de Cervantes, el primer testimonio de este género que intenta visualizar el autorretrato literario trazado por el escritor en el prólogo a las *Novelas ejemplares*. Cervantes que curiosamente se parece mucho a Shakespeare está sentado en su escritorio. A sus espaldas a la derecha se vislumbran libros en parte tapados por una cortina. En la parte superior del centro están colgadas la visera y la espada, referencia emblemática a la divisa 'Armas y Letras'. A la izquierda, un vano abre la vista sobre una gran sala de estilo ojival que atraviesan Don Quijote a caballo y Sancho con su jumento. La primera ilustración de Vanderbank grabada en 1723 representa 'Don Quijote in his study' en una postura de meditabundo y ensimismado, apoyándose la cabeza con el codo puesto sobre mamotretos. Alza la vista hacia arriba, de donde entre la luz. El cuarto austero con chimenea y armas a un lado y dos pequeños estantes de libros al otro tiene dos ventanitas, una cerrada y la otra con rejas fuertes por donde entra poca luz. El grabado inaugura la serie de grabados en que Don Quijote ensimismado se convierte en el prototipo de la reflexión del escritor sobre su propia condición y es indicio de la creciente veneración de Cervantes identificado con su figura maxima. Hogarth y Vanderbank dibujaron las mismas escenas en el mismo tamaño con una sola excepción (I, 26), *The Curate and the Barber Disguising themselves,* que Vanderbank no tiene (y que, además es única en la iconografía quijotesca a pesar de su rica potencialidad de denunciar las ilusiones por el travestismo, la farsa, el espejo). La cooperación entre Hogarth y Vanderbank falló, de manera que la edición patrocinada por Lord Carteret debido a su disenso con la concepción de Hogarth en la ejecución de la tarea sólo contiene las ilustraciones dibujadas por Vanderbank y grabados por Gerard van der Gucht y compañeros. Entre los grabados destaca el frontispicio alegórico que interpreta la intención del autor al escribir su obra. Hércules Musagetes, guía de las Musas, es la figura simbólica representando a Cervantes, cuya misión es la de desterrar a los monstruos – los libros de caballerías – del Parnaso y restituir a las nueve Musas en su sede ancestral. Un sátiro le entrega la maza y la máscara. Las quimeras serán combatidas con la ayuda de "raillery and satire". El sátiro simboliza el genio del autor y la máscara su gracia satírica. En otro frontispicio de las *Novelas ejemplares* (1729), dibujado por Joseph Highmore, Cervantes de rodillas recibe el libro divino de Don Quijote de la mano de Apolo ante el fondo del Helicón liberado. La interpretación del Quijote a traves del ropaje mitológico se asocia a las discusiones sobre la teoría estética clasicista en Inglaterra, en particular los conceptos de la sátira, la ironía, las pasiones, el humor y lo cómico-burlesco. En sus advertencias sobre las estampas Oldfield presentó un programa que les confirió el cometido de igualar la pintura de historia eligiendo, por consiguiente, aquellos episodios que procuraran "adeniás de placer a la vista, diversión" sin destacar las escenas de acciones rudas y tumultuosas. En la opinión de Oldfield, las imágenes pintadas o grabadas "pueden servir a otro fin más elevado, representando y dando luz a muchas cosas, las cuales por medio de las palabras no se pueden expresar tan perfectamente". Vanderbank creó ilustraciones llenas de gracia y de decoro atractivo, Hogarth, en cambio, presentó escenas teatrales con figuras trazadas vigorosa o incluso a veces groseramente en sus semblantes y gestos. Vanderbank hizó por lo menos 33 cuadros al óleo de pequeño formato fechados entre 1730-1736. Entre los dibujos se destaca un retrato de Don Quijote (1739) que Horace Walpole elogió como "ideal study for the portrait of Don Quijote". El artista realza el carácter heroico del caballero andante que prácticamente se identifica con un guerrero romano. Un caso excepcional representa la traducción inglesa *The Life and Exploits of the Ingenious Gentleman Don Quixote de la Mancha* del pintor Charles Jarvis que los Tonson sacaron a luz en 1742 junto con las estampas de Vanderbank; es otro documento de la boga y gran fascinación que Cervantes provocaba en aquella época. En la *Vida de Cervantes* que Tonson agregó a su edición de 1738 (la versión inglesa apareció en 1742), su erudito autor, Gregorio Mayans y Siscar, primer biógrafo de Cervantes, ya había constatado: "Los mas diestros Burilistas, Pintores, Tapiceros, i Escultores, están empleados en representar esta historia, para adornar con sus Figuras las Casas, i Palacios de los grandes Señores, i mayores Principes". Hogarth, tildado en 1754 de "Cervantes of his Art, as he has exhibited with such masterly Hand the ridiculous Follies of human Nature", compuso su talla dulce 'The Mystery of Masonry brought to light by the Gormagons' (1724) básicamente mediante "borrowings" – préstamos – sacados de Coypel, 'Sancho's Feast' (II, 47) del año siguiente combina también detalles tomados de Coypel añadiendo sus propias invenciones grotescas.

Un amigo de Hogarth, el célebre pintor Francis Hayman (1708-1776), hizo las 27 ilustraciones a toda página y un frontispicio que adornan la nueva traducción de Tobias Smollett *The History and Adventures of the renowned Don Quixote* (Londres 1755). Se han conservado también sus preciosos dibujos preparatorios a pluma y a tinta. El libro marca otra cima en el desarrollo de la historia gráfica y de la trayectoria interpretativa de la obra cervantina en el siglo XVIII británico. El frontispicio alegórico dilucida una vez más su significado. Una dama con espada que por la máscara y su vestimenta personifica a Talía, musa del arte de la comedia, está arremetiendo contra el portal de un edificio que cae en ruina. Un cancerbero retrocede y un guarda de torre toca en balde la alarma. Desde el peldaño de un templo clásico Minerva presta auxilio a la valiente mujer. Gracias a los rayos de luz que refleja el escudo de Minerva la verdad sale vencedora y ahuyenta los monstruos de la sombra. El templo significa la sede del sentido común y de la razón, mientras que el edificio desmoronadizo era el albergue de las supersticiones y de "romances of gothick or morish Chivalry" con sus gigantes, monstruos y nigromantes a que se refiere la insignia emblemática de la mansión rota a golpes de espada.

A diferencia de Vanderbank Hayman presenta a un Don Quijote nada noble, maniático, casi mezquino. Curiosamente se dice que le sirvió de modelo una escultura de William Collins. Hayman, sin embargo, muestra más simpatía con Sancho, barrigudo y buen burgués, tal como aparece en las planchas al principio y al final del tomo segundo.

Hayman era muy experto en pintar decorados teatrales con ambientes naturales y entornos arquitectónicos muy fantásticos que encuadran las escenas de la vida cotidiana popular, el drama externo de los personajes y su reacción frente a precarias situaciones imprevistas. Aparte de escenas de *King Lear* y *Falstaff*, Hayman ilustró una serie de otras obras maestras de la literatura inglesa (*Paradise Lost* de John Milton, 1749, *Pamela* de Samuel Richardson, 1742, Alexander Pope, William Congreve) y pintó cuadros, tal como *El posadero armando a Don Quijote caballero* (I, 3), que confirman su fama de ser el mejor pintor de historia inglés y corresponden plenamente a las expectativas del público de capas medias y su gusto a lo cómico y humorístico.

Como en Francia la fascinación de los artistas por el Quijote se unía igualmente en Inglaterra a los debates académicos sobre la estética y los cambios de sensibilidad artística. En la segunda mitad del siglo XVIII John Hamilton Mortimer (1740-1779) se atrevió a representar a Don Quijote semidesnudo (Don Quixote in the Sable Mountains) para mostrar, junto con su pareja 'Nebuchadnezzar recovering his reason' (1772), el estado anímico del hombre aislado expuesto en medio de una naturaleza escabrosa. Al mismo tiempo Don Quijote se torna en una figura bajo cuya insignia los artistas reflexionan sobre su propia situación marginada así como la soledad y la melancolía como estímulos de la creatividad. En este sentido es notable la trayectoria del motivo emblemático de 'Don Quijote leyendo libros en su estudio' (Richard Parkes Bonington, George Cattermole, Henry Liverseege) hasta bien entrado el siglo XIX en Inglaterra.

España entra relativamente tarde en el campo editorial de la ilustración del Quijote. En 1773 la Real Academia Española tomó la iniciativa de fomentar un proyecto de publicación esmerada y digna de competir con las francesas e inglesas. Inicialmente una comisión seleccionó 76 pasajes susceptibles de ser visualizados, un número que al final quedó reducido a 33. Los artistas tenían que observar directrices iconográficas detalladas para alcanzar la mayor fidelidad posible en la reproducción del color local castizo y sin inventos y fantasías anacrónicos. Por eso se les recomendó copiar del natural en las colecciones reales los objetos de uso corriente en otros tiempos. En el curso de los preparativos la responsabilidad de la ejecución de los dibujos y grabados fue delegada a la R. Academia de Bellas Artes de San Fernando. La impresión del texto comenzó a principios de 1777 en el taller madrileño de Joaquín Ibarra, impresor de cámara de Su Majestad y de la Real Academia. Los cuatro volúmenes, publicados en 1780, forman una obra monumental del arte tipográfico español. Ibarra. ya había publicado con anterioridad una serie de libros de gran calidad artesanal, entre otros un Quijote ilustrado (1771). José de Castillo (1737-1793) y Antonio Carnicero (1748-1814) dibujaron la mayoría de las estampas. Castillo que se había formado en Italia, recibió el título de pintor del rey ejecutando también bocetos para la Real Fábrica de Tapices, pero fracasó en las elecciones de la Academia. Los siete dibujos que contribuyó se distinguen por el equilibrio armónico entre la capacidad narrativa, la imaginación escénica y la elegancia del estilo que transmite decentemente la ironía y el humor. Carnicero continuó con esmero la labor de Castillo, que también había pasado varios años de formación en Italia. La Academia le encargó los restantes 19 dibujos y dos frontispicios. Los dibujos preparatorios de ambos artistas que se han conservado dan testimonio de su labor cuidadosa y fina en la genesis de la obra. Los cinco bosquejos de otros artistas no siempre logran el nivel artístico de Carnicero y Castillo que en sus diseños (a lápiz, a veces con toques de aguada y tintas) despliegan una gran maestría. Por su viveza naturalidad y desenvoltura ciertas hojas superan incluso la version burilada. En cuanto a su composición los detalles y las figuras denotan más de una vez la inspiración y relectura de la imaginería en ediciones ilustradas anteriores cuyo cuerpo va creciendo vertiginosamente y siempre acompañado de modas y convenciones, debates teórico-estéticos y las más variadas interpretaciones. La estampa dibujada per Francisco de Goya que representa el alboroto causado per el rebuzno de Sancho fue rechazada por la Academia. Más tarde aún Goya hizo varios bocetos sobre temas quijotescos hoy perdidos, sólo se ha conservado una lámina grabada per Félix Bracquemond (1860) que representa a Don Quijote visionario rodeado de monstruos horripilantes

Para una nueva edición en tamaño más pequeño y más barata, pero no menos atractiva por sus ilustraciones, el editor Ibarra encargó a Antonio e Isidro Carnicero una serie de 23 estampas (más un mapa y retrato) especialmente concebida para este fin en que colaboraron varios grabadores nuevos. El libro fue lanzado al mercado en 1782. Con estas dos ediciones Joaquín Ibarra marcó la pauta para los tipógrafos y bibliófilos españoles venideros. Gabriel de Sancha (1747-1820), madrileño, que ya había publicado – siempre con ilustraciones – *Los trabajos de Persiles y Segismunda*, las *Novelas ejemplares*, el *Viaje del Parnaso* (con la *Numancia* y *El trato de Argel* y la *Galatea* acometió una "nueva edición corregida de nuevo, con nuevas notas, con nuevas estampas, con nuevo análisis y con la vida de el autor nuevamente aumentada por D. Juan Antonio Pellicer, bibliotecario de Su Magestad" (1797-1798; segunda edición 1798-1800). Las ilustraciones son de la mano de Rafael Ximeno y Planes (1759-1825), de Agustín Navarro (1754-1787), José Camarrón Boronat y Luis Paret y Alcázar. En su discurso preliminar, el erudito y académico de la Historia trata sobre las ilustraciones dando una de las primeras reseñas del desenvolvimiento gráfico del Quijote. Es interesante su crítica de las ediciones anteriores ilustradas por Lagniet, Coypel y Vanderbank a quienes censura por "desorientar a los lectores dando a entender que Don Quixote había florecido en tiempos muy remotos", mientras que alaba el empeño de la Academia en respetar la fidelidad histórica y la representación auténtica de los tipos, costumbres y de la indumentaria españoles del Siglo de Oro. Navarro se destaca por el diseño claro, las figuras finas, el perspectivismo y el sentido de la teatralidad cómico en escenas como 'Don Quijote prueba sus armas' (I, 1) en el estudio con armas y libros. Allí la luz entra del fondo de su pequeño cuarto de dormir menos como medio de ilusiones engañosas, sino como presagio de la iluminación. Cuando Don Quijote derrota a los cueros de vino (I, 35), también se enfrenta con un estallido de luz deslumbrante.

Luis Paret y Alcázar (1746-1799) dibujó la visita de Don Quijote a la imprenta de Barcelona observando el trabajo de los tipógrafos y entablando la conversación con un traductor. Se ha sugerido que el grabado reproduce el autorretrato de Paret y la efigie de Sancha en su taller. Paret no pudo participar en las ediciones publicadas por Ibarra, pero Gabriel de Sancha le estimaba mucho y le encomendó poco antes de morir las ilustraciones de su edición del *Quijote* en nueve volúmenes de pequeño tamaño (1798-1800). Entre los dibujos que pudo terminar sobresale la escena de Don Quijote leyendo libros de caballerías en su estudio (I, 4). Envuelta en una nube luminosa, la Locura en forma de angelote y con Amor a su lado le aparece a contraluz de la ventana y por encima de su armadura a Don Quijote llevando un medallón festoneado con el retrato de Dulcinea. El hidalgo aparta simbólicamente su vista del libro y vuelve la cabeza hacia atrás. La miniatura hace ingeniosamente juego con el grabado de Charles-Antoine Coypel 'Don Quixote est delivré de sa folie par la Sagesse'.

En Alemania un cambio de tendencias estéticas y comprensión del Quijote se está iniciando a partir de los años sesenta del siglo XVIII. Las ediciones de la época contienen grabados copiados de Coypel. Sólo se conocen algunos bocetos aislados de Christian Wilhelm Ernst Dietrich (1712-1774), entre ellos un dibujo en sepia sobre lápiz representando la salida de Don Quijote con una figura alegórica de la Locura en el cielo (1756). Un primer momento de culminación llega con la versión que Friedrich Justin Bertuch hizo en Weimar (1775-1777) basada no en una traducción francesa sino en el texto original. Fue un éxito de venta. La segunda edición apareció en 1780 con la continuación de Avellaneda, seis grabados, un retrato de Cervantes y una viñeta de título de Daniel Chodowiecki (1726-1801). El más famoso burilador de su tiempo desplegó una prodigiosa actividad entre 1771 y 1800 grabando estampas para más de 300 publicaciones con grandes tiradas (almanaques, Shakespeare, Ariosto, Goethe, Lessing, Rousseau, entre otros). Para complacer a Bertuch, editor y comerciante muy exitoso en Weimar en aquella época de su máximo esplendor cultural, Chodowiecki que se consideraba a sí mismo como un mero artesano, pidió a Bertuch que le señalase los episodios a ilustrar. Con anterioridad ya había tratado varias veces motivos quijotescos. Bertuch cautelosamente denegó tal preselección aduciendo que no siempre la descripción de una escena por muy cómica que sea produce el mismo efecto en forma de dibujo: "es läßt sich nicht alles zeichnen, und ich könnte Ihnen gerade Gegenstände wählen, die die wenigste Wirkung thäten". Bertuch muestra una conciencia sensibilizada de la diferencia en percibir un texto literario y su correspondiente visualización con medios artísticos. La segunda edición de 1780 lleva 24 ilustraciones de estilo acabado y fina ironía. El retrato de Cervantes copia los rasgos fisonómicos del tipo inventado por William Kent (1738), pero lo transforma en monumento. Por debajo del medallón están colocadas sobre un pedestal con la inscripción del nombre, la corona de laurel y la lira de un lado y del otro los atributos de un caballero. La lámina que muestra el fin desastroso de la aventura de Clavileño (II, 41) es quizás con su expresividad grotesca, el único ejemplo que salga de lo corriente en la serie que se sitúa en la fase de transición del rococó al neoclasicismo.

Alrededor de 1795 se abrió una nueva etapa del cervantismo alemán con las teorías de una estética moderna (romántica) y la interpretación especulativa o metafísica de Don Quijote propagadas por los hermanos Schlegel y el filósofo Friedrich Wilhelm von Schelling. La comprensión de Don Quijote y Sancho Panza como "personajes mitológicos" y "mitos verdaderos" desbancó la hasta ahora predominante interpretación de la obra como pura sátira. La traducción de Ludwig Tieck publicada sin ilustraciones entre 1799 y 1801 marca el hito de esta nueva sensibilidad estética e histórica del romanticismo. Para Friedrich Schlegel la historia del ingenioso hidalgo es, sobre todo, un cuadro vivo y muy épico de la vida y del carácter típico españoles ("ein lebendiges und ganz episches Gemälde des spanischen Lebens und eigentümlichen Charakters"). Por eso la versión de Dietrich Wilhelm Soltau (1800) no está adornada de grabados, sino contiene tan sólo un mapa que registra topográficamente las 35 aventuras de la historia-ficción respondiendo así al deseo de relacionarla con la España real.

La Hermandad de San Lucas, un gremio de artistas que inspirándose en las ideas estéticas de Friedrich Schlegel intentaron regenerar el arte sobre el fundamento de la religión y por eso fueron apodados los Nazarenos, acogió motivos quijotescos a partir de 1809. Franz Pforr (1788-1812) traduce sus lecturas de la versión de Tieck en escenas idílicas situadas en un ambiente arcaizante alemán. En un dibujo a lápiz Joseph Sutter (1781-1866) representa el episodio (II, 4) 'Don Quixote und Sancho Pansa auf Nachtwache', una hoja de expresividad visionaria ilustrando la sentencia "Duerme el criado, y está velando el señor" (II, 20), que según la interpretación metafísica de los románticos significa el antagonismo entre poesía y prosa, espíritu y cuerpo o idealismo y realismo. El hidalgo a caballo, encarnación del héroe-artista, está en vigilia soñolienta, la cabeza con barba en punta impávidamente alzada – casi una mascarilla funeraria –. El yelmo de Mambrino deslizado hacia atrás llega a formar el nimbo de santo ascético, mientras que Sancho duerme relajado en siete sueños sobre un caballete de cuatro estacas que sustituye a su jumento hurtado. La pirámide viva tragi-cómica se irgue delante de una roca informe cortada a pico. En la esquina y por tierra aparece un cuadrito de la escena como espejo de la realidad ficcional o ¿como desengaño al despertarse?

Después del traslado de los Nazarenos a Roma el tema quijotesco sigue interesando a los artistas del grupo. En su relato autobiográfico de 1806 Joseph Anton Koch (1768-1839) comparando sus aventuras amorosas con las de los caballeros andantes habla de "pintori erranti": "un pintor es como un caballero andante, cuya vida sin una Dulcinea iguala a una lámpara sin aceite o a una rueda de molino sin agua", un pasaje que retoma el símil (I, 1): "el caballero andante sin amores era árbol sin hojas y sin fruto y cuerpo sin alma".

El suizo Hieronymus Hess (1799-1850) delinea la llegada de Don Quijote y Sancho a una venta como cuadro de género representando la vida popular italiana en un marco sendo renacentista. Por lo visto, la figura de Don Quijote gozaba de popularidad tanto en fiestas como en grabados. Las planchas de Bartolomeo Pinelli (*Le azione piu celebrate del famoso cavaliere errante Don Chisciotte della Mancia*, Roma 1834) despertaron el interés del escultor danés Bertel Thorvaldsen que adquirió dibujos y grabados de Pinelli. Con motivo de su despedida de Roma, Hess dibujó en 1823 la reunión de sus compañeros. La pared del salón de fiestas queda adornada de una serie de retratos (Holbein, Thorvaldsen, Hogarth, el monograma de Durero) y un dibujo que representa la batalla con el gallardo vizcaíno. En el estante de libros se encuentran el Quijote, el travieso Eulenspiegel, Dante y Homero. En una mesa está el elogio de la locura de Erasmo que Hess había ilustrado. Las imágenes en la imagen expresan el programa artístico-polémico del grupo que invoca a Cervantes como patrono de la sátira defendiendo la libertad del artista al igual de la libertad del loco ante un público de filisteos y el predominio de convenciones.

La intensidad con que los artistas alemanes en Roma se ocupaban de Cervantes queda patente también en la vida y obra de Johann Christian Lotsch (1790-1873). En una acuarela de gran tamaño representa el funeral del Grisóstomo (II, 13), la muerte en Arcadia, pero en un curioso ropaje italiano a lo Rafael. Otro dibujo a lápiz de 1839 visualiza la entrada de Don Quijote en Barcelona (II, 61-62) con alusiones carnavalescas y lascivas. La escena se desarrolla en Roma, en la Piazza San Silvestro, esquina con la Via delle Convertite (localización que señala el letrero en el dibujo mismo). Don Quijote, visto de atrás y a lomo de un asno, no lleva su armadura ni el yelmo de Mambrino sino un birrete con pluma y jubón que le distinguen como artista. Se puede interpretar el dibujo sobre un doble fondo: autobiográfico, porque el protestante era propenso al catolicismo y se decía que la conversión era una exigencia irresistible para un artista en Roma. Artístico, en segundo lugar, puesto que la aparente admiración por Don Quijote en Barcelona se puede aplicar igualmente a la posición del artista protestante en el centro del catolicismo. Pero también visualiza irónicamente el problema de la relación conflictiva entre el artista y su público. La aproximación entre Don Quijote y el artista se manifiesta, además, en el disfraz con que dos miembros del grupo se presentaron en la fiesta anual de Cervaro (1836) – como Don Quijote en compañía de su escudero. Otros artistas habían fundado un orden de caballería ('Ritter vom Bajacco' como jugando con la figura del payaso, pagliaccio = jergón de paja). La cabalgada sobre el asno evoca finalmente la entrada de Jesús en Jerusalém. En vez de representarse a sí mismo entre los espectadores como lo hizo Franz Overbeck, Lotsch invierte la autorreferencia presentando al artista en pose parecida (parodiada) cercado de la multitud.

La identificación del artista con Don Quijote es un rasgo peculiar de la recepción alemana en el siglo XIX. El cuadro 'Don Quixote studirt den Amadis von Gallien' de Adolph Schrödter (1805-1875) presentado en la exposición de la R. Academia de Bellas Artes de Berlín en 1834 despertó un extraordinario interés y plasmó la imagen popular de Don Quijote en el público lector del siglo XIX como prototipo de la pintura de género cómica muy a gusto en medios de la burguesía.

Don Quijote, sentado en una enorme butaca destripada, sujeta con una mano el tomo en folio sobre la rodilla, con la otra apoya la cabeza inclinada melancólicamente. Los pies en zapatos de pico puestos sobre un montón de libracos, está abismado en la lectura del Amadís. La página de un libro de torneos abierto a sus pies refleja, per decirlo así, visualmente la lectura.

En el cuadro el pintor ni siquiera deja de citar los títulos de algunas novelas que Don Quijote leía: El Caballero de la Cruz, Palmerín de Ingalaterra, Florismarte (en vez de Felix marte) de Hircancia, Historia del famoso caballero Tirante el Blanco, Los diez libros de Fortuna de amor.

El interior del estudio deteriorado muestra los vestigios del esplendor pasado: además de los libros por todos lados un par de azulejos, un mantel adamascado, un sombrero con plumero, un pergamino roto con el árbol genealógico, un cuervo y partes de la armadura. Por la ventana no sólo entra la luz, sino también la yedra. Una garrafa de vino y un trozo de pan denotan la frugalidad del señor.

El cuadro fue festejado en Düsseldorf a finales de octubre de 1834 con un espectáculo en ocho escenas. Una litografía de Adolph Menzel y Theodor Hosemann da una idea del evento que pone en escena la lucha de Don Quijote por liberar a la dama Arte de la mano de los académicos y románticos. En un sueño Don Quijote mira como los artistas en librea asedian a su bien amada. En seguida entra en Berlín junto con Sancho. Allí tropiezan con una encrucijada en tres direcciones: Antigüedad, Edad Media y Eternidad. La cuarta escena muestra una capilla estropeada por el arte de los Nazarenos. Don Quijote ahuyenta a los representantes de la poesía caballeresca romántica. En la sexta escena arremete contra los académicos, montado en un macho cabrío, y les muestra la linterna de la Ilustración y los pantalones de la Revolución ("sans-culotte"). En la penúltima escena lucha contra el baluarte académico, y finalmente un cortejo celebra la victoria de Don Quijote. Los académicos vencidos para vergüenza suya llevan las imágenes del arte nuevo. Don Quijote y Sancho marchan detrás del carro de triunfo con la diosa Victoria. El estandarte de Don Quijote muestra su famoso retrato emblemático pintado por Schrödter. Don Quijote se convierte así en defensor intrépido de un nuevo estilo artístico que marca la distancia tanto de la antigüedad clásica como de los románticos alzando sobre el pavés la Escuela de Pintores de Düsseldorf en camino hacia la "eternidad" con su declarado modelo Rafael. La popularidad de la figura de Don Quijote en la época de Junges Deutschland – un movimiento literario con tendencia política y crítica paralelo a semejantes agrupaciones (La giovane Italia, La jeune France) – evidencia la revista *Berliner Don Quixote*, editada por Adolf Glasbrenner (1832-1833). Bajo el manto del loco la crítica buscaba un pregón ocurrente que resuene por las calles. La publicación fue prohibida en el curso de la creciente represión violenta de la oposición con anterioridad de la Revolución de Marzo de 1848.

A lo largo de su carrera Schrödter pintó casi una docena de lienzos que le aseguraron el gran aprecio de ser el pintor de Don Quijote; los retocó y copió a menudo. En el prólogo a una edición alemana de la novela (1837), Heinrich Heine realza que el libro ofrece a la pintura bastantes asuntos y motivos si el artista es capaz de entender el sentido más profundo de sus figuras. Califica a Schrödter de gran maestro y no vacila en afirmar que sólo un alemán sabe comprender enteramente a Don Quijote. En 1843 Schrödter grabó una serie de seis aguafuertes (en vez de 30 que había proyectado originalmente) que hacen gala de su talento realista en captar el color local mediterráneo, el juego de luces y la fina ironía humorística. Un año antes de morir Schrödter reanudó el tema del inicio de su actividad artística con un cuadro que representa a Don Quijote desilusionado, viejo y enfermizo buscando el aposento de sus libros (I, 7): último retazo de la vinculación del artista con el protagonista cervantino, pero igualmente un amargo efecto final en la trayectoria del complejo motivo lector, libro y biblioteca en las artes.

En Inglaterra el pintor Robert Smirke (1752-1845) aportó 48 ilustraciones a toda página a la versión inglesa del Quijote (Londres 1818) que se basan en pinturas suyas. Las ilustraciones trasplantan los episodios en el contexto del paisaje, la arquitectura, las costumbres y la indumentaria inglesas de su época. Don Quijote gozó de una gran popularidad en las exposiciones organizadas por la Royal Academy y la British Institution; se cifra en una centena la producción de obras sobre temas quijotescos presentadas hasta 1867. El lienzo al óleo 'Don Quijote en su estudio' de Richard Parkes Bonington representa al hidalgo en pose faustiana de caviloso, mientras que George Cattermole le pinta como noble sentado cómodamente en un saloncito y Henry Liverseege le dota con la dignidad de gran erudito. La escena del encuentro con Dorotea vestida de mozo (I, 28) alcanzó la mayor difusión debido talvez a su discreto atractivo erótico. Charles Robert Leslie reprodujo el episodio de 'Sancho Panza in the Apartment of the Duchess' en un suntuoso ambiente palaciego victoriano. Una copia del cuadro mereció ser mostrada en la Exposición Mundial de 1855 en París

El gran auge del libro ilustrado en los siglos XIX y XX se funda tanto en los avances técnicos de la industria tipográfica y de los procedimientos reproductores (litografía, cromolitografía, fotomecánica, heliograbado, etc.) como en la creciente demanda del público. El siglo XIX francés tan rico en ilustraciones de libros se abre con una serie truncada de ocho estampas al aguafuerte dibujadas por el pintor Jean-Honoré Fragonard (1732-1806). Si es que se destinaron a ser incluidas en alguna edición del Quijote (por Pierre Didot), los acontecimientos de la Revolución francesa hicieron fracasar el proyecto.

Francia comparte igual que Alemania e Inglaterra el entusiasmo frenético por Cervantes y la España "romántica" que los viajeros van descubriendo poco a poco. La traducción francesa del Quijote hecha por Jean Pierre Claris de Florian se publicó póstumamente en 1799 con ilustraciones de Jean Jacques François Lebarbier y

Louis-Joseph Lefèvre muy al estilo llano alegorizante, p. e. la estampa 'Sa pauvre tête n'étoit plus remplie que d'enchantemens, de batailles, de cartels, etc.'. En la *Préface à Cromwell* (1827), el manifiesto del romanticismo francés de Victor Hugo, Cervantes figura al lado de Ariosto y Rabelais entre los "trois Homères buffons". Consecuentemente Karl Friedrich B. Fehr, en una litografía 'Le Salon de 1827, Entreront-ils, n'entreront-ils pas. Grand Combat entre le Romantique et le Classique a la Porte du Musé', dibujó al luchador por el romanticismo en figura muy parecida a Don Quijote.

París supera a Madrid con mucho en las ediciones del Quijote durante el siglo XIX (113 contra 46). Destacan sobre todo en calidad y cantidad las ediciones ilustradas para el gran público lector. Las ilustraciones contribuyen en buena parte al éxito de venta en una época en que la fotografía está tomando un avance arrollador en competición con el arte. Jalonan el desarrollo de la iconografía del Quijote artistas franceses muy populares que alcanzarían amplia difusión también fuera de Francia y ejercieron una enorme influencia en la imaginería internacional del Quijote más allá del siglo XIX.

Los dibujos de Nicolas-Toussaint Charlet (1792-1845) acompañan la traducción anticuada de Filleau de Saint-Martin (1677) reimpresa en 1830. Sus dibujos vigorosos acentúan lo caricaturesco y grotesco, como lo demuestra su interpretación de Don Quijote leyendo libros de caballería en su estudio o el banquete de Sancho. Horace Vernet, en cambio, y su compañero Eugène Lami ofrecían con sus ilustraciones elegantes (1822) una vision más moderada e historicista.

Tony Johannot (1803-1853), hugonote francés de Offenbach, alcanzó el primer éxito clamoroso mundial con sus 766 xilografías, dos frontispicios, 129 iniciales, siete ilustraciones a toda página y 487 estampas intercaladas en el texto que engalanan la nueva traducción francesa de Louis Viardot (París 1836). En colaboración sobre todo con su hermano Alfred Tony Johannot ilustró obras de Balzac, Hugo, Molière, Goethe, Dumas y otros en una productividad asombrosa. Es muy significativo que en la capa del libro aparezca el titulo publicitario *Quichotte illustré. 800 dessins par T. Johannot en 1 vol.* sin mencionar al autor (conocido, naturalmente), pero citando por metonimia pictórica la pareja de protagonistas, Don Quijote a caballo y Sancho. La obra se publicó en 100 entregas a veinte céntimos, una nueva forma de comercialización de libros que posibilita un enorme incremento de la venta. El caudal de imágenes de distinto tamaño influye en el acto de lectura. Salvo las ilustraciones independientes a toda plana el impresor inserta los dibujos sin marco exactamente en su respectivo 'contexto' del acontecer novelesco. Leer el texto y mirar la explicación del texto como relato o comentario visual se combinan y forman secuencias. La composición tipográfica se adapta ágilmente a la imagen facilitando así una lectura agradable y divertida.

Célestin Nanteuil (1813-1873), pintor e ilustrador nacido en Italia que ocupaba cargos públicos importantes y como Johannot era amigo de escritores famosos, ilustró el Quijote primero para una edición parisina (1845). Diez años más tarde un editor madrileño publicó 48 láminas de colores de Nanteuil aparte del texto español. Otra serie de doce cromolitografías de formato mayor apareció también en Madrid por las mismas fechas. En dos viajes por España que entonces eran de moda Nanteuil hizo bocetos. Con las cromolitografías logra efectos paisajísticos y escénicos de una luminosidad sorprendente. El lienzo 'La lecture de Don Quichotte' (1873) reelabora una cromolitografía anterior. Don Quijote, levantando la espada con la derecha, mientras que la mano izquierda reposa sobre un libro abierto, se vuelve sobre su escabel como para salir de su camarín modesto. Viste una camisa y un chaleco abierto, pantalón corto, zapatos gastados. Las facciones de Don Quijote pueden ser las de Nanteuil. Las esperanzas frustadas del artista se proyectan sobre las ilusiones de Don Quijote.

La carrera de Jean-Julien Grandville (1803-1847), caricaturista e ilustrador de libros, como las *Fábulas* de La Fontaine y *Robinson Crusoe* de Defoe, fue truncada por su muerte prematura y quedó a la sombra del éxito de Gustave Doré. Su raro dominio de las técnicas xilográfica, calcográfica y litográfica le permitió combinar en sus láminas un realismo punzante con el sentido no sólo de lo grotesco, sino también de humor e ironía. En una edición que se hizo más tarde en Tours (1885) se añaden veinte grabados en madera de Gustave Fraipont (1849-1923) que forman un contraste estilístico con Grandville en el mismo libro.

Con Gustave Doré (1832-1883) culmina en 1863 la ilustración decimonónica del Quijote que tendrá el mayor éxito e impacto. Como Nanteuil había viajado por España (la primera vez con Théophile Gautier en 1855) haciendo bocetos, observando la "verdadera España", su paisaje y siempre en compañía espiritual de Don Quijote. Salió en 1863 la obra monumental en dos volúmenes con la versión francesa de Louis Viardot. En 1869 fue lanzada al mercado en una edición popular más barata por ochenta entregas. Las 377 estampas xilográficas (120 ilustraciones a toda página y 257 cabeceras y remates) fueron ejecutadas exclusivamente por Henri Pisan y no por un equipo de grabadores como generalmente hasta entonces. Aun en vida de Doré sus estampas se reimprimieron en nueve países consagrando su aceptación europea. El frontispicio del primer volumen 'Son imagination se remplit de tout ce qu'il avait lu' da el tono de toda la empresa de visualización que, come decía Émile Zola, es una reinvención o segunda versión del libro inmortal paralela al texto original de Cervantes. Don Quijote en su rapto visionario está sentado en su estudio, rodeado no sólo de libros, sino de monstruos, enanos, ratones, caballeros fantasiosos, dragones, murciélagos y torreones que llenan el pequeño espacio de su aposento con un mundo surrealista y agobiante. Doré sabe poner en escena las fantasmagorías de modo sumamente dramático, por ejemplo, cuando Montesinos dirige la palabra a la imagen viviente de Durandarte en presencia de Don Quijote (II, 23) o en el episodio del retablo de Maese Pedro

(II, 26). Por otro lado, Doré representa al vivo los paisajes y edificios españoles. No en vano decía Charles-Augustin Sainte-Beuve que Doré había 'desfrancesado' y 'desflorianizado' la vision de Don Quijote destacando su capacidad de plasmar, al lado del mundo real y cómico, las imaginaciones y fantasías caballerescas, mientras que las ilustraciones de Johannot pasarían más bien como "platitudes bourgeoises et burlesques" "sin dignidad, respeto simpático y fantasía altanera". Como heredero de la interpretación romántica de la novela, Doré logra expresar el desengaño cruel y amargo de Don Quijote, pero con dignidad, cortesía y nobleza. La escena 'En cheminant ainsi notre tout neuf aventurier se parlait à lui-même' (I, 2) transmite de modo patético la división del mundo en dos ámbitos: por encima de la tierra árida cubierta de cardos – con una noria y un labriego arando el campo apenas visibles en el horizonte – se tiende el cielo amenazante que se llena en vez de nubes con batallas, gigantes y aventuras literalmente imaginadas, mientras que Don Quijote está cabalgando solo sobre la tierra arenosa en medio de una inmensa soledad vacía.

Otro ejemplo de la lectura y concepción profundas de Don Quijote es la viñeta programática del prólogo "Cervantes montado en Pegaso". La expresión *montar en Pegaso* significa escribir, componer, hacer versos. Pegaso es el símbolo del talante poético. En la mitología griega Belerofonte se valió de Pegaso para combatir contra la Quimera. Cervantes desbanda a las huestes de los libros de caballerías que en plena derrota agarran los mamotretos. En la mano derecha blande una pluma enorme como una lanza o espada, en la derecha lleva glorioso su libro inmortal. Finalmente se comprueba que la pluma es el arma e instrumento que sirve para rematar la sátira: el caballero, su rocín y el gigante quedan acribillados y abatidos por tierra.

La identificación de Honoré Daumier (1808-1879) con Don Quijote queda documentada por un proyecto de Émile Bourdelle para un monumento que representara al artista configurando a Don Quijote y Sancho. Más tarde se caracterizará la estrecha relación entre el artista y las figuras literarias cervantinas con la formula: "L'âme de Don Quichotte dans le corps de Sancho". Daumier se formó en pleno auge del fervor españolista en Francia fomentado por la revista *L'Artiste* que preconizaba programáticamente la mayor aproximación entre arte y literatura. Repetidas veces se publicaron allí litografías y artículos sobre temas quijotescos. La acuarela de Alexandre Decamps Sancho Pansa (ca 1833) suscitó gran interés y varios comentarios. Como en Alemania los poetas, críticos y escritores franceses – entre otros Stendhal, Alfred de Vigny et Gustave Flaubert – reflexionaban intensamente sobre Don Quijote, especialmente como encarnación prototípica del artista, símbolo de la vida o simplemente comedia. Están proliferando las pinturas y dibujos sobre episodios y figuras de la historia de Don Quijote en series de grabados sueltos (como Edmond Morin, *Don Quichotte en images*, 1850, 36 cromolitografías) o ediciones ilustradas. Se conocen 29 pinturas y 41 dibujos de la mano de Daumier que forman el mayor conjunto temático dentro de su obra artística.

Una buena parte de los óleos trata de la busca de aventuras, quiere decir que representan movimientos y acciones. Otro grupo se centra en el motivo episódico del descanso de Don Quijote y Sancho que forma el marco para contrastar escénicamente dos tipos, mentalidades y comportamientos distintos. Daumier hizo también cuatro retratos de Don Quijote. El primer lienzo pintado cerca de 1847 muestra a 'Sancho assis sous un arbre': el escudero agachado a la sombra de un árbol frondoso y macizo. Una roca errática forma el contrapeso de la figura abultada como una bola. En el horizonte se atisba una raya diminuta, Don Quijote como espantajo (II, 74). El lienzo monocolor (1864/1866) 'La peur de Sancho' representa a Sancho también acurrucado a la sombra debajo de un árbol, mientras que el jumento parado en el centro muestra al espectador sus posaderas. Don Quijote a caballo se va esfuminando en la lejanía resplandeciente. En el famoso cuadro 'La veille de Don Quichotte' (1855/1856) el hidalgo patiabierto, cruzado de brazos y adosado a una piedra informe descansa bajo la luz de luna llena. Sancho se extiende al suelo por debajo de la roca, se ven tan sólo sus botas resplandecientes; excepto las piernas largas su amo queda entre dos luces, parece un fantoche. La tabla transmite una vision angustiosa, irreal y grotesca. De modo semejante, el retrato 'Don Quichotte lisant' pinta una figura cadavérica encarcelada en una soledad abrumadora, que recuerda la pintura 'La tête de Don Quichotte' (ca 1870) como mascarilla repulsiva. Culmina la denigración del héroe en el dibujo al carbón 'Don Quichotte faisant des culbutes' que le representa como esqueleto feo, mientras que Sancho aterrado le vuelve la espalda y en una de las últimas pinturas al óleo de Daumier (ca 1870) 'Don Quichotte et Sancho Pança' cabalgando. Estos ejemplos son insólitos en toda la iconografía de Don Quijote. En las caricaturas de Daumier reaparecen motivos quijotescos, como, por ejemplo, en la litografía 'Combat des Ecoles: L'Idéalisme et le Réalisme' (1855) o la zincografía 'Don Quichotte moderno' (1867) que al mismo tiempo se refiere simbólicamente a Daumier mismo y a su actitud politico-ideológica bajo el Second Empire.

En España la primera edición monumental del Quijote desde su lanzamiento por encargo de la R. Academia Española (1780/1788) y, a continuación, en la imprenta de Sancha (1797/1800) salió solamente un siglo más tarde en 1880 en la casa barcelonesa Montaner y Simón que encargó a Ricardo Balaca (1844-1880) la ornamentación gráfica de la obra. El artista, famoso por sus cuadros de batalla de la última guerra carlista y colaborador versado en la prensa periódica (*Ilustración española y americana*), se sitúa en pleno auge de la pintura historicista finisecular que primaba la revalorización del pasado nacional encarnado gloriosamente por héroes reales o ficcionales, como Don Quijote. A la muerte prematura de Balaca la editorial confió la terminación de la obra al artista catalán Joseph-Lluis Pellicer (1842-1901), director artístico de la casa Montaner y Simón. Como Balaca, colaboraba en la prensa como reportero gráfico, ilustrando también publicaciones de lujo como los *Episodios nacionales* de Benito Perez Galdós. La suntuosa edición del Quijote contiene además de cuarenta y cuatro cromolitografías a toda página 252 cabeceras a principio de capítulo y remates xilográficos. Las estampas llenas de realismo pleinairista insinúan una España decimonónica, reflejando con fidelidad el paisaje, el sabor local y el 'casticismo' de los tipos y costumbres populares. Las ilustraciones remarcan la factura documental del reporterismo de ambos dibujantes: su capacidad de observar situaciones y movimientos, de captar instantáneas y de comentar acontecimientos. Con una reimpresión en 1930 que lleva cincuenta ilustraciones en color de calidad técnica notablemente superior a la de medio siglo antes se prolongó el efecto desfasado de las ilustraciones.

Otro artista español de la generación de Balaca y Pellicer, Ricardo de los Ríos (1840-1929), se había trasladado a París. Sus 16 estampas no sólo se incluían en las versiones inglesa (Londres 1880-1881) y francesa (Paris 1884), sino fueron vendidas también en carpetas independientes o en combinación de ocho aguafuertes que de los Ríos hizo para el *Lazarillo de Tormes* y *Guzmán de Alfarache*. La imprenta londinense publicó en 1884 un libro extraño de James Mew (*Types from Spanish Story; or, the old Manners and Customs of Castile*) que combina estas láminas junto con otras doce que de los Ríos había dibujado para ilustrar algunas novelas de René Le Sage que trascurren en una España ficticia del siglo XVII. Como lo sugiere su título, el libro retrata una tipología o historia moral de los españoles basadas en textos e imágenes.

Con sus grabados para el Quijote editado en Edimburgo (1879-1884) en traducción inglesa Adolphe Lalauze (1838-1906) demuestra el notable refinamiento que había alcanzado la técnica del aguafuerte a finales del siglo XIX al mismo tiempo que en España Balaca y Pellicer se afanaron por reproducir con exactitud la vida y los escenarios españoles de otro tiempo. Las 37 ilustraciones de Lalauze fueron publicadas también en carpetas y reeditadas varias veces en la primera década del siglo XX.

En el siglo XX aumenta generalmente la tendencia de desligar el arte gráfico del propio texto cervantino. Los motivos quijotescos consiguen su autonomía expresiva y se reducen al mismo tiempo a pocos episodios o temas que no son "imaginaciones" de la historia novelada, sino libres recreaciones o variaciones artísticas inspiradas sobre todo en la figura de Don Quijote y su escudero. Es sorprendente que Pablo Picasso se haya dedicado raras veces al tema español por definición, mientras que Salvador Dalí volvió a tratarlo a su manera en la obra gráfica hasta 1970. Antonio Saura (1930-2001) también hizo algunos dibujos para una edición del Quijote (1957). En Alemania Arminius Hasemann (1888-1979) creó una serie de veinte tallas en madera (1922) notables por su cautivador estilo expresionista que pone de relieve el esperpento de las figuras.

Entre los pocos que acometieron la ilustración del Quijote completo cabe mencionar a Josef Hegenbarth (1884-1962) y Eberhard Schlotter (1921). Hegenbarth fue un caricaturista que colaboró en las famosas revistas satíricas *Simplicissimus* y *Ulenspiegel* (Berlín Este) con marcada preferencia por lo grotesco y fantástico. Ya en 1951 publicó en la República Democrática Alemana 268 aguatintas para una edición del Quijote (en la nueva traducción de Roland Schacht) que, debido a razones técnicas, fueron reemplazados en 1955 por 241 dibujos a pluma. En cuatro años, pues, el artista tenía que rehacer completamente la obra con otra técnica gráfica.

Después de Doré, Eberhard Schlotter creó entre 1977 y 1981 probablemente el conjunto mas extenso de ilustraciones del Quijote en Alemania: 160 grabados en aguatinta y 186 viñetas para cuatro tomos, fruto de veinte años de "meditaciones del Quijote". El artista, pintor y grabador con residencia en Altea, define su acercamiento a la 'figura' del texto literario como intento de hacerlo transparente. Transparencia significa más que una mera perífrasis del término 'ilustración'. La metáfora circunscribe tanto el acto del lector perspicaz y juicioso como la hechura por la mano del artista que ilumina la ficción literaria con sus propios recursos para abrir la vista sobre el mundo novelesco. Schlotter logra reflejar formal- y pictóricamente lo polifacético, el doble fondo de la realidad ficcional y la pluridimensionalidad de los episodios narrados mediante la con-fusión casi fílmica de planos e imágenes, lo que produce estados intermedios o transicionales. Fluctuando entre dos planos imaginario y real el grabador revela las correspondencias, conexiones y la contextura. Las ilustraciones de Schlotter con su fuerza visionaria no son como tapices miradas del revés, sino la vista de arriba ya descorre el velo de la superficie. En su calidad de ilustrador de la historia de Don Quijote, Schlotter se identifica constantemente con su autor y, por de contado, con el protagonista verdadero. En este sentido es muy significativa la frecuente presencia de la fisonomía de Schlotter en la "figura" de Don Quijote y, por ejemplo, en un medallón emblemático sobre un fondo negro-gris con el retrato ficticio (de lado invertido) de Cervantes copiado de William Kent (1738), la cabeza de Don Quijote, "hijo del entendimiento" de Cervantes, con sus mismos ojos imaginativos, y a la vez la cara del artista mirando con lupa para leer.

Reinhold Metz (nacido en 1942), autodidacta nonconformista, bibliómano y escritor fracasado, se emancipa deliberadamente del texto literario para tomarlo como pretexto que le inspira las autorreflexiones caprichosas sóbre su propia visión caleidoscópica del mundo y de la vida. Se califica de 'observador' de Don Quijote intentando de captar su Weltanschauung en determinadas circunstancias personales. "No tengo nada en común con un ilustrador", afirma el artista que pretende ser pintor. Jean Dubuffet (1901-1985) descubrió en 1977 la afinidad espiritual de Metz con su concepto del Art Brut. Metz realiza a su propio Don Quijote extasiándose con episodios y figuras y proyectando sobre la historia del hidalgo un raudal de asociaciones, ideas, imágenes, ensueños y agobios. Desde 1972 creó más de 500 acuarelas-pinturas sobre papel de tina en formato de 40x50 cm con hasta seis manos de colores. En los bordes de las hojas con tonos chillones y franjas en oro o plata se inscriben nombres, palabras, textos y fechas como en un diario pictural. Metz reanima en cierto modo la técnica de las miniaturas en los manuscritos medievales que glosan un texto. "Mis páginas de texto son planos para ser pintados". Por eso llama la hoja suelta un 'Buchmalbild' que forma un libro manupintado y sustituye o, mejor dicho, recrea pictóricamente el libro cervantino.

En Alemania los dibujantes y caricaturistas del siglo XX, como A. Paul Weber (1893-1980), Paul Flora (1922), HAP Grieshaber (1909-1961), Horst Janssen (1929-1995), abordan las figuras de Don Quijote y Sancho como tópicos aislados del contexto literario que se reconocen inmediatamente como los santos en el arte medieval. En la confrontación con los monstruos y monstruosidades de la época, su sátira representa a Don Quijote como luchador impávido por los ideales de un mundo mejor. En la República Democrática Alemana Wolfgang Mattheuer (1927) intentó dar un nuevo empuje al realismo socialista a través de la invención de imágenes de carácter surreal-ambivalente.

Otro campo fecundo donde se sigue cultivando la imaginaria del libro y de la lectura inevitablemente relacionada con Don Quijote es el género del exlibris, etiquetas o viñetas artísticas de pequeño formato que anotan al propietario de un libro. El día de la muerte de Cervantes (23 de abril) se celebra como Día del Libro.

Desde hace más de dos siglos la literatura para niños ha tomado un auge enorme que acompaña el proceso de alfabetización en las capas medias europeas, el progreso de la imprenta y el crecimiento del mercada de libros. La historia de Don Quijote fue abreviada y adaptada muy a menudo para libros infantiles en que nunca pueden faltar los dibujos bonitos. La selección de episodios y su ilustración ingenua influían enormemente sobre la comprensión del libro y la formación de gusto en el gran público lector. Generalmente no son los artistas más prestigiados que ilustran libros para niños. Se realzan sobre todo las aventuras y la comicidad de la historia. En los cómicos predomina la narración divertida en que las viñetas relegan el texto. Los sellos de correo reproducen igualmente los conocidos motivos gráficos. La escultura impone ciertas limitaciones a la composición y ejecución de motivos quijotescos. El monumento a Cervantes en la Plaza de España de Madrid, erigidó en 1927, pero planeado ya en 1905 por el arquitecto Rafael Martínez Zapatero, refleja la conciencia nacional restauradora del liberalismo burgués del siglo XIX. Figuras alegóricas sostienen el globo. Esculpido en piedra, Cervantes mira desde su trono a los protagonistas en bronce por debajo cabalgando hacia su fama mundial sobre un estrado enorme. Si bien el monumento carece de valor artístico, queda una atractiva curiosidad turística. El mercado de recuerdos perpetúa un rico surtido de productos plásticos (de madera, terracota, metal, porcelana), figuras de Don Quijote a caballo con Sancho, soportalibros, ceniceros, figuras de estaño, relieves, rompecabezas, juegos de naipe, pañuelos bordados, molinos. Tanto las numerosas adaptaciones escénicas de la historia de Don Quijote (óperas, ballets, pantomimas, piezas de teatro, comedias musicales) como sus versiones cinematográficas guardan interrelaciones evidentes con la trayectoria compleja de la exégesis y visualización icónica del libro.

BIBLIOGRAFÍA

Areny Battle, Ramón; Roch Sevina, Domingo; Carrera Cejudo, José: Ensayo bibliográfico de ediciones ilustradas de Don Quijote de la Mancha, Lérida 1948

Ashbee, Henry Spencer: An Iconography of Don Quixote 1605-1895, London 1895

Banco de imágenes del Quijote 1605-1905 http://www.centroestudioscervantinos.es

Ackerman, Phyllis: Five Baroque Don Quixote Tapestries, Art Quarterly 10 (1947) 188-201

Arents, Prosper: Cervantes en het Nederlands. Bibliografie, Gent 1962

Bagno, Vsevolod: El Quijote vivido por los rusos, Madrid 1995

Barcía, A. M. de: El retrato de Cervantes, en: RABM 25(1911), 64-73

Bardon, Maurice: Don Quichotte en France au XVIIe et au XVIIIe siècle. 1605-1815, Paris 1931

el mismo: Don Quichotte en France. L'interprétation romantique, en: Les Lettres Romanes 3 (1949), 263-282

Becker, Gustav: Die Aufnahme des Don Quijote in die englische Literatur (1605 bis ca. 1770), Berlin 1906

Becker, Paul G.: Cervantes und sein Don Quijote in Exlibris. Catálogo, Gütersloh 1997

Bertrand, J.-J. A.: Génesis y desarrollo de la concepción romántica de Don Quijote en Francia, en: Anales Cervantinos 3 (1953), 3-41; 4(1954), 41-76; 5 (1955/56), 79-142

Brüggemann, Werner: Cervantes und die Figur des Don Quijote in Kunstanschauung und Dichtung der deutschen Romantik, Münster 1958

Burkamp, Gisela (ed.): Spuren des Don Quijote. Eine Sammlung von Malerei, Zeichnung und Grafik, Skulptur, Büchern und Exlibris vom 18. Jahrhundert bis in die Gegenwart, Bielefeld 2003

Calvo Serraller, Francisco: Ilustraciones al Quijote de la Academia por varios dibujantes y grabadores en la Imprenta de Joaquín Ibarra, Madrid 1978

Capelastegui Pérez-España, Pilar: El literato como imagen del genio romántico en la pintura española decimonónica, en Goya n° 265-266 (1998), 223-230

Carrete Parrondo, Juan; Checa Cremades, Fernando; Bozal, Valeriano: El grabado en España (siglos XV al XVIII), Madrid 1987

Cherchi, Paolo: Capitoli di critica cervantina 1605-1789, Roma 1977

Close, Anthony: The Romantic Approach to Don Quixote, Cambridge 1977

Crooks, Esther: The Influence of Cervantes in France in the Seventeenth Century, Baltimore 1931

Del Arco, Ricardo: Las artes y los artistas en la obra cervantina, Revista de Ideas Estéticas 8 (1950) 365-388

Don Quichotte: correspondances. Coypel, Natoire, Garouste, Compiègne 2000

Don Quichotte und Ragotin. Zwei komische Helden in den preußischen Königsschlössern, Berlin, Köln: Dumont 2004

Don Quijote. Ausgaben in vierhundert Jahren, Frankfurt 1991

Fucilla, Joseph G.: Notes on the vogue of Cervantes in Italy, Hispanic Review 7, 1940, 161-165

Garnier, Nicole: Antoine Coypel 1661-1722, Paris 1989

Givanel Mas, Juan; Gaziel (= Agustin Calvet): Historia gráfica de Cervantes y del Quijote, Madrid 1946

Gómez-Montero, Javier; Martin, Inés M.; Trujillo, José Ramón: Don Quijote ilustrado. Don Quijote als Leser und die spanische Renaissance, Kiel, Madrid 2003

Gosse, Peter: Münzners stiller Don. Rolf Münzners Cervantes-Lithografien, Neue Deutsche Literatur 44 (1996), 107-112

Hartau, Johannes: Don Quixote in Broadsheets of the Seventeenth and Early Eighteenth Centuries, en: Journal of the Warburg and Courtauld Institutes 48 (1985), 234-238

Hartau, Johannes: Don Quijote in der Kunst. Wandlungen einer Symbolfigur. Berlin 1987

Kaenel, Philippe: Le métier d'illustrateur 1830-1880: Rodolphe Töpfer, J.-J. Grandville, Gustave Doré, Paris 1996

Hoffmeister, Gerhart: Versuch elner Typologie des "spanischen Narren" zwischen 1613 und 1787, en: Literary Culture in the Holy Roman Empire 1555-1720, Ed. James A. Parente Jr., Richard Erich Schade and George C. Schoolfield, Chapel Hill, London 1991, 89-104

Karl, Frederick Robert: *The Adversary Literature. The English Novel in the Eighteenth Century*, New York 1974, p. 55-67 (Don Quixote as archetypical artist and 'Don Quixote' as archetypical novel)

Lefrançois, Thierry: *Charles Coypel, peintre du roi (1694-1752)* Paris 1994

Lenaghan, Patrick; Blas, Javier; Matilla, José Manuel (ed.): *Imágenes del Quijote. Modelos de representacion en las ediciones de los siglos XVII al XIX*, Madrid 2003

López Estrada, Francisco: *Las ilustraciones de la Galatea, edición de Sancha, Madrid 1784*, en: Revista bibliográfica y documental 2 (1948) 171-174

el mismo: *La ilustración literaria y sus motivos. La edición de la Galatea de Antonio de Sancha (Madrid 1784)*, en: El siglo que llaman ilustrado.. Homenaje a Francisco Aguilar Piñal. Ed. Joaquín Alvarez Barrientos; José Checa Beltrán, Madrid 1996, 583-607

Lo Re, Anthony G.: *More on the Sadness of Don Quixote. The First Known Quixote Illustration, Paris 1618*, en: Cervantes. Bulletin of the Cervantes Society of America 9(1989), 75-83; el mismo, *A New First. An illustration of Don Quixote as 'Le Capitaine de Carnaval', Leipzig 1614*, en: Cervantes Bulletin of the Cervantes Society of America 10 (1990), 95-100 (en Internet http://www2.h-net.msu.edu/-cervanteslbcalist.htm)

Lucía Megías, José Manuel: *Modelos iconográficos de El Quijote (siglos XVII-XVIII)* en: Litterae 2 (2003) y 3 (2004)

Mansau, Andrée: *Le Quichotte illustré de Florian: vers un livre pour l'enfance?*, en: Cahiers de l'Association internationale des études françaises 48 (1996) 283-296

Meier, Harri: *Zur Entwicklung der europäischen Quijote-Deutung*, en: Romanische Forschungen 54(1940), 227-264

Metz, Reinhold: *Don Quijote*. München 1991

Paulson, Ronald: *Don Quixote in England. The Aesthetics of Laughter*. Baltimore 1998

Pérez Capó, Felipe: *El Quijote en el teatro*: Barcelona 1947

Rius, Leopoldo: *Bibliografía crítica de las obras de Miguel de Cervantes Saavedra*, New York 1970 (repr.)

Romero-Navarro, Miguel: *Interpretación pictórica del Quijote por Doré*, Madrid 1946

Schlotter, Eberhard: *Miguel Cervantes Savedra (sic). Don Quijote*, Mainz 1982

Schmidt, Rachel: *La ilustración gráfica y la interpretación del Quijote en el siglo XVIII*, Dieciocho 19 (1996) 203-248

la misma: *The Romancing of Don Quixote; Spatial Innovation and Visual Interpretation in the Imagery of Johannot, Doré and Daumier*, en: Word & Image 14, n° 4(1998) 354-370

la misma: *Critical Images. The Canonization of Don Quixote Through Illustrated Editions of the Eighteenth Century*, Montréal 1999

Seibold, Ursula: *Zur Figur des Don Quijote in der bildenden Kunst des 19. Jahrhunderts*, en: Wallraf-Richartz-Jahrbuch 45(1984)149-171

Seznec, Jean: *Don Quixote and His French Illustrators*, en: Gazette des Beaux-Arts 34 (1948), 173-192

©tÏpánek, Pavel: *Los destinos de Don Quijote en Checoslovaquia (Don Quijote en las artes plásticas checas)*, en: Ibero-Americana Pragensia 24 (1990), 187-222

Zaragoza, Teresa (ed.): *En torno a Cervantes*, Madrid 1997

Alfredo Gómez Gil

LOS GRABADOS SOBRE EL „FAUSTO"
DE J.W. VON GOETHE POR EBERHARD SCHLOTTER

„Así como el halcón, a pesar de la mayoría de las leyes ópticas y en contra de todo sentido de la propulsión aerodinámica, ensánchase en la perspectiva sensitiva de su vuelo, en el iris del artista lógranse concretos imposibles de solventar con ningún tipo de lógica asociativa. Quizás porque existe otro proceso histórico – dialéctico de la realidad totalmente desidentificado de ella, al que se llega a través de la sublimación del arte." Así traté en mi primer encuentro con Schlotter – en la década de los 60, – de reflejar el impacto de su obra.

Inconmensurable es su obra en la total adecuación del término. Una vida dedicada a la pintura en posesión de un inagotable genio creador que sin intervalo alguno ha ido construyendo su historia vital. Tan válida y correspondiente es la forma como el secreto interior que encierra y que tras breve instante se descubre radiando ultraefectos que van desde esa apacible agradecida contemplación que nuestro Azorín llamó „primores de lo vulgar" a la más sobrecogedora denuncia que la perversidad humana pueda generar o que la magia pueda recrear.

Imposible medir ni apologetizar tan inmensa obra que desde su inicial manifestación (su primer dibujo aparece en un periódico alemán a sus 12 años de edad) se prolonga hasta hoy sin interrupción. En cuanto a lo segundo la extensa bibliografía sobre su puesto de honor en la Historia de la Pintura no necesita de auxiliar encomio.

Centraré la atención en una importantísima parte de su dedicación de la que sin caer en cunetas ditirámbicas puede afirmarse es actualmente el más acreditado artífice mundial: El arte del grabado, arte congénito que de su padre Heinrich Schlotter recibió enseñanza y al que desde antaño imprime indiscutible peculiar precisión, originalidad y virtuosismo tanto en técnica como en contenido.

Schlotter no es un buscador de temas acordes con la conveniencia del gusto del momento, ni de bellas estéticas foráneas, ni de consumaciones previstas. La inigualable dinámica creatividad rompe los límites que comenzados en el estudio terminan en un museo o en el salón de un feliz admirador. Lo primordialmente válido es lo que la realización, a priori inspirada excita triangularmente a: 1°) Su curiosidad 2°) Estímulo del adentramiento a su examen 3°) Provocación al enamoramiento o la transcendental repulsa. Lo cual excede la cobertura de lo que se ha venido a llamar pintura social ya que su intención la sobrepasa. La humanidad y pertrechado academicismo que la obra transluce es patente; su caudaloso plectro artístico y científico bagaje manifiesto. Significativo es que precisamente dos obras máximas de la Literatura universal: El Quijote y el Fausto hayan sido llevados en una colosal moderna recreación por nuestro gran maestro. Si el pensamiento de Goethe con su "Fausto" culmina la Literatura alemana al igual que Cervantes culminó la española revertiendo su extension al patrimonio universal, hoy Schlotter desde su exquisita sensibilidad, fantasía y concurso valorativo nos ofrece el colosal testimonio de una genialidad sin precedentes como legado al siglo XXI, implícita en lo que es indesligable: La atesorada hermandad germano-española, su coordinación de entrega, de amor revertido en la inmisión de ambas obras en un plurivalente pulso logrando fundir en esta era el auge y estilo de su cultura.

Sin menoscabo de mutaciones temporales (porque para el verdadero arte el tiempo es inexistente) encontramos, en cuanto a la casuística que los personajes en su dinámica desprenden, una serie de correlaciones entre el discurrir goethiano con el de su compatriota. Goethe confesaba que había escrito su Fausto "en oposición al escenario". Sobre otro parangón. Schlotter pinta, graba, crea y construye en oposición a toda galería convencional que exija o cante concesiones afines a cualquier gusto prefijado deslindado de su amplísima propia concepción y fenomenología.

Goethe durante sus más absorbentes trabajos decidió escapar de su habitat para permanecer dos años en Italia. Schlotter descubre España y fija aquí temporalmente su residencia. El también creador del Werther se alejó de las bases del *Sturm und Drang* para buscar una realidad espiritual consolidada. ¿No vemos un apodíctico paralelo en la ruptura de todo un código de formas que Schlotter lleva desde el sustancial expresionismo – cuyas estelas eran a fin de cuentas aún predominante en su infancia – o bien en la diferenciación de otras corrientes influyentes en la autenticidad del flujo de su propio quehacer? He aquí la grandiosa reciprocidad, ósmosis sólo distanciada en la membrana del tiempo pero unívoca en su correlación vitalista sin que por ello resulte desgajamiento en momento alguno de su telúrica realidad.

El mundo goethiano transvasado en peculiar acople a la imaginación de Schlotter torna la plancha cúprica en oro de la más pura ley ... y como tal: „Dura lex sed lex", en realización magna, en su tremenda y terrible verdad, o en la más fétida seudojusticia. Su preclara espontaneidad, en la verdad producto del intimismo de sus „ego y alter ego", repudia todo aquello discorde a su convicción, a su conciencia. De ahí la derivación de la convicción luterana hacia un panteísmo natural, coincidente en homónimos rieles, a la amplia cosmogonía goethiana, afirmada en texturas plásticas, metamorfosis y evoluciones transformadoras por delicadas temáticas en que se refleja un simulador ocultismo. Ocultismo inherente a la curiosidad y conocimiento que Goethe compartía con el mundo de los clásicos y de la ciencia. Colación a quien dos siglos después penetra en el espíritu goethiano y reaviva el alma de nuestro Quijote.

Tan imposible es la clasificación de Goethe como la de Schlotter. Ni tiempo ni baremo. Para "El Fausto", leyenda medieval enaltecida por Johann Wolfgang von Goethe, no existe sistema donde su ingénito paradigma pudiera enclavarse: Drama, tragedia, tragicomedia y un largo etcétera son los múltiples nublados casilleros incapaces de albergar su grandeza. Sin embargo lo que unánimemente todo crítico concuerda es en la idealización del ínclito poeta, poesía que abastece el arquetipo del ansia, de la época. Y aquí el énfasis: No hay pintura, grabado, ni expresión plástica alguna en Schlotter que carezca de interpretación emotiva de la naturaleza o de la vida en entorno bello, siempre en imágenes y sujeto a medida y cadencia. En su mayor compromiso la obra de Schlotter no cabe en epíteto ni calificativo alguno: Es, en monumental cuerpo e integumento, simplemente *eslotiana*.

Y ya penetremos directamente por esa puerta del primer acto de la segunda parte del "Fausto", que hoy nos ocupa y celebramos, referida en traducción casi literal a la invención del papel moneda, tema primordial del acto, y cuyo título por desgracia cerca de cuarenta traductores no aluden o ignoran.

Goethe queda reflejado como secuencia de su praxis y animismo. Schlotter sustituye las arpas eólicas por la flauta tañida por Ariel imprimiendo un sentido fálico donde, a usanza de la primitiva tragedia griega, se comenzaban los festivales atenienses con el previo tributo procesional al dios Dionisios. La 2ª lámina, en la que el emperador inquiere a sus súbditos fórmulas para repletar sus arcas, nos encontramos con una pleyade de variopintos personajes. Aquí el artista parece retar al espectador a que sea éste el que les ponga nombre, pues de entre ellos sólo en uno hace resaltar la evidencia: Mefistófeles ataviado de arlequín. En las siguientes láminas, pasados tres lustros desde el contexto acontecer, irá reflejándose a través de rasgos incoloros, con tajante significación dicótoma sin cromatismo posible, una nutrida metafórica deliberadamente confusa – tal como el integral contenido pretende – englobada en alegorías y simbolismos donde se agolpan verdaderas sinécdoques y metonimias ilustradas para ser dilucidadas a voluntad del atento observador; seguidas, en oportunas ocasiones, de la indirecta intromisión del artista personificado sin ánimo sino como mero testimonio, o de híbridas figuras formando parte cautelosa de ellas. En varias de las mismas se entrevé el sufrimiento que concita e inflinge la fusion humano-demoniaca a remolque de objetos y pasados dejados atrás, pero no preteritados. En las calendas de la antípoda goethiana en que desplegó su historia, Goethe pretende habilitar la oferta para encontrar la palabra mágica, la auténtica, en contra del artificio, y exenta de corrupción, de todo cohecho.

En el noveno grabado, descubrimos a Mefistófeles empujando un ataúd quizás ocupado, quizás expectante, como exhortando intuir su contenido. Atención! : Las burbujas circundantes de la diestra hábilmente desbordadas del tremendista espectáculo, no son sino ilusiones, las ilusiones perdidas, en espera deambulante de anodina explosión. El resto, un críptico carnaval al acecho de la adecuada hermenéutica que en modesta intuición resume un Hamlet que en sajona apercepción parece excogitar:

0, that this too too solid flesh would melt,
Thaw and resolve itself into a dew!
Or that the Everlasting had not fix'd
His canon 'gainst self-slaughter! 0 God! God!

Las máscaras aportan un significado vario. Unas imponen estupefacción, otras ejercen quiérase o no la fascinante curiosidad de las primitivas griegas o de las del teatro *No* japonés y algunas semejan ser vivos recuerdos renacentistas de la *commedia dell' arte* italiana. Máscara *attrezzo* que dificulta diferenciar – por su propuesto implícito engaño – el rostro pristino. El grabado que concentradamente sintetiza la epítasis de la interpretación eslotiana de su Fausto corresponde a la lámina 13 a mi libre y personal desciframiento. La pluralidad del elenco comprendido y su concernencia serán los adminículos que plasman lo que supuso la epopeya derrotista del nacismo. A saber: Hameln llevándose a los ratones que como en el cuento retornarán; la máscara en blanco del diablo; Santa Teresa en éxtasis ... y ayuso, fuera del contorno, la madre embarazada celosa de su propia maternidad próxima a un Hosanna alucinante a Hitler (o quizás es otro allegado ser, camuflado en la caracterización). Conjunto que como una desgarrada melopea nos lleva a aquella profundización de Ortega de "*Toda realidad ignorada prepara su venganza*" extendida a la Alemania que a Schlotter le tocó vivir o en la prolongación de la misma: la era de Konrad Adenauer, nada favorable a su quehacer. Cruzando el preludio del colofón, en la lámina 18, encontramos un orador exclusivamente escuchado, en medio del aquelarre, por el emperador situado dentro de su circular blindaje, y a su derecha por un guerrero estático, atento, al que su armadura no permite mayor acción. En este personaje, al igual que el aparecido en la lámina 16 creo vislumbrar a Don Quijote, es decir, al artista que en telequinésica sublimación es transformado simultáneamente ascendiendo, con almas desnudas, en brazos de su amada y allí un tanto distante queda un arlequín temeroso e impotente cuya ennegrecida mano no logró detener la inesperada elevación de Helena y Adonis (Fausto ya purificado y eternamente indemne).

Eberhard Schlotter asimiló y rebasó ilimitadamente la lección de los clásicos identificándose y emparejándolos en vida y obra con el corazón de par en par a esta tierra compartida con su Alemania donde dualmente sin pausa se realiza, se transcurre. Vida en la que siente a fondo el compañerismo entre el hombre arrojado a este mundo y el objeto arrojado al mismo, donde el color, amor y dignidad se funden. Por su inmensa y entrañable aportación a nuestra cultura merece por derecho nuestra más ferviente gratitud y el más alto fehaciente reconocimiento como ente primerísimo universal del arte. Querido Eberhard, recibe nuestra emocionada felicitación por esos ochenta y cinco años de vida e infinitud artística y por tu eterno vitalismo contagioso.

Heiko Postma

DER BLICK DURCHS LOCH IN DER MAUER

in Erinnerung an die Ausstellung im hannoverschen Studio Arcus,
November 2004

Karibik, Kolumbus, Kuba – Eberhard Schlotter lenkte die Blicke der Betrachter weit nach Süden, als er letzthin im hannoverschen „Studio Arcus" eine kleine (doch höchst programmatische) Auswahl seiner Aquarelle, Radierungen und Zeichnungen vorstellte: Impressionen und Szenerien aus exotischen Fernen, und mittendrin deren Entdecker, der einst unbeirrbar (und nach gängigen Maßstäben: verrückt) den Ländern hinter seinem Horizont entgegengesegelt war und damit das gängige Weltbild verrückte. Kolumbus: eines der großen Idole des Künstlers (mithin auch: des fortwährenden Entdeckers) Eberhard Schlotter.

Angesichts des gleichsam kolumbianischen Drangs nach Weite ist es ja schon fast symbolhaft, daß Eberhard Schlotter im engen Hildesheim geboren wurde, und dort in einer Straße mit dem plattdeutsch beredten Namen „Hückedahl". Das schrie nun förmlich nach Aufbruch und Anderswegen. Und daß einer wie er Künstler werden mußte, war schlicht unausweichlich: schon sein (im 1. Weltkrieg gefallener) Onkel Georg war schließlich Maler gewesen und sein Vater Bildhauer. Der freilich, Heinrich Schlotter, war zugleich auch Gewerbelehrer – ein pädagogischer Vermittler von handwerklich-technischen Werten und Methoden also, ein kluger Gegengewichtler, der seinem achtjährigen Sprößling nach dessen ersten Mal-Versuchen den rechten Meisterspruch mitgab und als ständiges Memento („gut lesbar", wie sich Schlotter noch Jahrzehnte später erinnerte) übers Bett pinnte: „Die Lust des Schaffens in Weihestunden, das haben die Dilettanten erfunden. Die Qual des Schaffens im Nie-sich-genügen, das ist das wirkliche Künstlervergnügen."

An dieser Maxime hat sich Eberhard Schlotter dann ja auch tatsächlich seine gesamte Laufbahn hindurch orientiert – die Möglichkeiten der Bildenden Kunst in ihrer vollen Bandbreite ausschöpfend, immer auf Weiterungen aus, nie „sich genügend": als Aquarellist, als Ölmaler (ob pastos oder in pittura prima), als Zeichner, als Graphiker und, nicht zuletzt, als geradezu eigenschöpferischer Illustrator literarischer Werke. Doch so vielgestaltig seine Techniken auch sind, so wandlungsreich seine Motive (und: Motivationen!), so wechselvoll die Phasen seines künstlerischen Weges: Die handwerklichen Grundlagen seiner Kunst hat er dabei nie außer Acht gelassen. In Eberhard Schlotters Bildern gibt es nichts „Ungefähres". „Ungefähr scheißt die Kuh" – auch das ist so ein Satz seines Vaters. Hildesheimer Basislehren.

Doch in Hildesheim erlebte Eberhard Schlotter eben auch seine Inspiration der anderen Art, eine geradezu Freud'sche Ur-Szene: Ganz in der Nähe seines Elternhauses liegt die Bernwards-Kirche, in der er getauft, später konfirmiert wurde und in deren Umgebung er als Kind gespielt hat. Die Kirche war umgeben von einer Mauer, die an einer Stelle ein Loch hatte, durch das man in fremde Gärten hineinsehen konnte. Eine faszinierende Erfahrung: „Diese Gärten waren sicherlich nicht schöner als andere, die ich kannte. Aber indem ich durch diese Mauer hindurch einen Anblick hatte, der zugleich ein mir allein erschlossener Augenblick war, erschienen sie mir mit dem lockenden Reiz des Verbotenen wie Paradiesgärten."

Ein Schlüsselsatz, der die Situation des Künstlers mit einem Schlag erhellt: Da ist der heimliche Blick (ob durchs Mauer- oder durchs Schlüsselloch getan), prikkelnd, doch sittenwidrig, der den Beobachter, buchstäblich, in einer Außenseiterstellung hält. Da ist der verwandelnde Blick, der etwas Alltägliches zu etwas Phantastischem macht und damit ein ganz neues, quasi erotisches Verhältnis zwischen Subjekt und Objekt bewirkt. Da ist die immer mitbedachte Situation selber, in der diese Verwandlung der Welt stattfindet. Und da ist das Alleinsein des Betrachters – notwendig, um auf die Visionsreise gehen zu können, und insofern glücklich; doch andererseits auch isolierend – von jenen nüchternen Zeitgenossen nämlich, die in Hildesheimer Kleingärten halt Hildesheimer Kleingärten sehen und keine Paradiese, schon gar keine geheimnisvollen.

Konsequent darum, daß sich der Mauerspäher von Hückedahl zum „Voyeur in jedem Sinne" entwickeln mußte (wie er selber sagt) – zu einem Augenmenschen, der eben solche Augen-Blicke (in der doppelten Bedeutung des Wortes) immer wieder ins Bild gesetzt, im Bild gebannt hat: Den gleichsam eingerahmten Blick des Außenstehenden in „fremde Gärten", die an sich ganz normale Gärten sein mögen, die sich aber, durch die Situation bedingt, im Kopf des Schauenden in Paradieslandschaften voller Mysterien verwandeln. Spannend – auch dies in mehrfachem Wortsinn, da sich die solchermaßen erblickten verbotenen Früchte und elysischen Szenen in Schlotters Bildern nun keineswegs immer auf botanische Konfigurationen beschränken. (Und Szenenbilder des Sub-Genres „Erotic Art" waren es dann ja auch, die ihn im Jahr 1969 um die Ernennung zum Professor an der Nürnberger Kunstakademie brachten – der bayerischen Ministerialbürokratie mißfiel so etwas. Man nannte es Pornographie. Immerhin: elf Jahre später wurde Eberhard Schlotter doch noch Professor. Allerdings in Rheinland-Pfalz).

Doch sicher ist: Die Subjekt-Objekt-Beziehung in seinen Bildern, dieser Blick durch das Loch in der Mauer, durch den sich die dahinter liegende Wirklichkeit in etwas Visionäres, Vielschichtiges, Phantastisches verwandelt – das wurde ein bleibendes Merkmal in Schlotters Kunst. In immer neuen, verblüffenden, Variationen hat er diesen Blick auf eingerahmte oder eingeschachtelte, eingeschlossene oder eingekreiste Objekte gestaltet. Mal sind es ganze Fluchten von Tür- oder Bilderrahmen, durch die der Blick fällt; mal verengen (und fokussieren!) Häuserfluchten die Sicht auf eine Gasse; und einmal taucht der Maler selbst in seinem Bild auf, um ein Stück aus einem Landschaftsprospekt herauszuschneiden und den Blick auf das Profil einer dahinter stehenden Frau freizumachen – *seiner* Frau Dorothea (der unvergeßlichen). Und auch in seinen Kolumbus-Porträts ist dieser „Blick durch den Mauerspalt" zu erleben: Etwa, wenn der Seefahrer durch die Luke des Schiffes in die Ferne schaut – als wollte er die einstweilen noch verborgenen Regionen durch seinen Blick herbeibeschwören (wobei es gewiß kein Zufall ist, daß der Entdeckungs-Reisende die Züge des Künstlers trägt). Nicht minder suggestiv jedoch: die Blicke durch ein Fenster – immer wieder von Eberhard Schlotter gezeichnet oder gemalt, in Bildern, die darüber hinaus durch ihren scharf gezogenen Schattenfall beeindrucken.

Damit nun hat es in Schlotters Œuvre noch eine eigene Bewandtnis. Auf die neugierige Frage, ob seine auffällige Liebe zum Gestalten von Schatten "formale Spielerei" sei oder "symbolische Bezüge" aufweise, gab Schlotter einmal (robust wie stets, wenn er Dilettantismus wittert) zur Antwort: "Peter Schlemihl hat seinen Schatten verscherbelt. Eine tiefsinnige Geschichte. Ich habe Bilder gemalt, auf denen der Schatten stellvertretend ist für das Objekt, von dem er kommt – ich habe mir wohl etwas dabei gedacht! Formale Spielereien gehören nicht in mein Repertoire."

Eine aufschlußreiche Auskunft – noch über Erhellung der Schlotter'schen Schatten hinaus, die hier also eine gleichsam platonische (dem ewig befeuernden "Höhlengleichnis" geschuldete) Tiefendimension bekommen und, einmal mehr, dokumentieren: Schlotters Szenerien sind Denk-Bilder, die, mögen sie auch der Form nach "realistisch" sein, allemal eine Wirklichkeit hinter der Wirklichkeit zeigen. Mindestens *eine* Wirklichkeit.

Genauso aufschlußreich ist jedoch, daß sich der Maler Eberhard Schlotter hier auf ein literarisches Kunstwerk beruft – auf Adelbert von Chamissos (in der Tat "tiefsinnige") Erzählung vom "Peter Schlemihl", der seinen Schatten verkaufte und der, durch diese Andersartigkeit stigmatisiert, zum gesellschaftlichen Außenseiter wurde; der schließlich, nach dem glücklichen Erwerb von Siebenmeilenstiefeln, zum Weltenwanderer wird: unbehaust, immer unterwegs von Kontinent zu Kontinent, einsam, aber nunmehr erfüllt von seiner selbstgestellten Aufgabe, alle Pflanzen dieser Erde zu erforschen, in ein System zu bringen und dieses Werk der Welt zu hinterlassen (wobei er eine besondere Vorliebe für das "Nikotiana"-Gewächs hegt, zumal für dessen kundig gewickelte Endform – eine Vorliebe, die Eberhard Schlotter unbedingt teilt, wie jeder weiß, der schon mal in seiner Nähe geatmet hat).

Interessant nun, daß bereits Chamissos lesende Zeitgenossen wie besessen an der "Schlemihl"-Geschichte heruminterpretiert haben, um die Bedeutung dieser offenbar doch allegorisch gemeinten schattenlosen Figur zu entschlüsseln. Eine jener Interpretationen ging übrigens dahin, Chamisso habe in seinem "Peter Schlemihl" die Situation des Künstlers in der abweisenden, flachdenkenden, nur am Profit orientierten bürgerlichen Gesellschaft darstellen wollen. Und so mag es wohl auch Eberhard Schlotter sehen, der ja obendrein bis heute, gleichsam mit Schlemihl'schen Siebenmeilenstiefeln, überall in der Welt unterwegs ist – wie nicht zuletzt seine getuschten Karibik-Souvenirs belegen.

Bemerkenswert ist aber generell, über diese Chamisso-Novelle hinaus, wie elementar sich Eberhard Schlotter von literarischen Werken zu seiner Arbeit inspirieren läßt (er, der, notabene, auch selber ein fulminanter Erzähler ist, doch ebenso – ein intensivster Leser). Das dokumentieren nicht zuletzt die "Illustrationen" zu seinen Lieblingsbüchern: Hier geht es nicht um mechanisches Abbilden bestimmter Handlungs-Elemente. Denn für ihn ist die literarische Vorlage nicht Objekt, sondern: Medium. Erneut geht es um den Augen-Blick: Das Gelesene löst im Kopf des Künstlers Reaktionen aus, die dann zu – eigenständigen – Zeichen-Aktionen werden, was soweit führen kann, daß auf einmal Dinge in der Imagination auftauchen, die im Buch selber gar nicht vorkommen. (Und zur Erinnerung: auch die besagten Hildesheimer Kleingärten, in welche damals der – alles auslösende – Blick durch die Mauer fiel, waren ihrer Natur nach eben keine paradiesischen Regionen: in solche verwandelten sie sich erst im Kopf des kleinen Voyeurs).

Der verwandelnde Blick auf die Realität hinter der Realität: Besonders augenfällig wird er in Schlotters opus magnum aus diesem Genre, dem "Don Quijote"-Roman, mit dessen Titelhelden er sich so identifizierte, daß er ihn zum "Don Quischlott" machte – den fahrenden Ritter, der das Pech hatte, in einer Epoche zu leben, die das fahrende Rittertum (und dessen schöne Werte) für unmodern erklärt, als unzeitgemäß abgetan hatte; und die ihn folgerichtig für verrückt hielt, weil sich die Sancho Pansas dieser Erde eben bei keiner Sache vorstellen können, daß etwas dahinter stecken könnte.

Es sind schon drei merkwürdige Gestalten, die Eberhard Schlotter da zu seinen Gefährten im Geiste gemacht hat: Don Quijote, der aus der Zeit Gefallene und darob Verlachte; Kolumbus, der Visionär, dessen Träume niemand ernstnahm; Peter Schlemihl, der Mann ohne Schatten, ausgestoßen und in die Einsamkeit gedrängt. Doch alle drei unverbrüchlich auf ihrem Weg – ihren Vorstellungen vom Paradies hinterher.

Und so hat's ja auch Schlotter stets gehalten: Von Darmstadt (wo er sich, wie einst Schlemihl in seinem Ort, "an den Rand der Gesellschaft gedrängt" fühlte) zog er in die Ferne, in die Heimat seines Don Quijote, nach Spanien. Und einmal im Land der Entdecker und Weltfahrer angekommen, zog es ihn (genau wie Schlemihl) immer wieder hinaus –nach Lateinamerika, in die Karibik, speziell nach Kuba, wohin er offiziell reiste, um Studien für seine Kolumbus-Mappe zu treiben; obschon zu vermuten steht, daß es zum Gutteil auch der dort so prächtig gedeihenden "Nikotiana"-Pflanze wegen geschah, und zwar nicht so sehr, um sie zu zeichnen.

Die Impressionen aber, die Eberhard Schlotter dort, in der Karibik, im Bild festhielt – sie stellen in seinem Œuvre etwas ganz Eigenes dar: Heitere Szenen zumeist, doch auch Bilder von Bettlern oder Krüppeln, aber alles voller Vitalität und Farbigkeit, aquarellierte Momentaufnahmen von Bootsbauern und Kaffeehausbesuchern, entspannt und schön; und immer mal wieder ist da so ein kleiner rotschimmernder Flecken im Bild, der die Sicht des Betrachters auf sich zieht – der Punkt gleichsam, der den Augen-Blick bannt. Hier, auf den Inseln unter dem Wind, scheint Eberhard Schlotter einmal ganz offen in seinen Paradiesgarten geschaut zu haben.

Eberhard Schlotter
Collage zu Kolumbus, 1989
Collage aus eigenen Radierungen, 26 x 35 cm
Privatbesitz, Bad Bevensen

Karl Riha

(alias Hans Wald – nach dem Motto:
Wie man in ihn hineinruft
so schallt es heraus)

VICE VERSA

für Eberhard Schlotter

Licht entzündet Schatten Licht löscht Schatten
Schatten löscht Licht Schatten entzündet Licht
Licht gebiert Schatten Licht verschluckt Schatten
Schatten verschluckt Licht Schatten gebiert Licht
Licht erhellt Schatten Licht straft Schatten
Schatten straft Licht Schatten erhellt Licht
Licht jagt Schatten Licht verfinstert Schatten
Schatten verfinstert Licht Schatten jagt Licht
Licht trinkt Schatten Licht isst Schatten
Schatten isst Licht Schatten trinkt Licht
Licht ordert Schatten Licht frisst Schatten
Schatten frisst Licht Schatten ordert Licht
Licht mordet Schatten Licht belebt Schatten
Schatten belebt Licht Schatten mordet Licht
Licht ruft Schatten Licht antwortet Schatten
Schatten antwortet Licht Schatten ruft Licht
Licht flieht Schatten Licht stiehlt Schatten
Schatten stiehlt Licht Schatten flieht Licht
Licht erleuchtet Schatten Licht beschattet Schatten
Schatten beschattet Licht Schatten erleuchtet Licht

Eberhard Schlotter
Stilleben, Aquatinta, 1991
(WV 2424) 24,5 x 20,6 cm

Björn Engholm

ERINNERUNG AN HORST SKODLERRAK

Eberhard Schlotter in Verehrung gewidmet

Es gibt nur ein Bild, das über 20 Jahre hindurch am gleichen Platz in meiner Wohnung hängt: ein kleines Oval, "Toscana" betitelt, 13 x 8 cm, aus dem Jahre 1980. Es hängt vis-à-vis einer großen Abstraktion, fühlt sich jedoch unendlich wohl, niemand übersieht es, es besitzt Anmutung, es behauptet sich durch sich selbst und beweist immer aufs Neue, dass der so stille, so unprätentiöse Horst Skodlerrak ein Ausnahmekünstler unseres Nordens war.

„Toscana", 1980

Die beste und schönste Art der Erinnerung ist eine Ausstellung, denn Bilder offenbaren mehr über den Künstler, als Worte es vermögen. Deshalb nur wenige und kurze Anmerkungen zur künstlerischen Vita und zum Werk von Horst Skodlerrak.

Gottfried Sello (1990) und Helmut Schumacher (2001) haben ebenso einfühlsam wie akribisch die Stationen des Malerlebens von Horst Skodlerrak skizziert. Daraus sollen einige wenige Sonderheiten und signifikante Ereignisse in Erinnerung gebracht werden. Großelter- wie elterlicherseits gibt es in der Familiengeschichte Skodlerraks zwar Lehrer, Schulräte, Landwirte, Kaufleute oder Hausfrauen – aber keine Künstler und Künstlerinnen. Unwissenschaftlich gesagt: er war ein Naturtalent! Worin lag dieses Talent? Zunächst und vor allem in einer unglaublichen Fähigkeit des Wahrnehmens. Er konnte sehen, besaß visuelle Kompetenz, konnte mit einem kurzen Blick das Wesentliche, die Substanz von Dingen erfassen. Das nennt man ein Naturtalent.

"Worum es geht, was wirklich wichtig ist, ist nie riesengroß! Das Bedeutende ist meist klein, man muss es nur entdecken können . . .", hat er einmal gesagt. Und so brauchte er denn auch keine Großformate; die kleine Dimension war idealer Ausdruck seiner Philosophie.

Seine ersten Gehversuche unternahm er 1924, als der Vierjährige Taschentücher bemalte und sie über dem alten Kachelofen trocknete. In der Schule dann, ab 1926, entdeckte man zwei Begabungen bei ihm, den Sport und die Kunst. Die künstlerische Neigung bleibt auch während seines Aufenthaltes in einer unheilvollen Station, der Napola, erhalten, ja gefördert: der dort lehrende Professor Bischoff, der die Schule mit Fresken ausstattet, entdeckt den jungen Künstler und macht seine Lust am Malen manifest. Während seines Besuches der Königsberger Akademie zwischen 1937 und 1939 lernt er Professor Alfred Partikel kennen (dessen Bilder später teilweise als "entartet" gebrandmarkt werden), veranstaltet mit ihm Maltouren ins Land – und tätigt aus den pleinair entstandenen Produkten seinen ersten Bilderverkauf.

1941 wird er zum Wehrdienst eingezogen, nutzt eine Stationierung im Raum Halle zum Besuch von Aktmalkursen auf Burg Giebichenstein; 1943, während er Weine für seine Kompanie an der Nahe acquiriert, entstehen seine ersten Aquarelle, werden prompt verkauft – und Horst Skodlerrak entdeckt die faszinierenden Möglichkeiten einer Existenz als freischaffender Künstler.

1946, nach der Odyssee der Vertreibung aus Ostpreußen, nach Kriegsgefangenschaft und abenteuerlicher Suche nach einer neuen Heimat in Schleswig-Holstein, beantragt er in Lübeck die Anerkennung als Berufskünstler – und wird als Kunstmaler mit der Nummer 19 eingetragen.

Zu diesem Zeitpunkt besitzt Horst Skodlerrak alles, was einen Maler ausmacht, das Können, das Wollen, ja, das Müssen.

Es folgen die ersten Ausstellungen, von Gottfried Sello kuratiert in der Jugend Hamburg, in der Overbeck-Gesellschaft zu Lübeck, auf Schloss Gottorf, der Villa Hügel, der Muthesius-Schule Kiel, bei Hauswedell, bei Hauptmann, Westenhoff, Vömel und Peerlings – und in zahlreichen Museen und Kunstvereinen. Preise, Stipendien und Auszeichnungen lassen nicht auf sich warten. Die Reederei Zerssen ermöglicht ihm 1952/53 eine ausgedehnte Mittelmeerreise, deren Impressionen ihn sein Leben lang begleitet haben; das Land Schleswig-Holstein ehrt ihn ebenso wie der Staat Norwegen und der BDI-Kulturkreis: zwei Aufenthalte in der Villa Romana, einer in der Villa Massimo schließen sich an; die Muthesius-Schule in Kiel verleiht ihm die Professur.

Während all dieser Jahre macht er Bekanntschaft und schließt Freundschaft mit Marcks und Heckel, Kokoschka, Nay und Purrmann, Theodor Werner und Trökes, Hartung und Heiliger; Schlotter schließlich eröffnet ihm den Zugang zur Iberischen Welt, wo die wunderbaren kleinen Port-Bou-Arbeiten entstehen.

Summa: Zwischen Ende der fünfziger und Ende der sechziger Jahre ist Horst Skodlerrak im Norden Deutschlands ein bedeutender, ein großer Künstler, bleibt aber in Lübeck und Schleswig-Holstein lange ein Geheimtipp. Es ist insbesondere dem St.-Annen-Museum, der Overbeck-Gesellschaft, der Galerie Linde, Johannes Thoemmes oder Günther Jankowski zu verdanken, dass seine malerischen Preziosen eine breitere Beachtung finden.

Sein Malgrund ist immer und immer wieder die Hartfaserplatte, seltener die Leinwand, dann das Japanpapier, das Zeichenblatt und der Karton. Seine Werkzeuge: bevorzugt die Rohrfeder, der Haarpinsel, der Pinselstiel, nicht selten auch der Fingernagel und der Zahnstocher. Seine bevorzugten Farben sind Öle, Wasserfarben plus Leinöl, Terpentin und Firnis, mit denen er unvergleichliche, herrlich durchscheinende Lasuren zaubert. Seine Formate: 9,8 x 8,5 cm, 13,5 x 15 cm, 20 x 23 cm, 17 x 49,5 cm (was für ihn schon ein außergewöhnlich großes Format darstellt). Seine immer wiederkehrenden Motive: Angelgeräte, Schwimmer, Fliegen, Leuchttürme, Häfen, Segel, Seezeichen, Strände, Meereslandschaften – und dazugehörig, jedoch nie dominierend, Menschen und ihre Gehäuse.

Er wählt diese Motive, weil sie ihm nahe und vertraut sind, aus dem Memelland, aus seiner immerwährenden Nähe zum Meer, der Ostseeküste, dem flachen, weiten Land, seiner Lust am Fischen. Die Motive kehren wieder und wieder, er variiert sie vielfachst, aber repetiert sie nie, immer entsteht aus ihnen ein neuer, eigener Mikrokosmos.

So entsteht ein malerisches Werk, das eindeutig aus dem Erlebten, dem Gesehenen, dem Wahrgenommenen – also dem Realen schöpft. Aber da Skodlerrak kein klassischer Pleinairmaler ist, sondern das Reale im Gedächtnis speichert, schleifen sich die realen Details ab, bleibt das Wesen der Dinge, ihr Substrat, ihr Kern, über. Die erlebte Realität verbindet sich beim Abruf aus dem Gedächtnis im Malakt mit der künstlerischen Imagination: es entstehen Bilder mit ganz unrealer, völlig eigener Magie. Landschaften werden zu Träumen, Gegenstände entschweben tänzerisch, die Lübecker Bucht hat plötzlich toscanische Rudimente, die Toscana Angelzubehör. Was wir zu kennen glauben, steckt auf einmal voller Geheimnisse!

So sind seine Bilder nie Abbilder, in keiner Weise illustrativ gar, und auch Romantisierungen sind ihnen fremd. Wenn es einen Inbegriff für den kaum in Worte zu fassenden Begriff der Anmutung gibt: Skodlerraks Arbeiten sind es. Sie stehen für eine bildnerische Poesie, die ihresgleichen sucht.

Obschon durchaus dem Realen verbunden, gibt es in seinem Werk immer wieder faszinierende Übergänge von der Figuration über die Semifiguration bis hinein in das Abstrakte, wo sich die Gegenstände auf ihre Grundformen reduzieren und die Farben Autonomie gewinnen. Die iberischen Arbeiten etwa (Port Bou), mit ihrer kubischen, fast geometrischen Kleinteiligkeit, lassen uns mehr erahnen denn sehend wissen: und dies Erahnendürfen, das Impressionen auslöst, macht immer wieder erneut Lust auf die Kleinode Skodlerraks.

Den Menschen, nicht nur den Maler, Skodlerrak zu kennen, war eine immense Bereicherung, mehr noch, ein Glücksfall. Still, fast karg; immer mit Frohsinn, auch in den schweren Zeiten nach 1991; wissend, ohne jede Besserwisserei; mit Mutterwitz und sanfter Ironie, aber ohne irgendeine Häme: die langen Abende mit ihm (und Duwe oder Thieme), die durchfeierten Geburtstage, viele gemeinsame Ausstellungsbesuche bleiben unvergessen und unvergesslich.

Manche sagen, er hätte weit mehr aus sich machen können. Vielleicht. Die ihn kannten und ihm verbunden waren, sind froh, dass er es nicht versucht hat. Dass er nicht den Verlockungen des Marktes nachgab, dass er beharrlich dem Pop und Op, der Povera und Abstraktion, dem Konkret und Wild und Postmodernen widerstand, dass er nichts und niemandem Konzessionen machte – dass er dafür sich und seiner Arbeit treu blieb.

Die Kleinode, die Horst Skodlerrak hinterlässt, haben Bestand, besitzen jetzt bereits Gültigkeit. Für uns und für ihn in seinen Werken. Und in uns.

Rede Björn Engholms zur Eröffnung der Horst-Skodlerrak-Ausstellung in der 'Galerie Alte Schule Grevenhagen' am 1. Dezember 2001. Die Veranstaltung geriet unversehens zur Gedenkveranstaltung, da Skodlerrak einen Monat zuvor verstorben war – nachdem er noch selber die Ausstellung mit vorbereitet hatte. (Erstveröffentlichung (ohne Abb. 'Toscana') in: Lübeckische Blätter, März 2002/7, S. 100f.)

Konstanze Radziwill

UND WIEDER KUNST UND LEBEN

„Seh'n Sie mal!" fordert der Elektriker mich auf, der einen Kabelanschluß auf dem Dachboden sucht.

„Die Dachpfannen, die da noch rumstehen, sind in irgendwas eingewickelt. Ich glaube, das ist bemalt!"

„Nie und nimmer!" behaupte ich.

Mein Vater war ein ordentlicher Mensch, geradezu pedantisch für einen Künstler. Alle Bilder, die in diesem Haus entstanden, hat er Jahr für Jahr in sein Heft eingetragen. Den Betrieb hat er geführt wie ein Handwerksmeister, mit unverhofften Bilderfunden ist nicht zu rechnen.

Er wird die Dachpfannen in Reserve einfach sorgsam verpackt haben. Material war für ihn die Grundlage der Existenz – er ging damit pfleglich, geradezu hochachtungsvoll um. Zum Klinker als Baustein des menschlichen Hauses hatte er eine beinah metaphysische Beziehung, ähnlich zu Holz und Leinwand als „Bildträgern": Ihre Präparierung unterschied er – zum Befremden vieler Gesprächspartner – nicht vom eigentlichen künstlerischen Prozeß.

„Doch bemalt!" triumphiert der Elektriker und breitet das Stück Tuch vor mir aus.

Auf dem Dachboden liegt ein zwar ramponiertes, aber doch Bild – darüber hinaus eines, das mir wohl vertraut ist. Die übermächtigen, den Betrachter unnachsichtig fixierenden Frauengestalten erkenne ich sogleich wieder: „Deutschland 1944"!

Vorsichtig transportieren wir die beschädigte Leinwand ins Atelier. Der Elektriker sagt: „Ich mach' mal weiter!" Und mich packt der Schrecken. Wie war es möglich, daß dieses oft ausgestellte und häufig abgebildete Werk bei uns um die Dachpfannen geriet? Aber selbstverständlich war es nicht jenes Bild, sondern eine Kopie – vielmehr umgekehrt – das Bild im hannoverschen Museum war eine?

Auf alle Fälle gibt die verblüffende Motivgleichheit zu denken. Warum die Übereinstimmung des Vordergrundes und der beide Male derart dominierenden Weiblichkeiten? Sie gleichen einander bis zur Kleidung, der Sitzhaltung und Haartracht. Vor allem die mit der Augenklappe, mit ihren weiten Ärmeln, den mondänen Handschuhen und der lasziv gehaltenen Zigarette ist regelrecht vom einen Bild ins andere übernommen; und auch die Tische mit den Decken, an denen die Damen vor ihren zugeklappten Schreibheften warten – worauf?

Nur der Manuskriptautor F. R. fehlt bei dem „Fundstück", statt dessen steht da ein rotgestreiftes Kästchen, das es irgendwo noch hier im Hause gibt.

Einmal mehr drängt sich mir einer der lapidaren Sätze auf, die mein Vater seinen Familienangehörigen – aber nicht nur denen – zu verkünden pflegte: „Ich hatte mein Leben lang genug Phantasie und brauchte mich nie zu kopieren!"

Warum kopierte er sich dieses eine Mal – entgegen seiner eigenen Behauptung

Frauen, 1924

– jedenfalls den Vordergrund? So getreulich, daß es nicht als künstlerische Variation eines Themas durchgehen kann und die Motivgleichheit ihm Grund genug gewesen sein mag, die erste Ausführung zu verwerfen? Wann hätte er so etwas sonst getan? Allenfalls hat er nachträglich in seine Bilder hineingemalt – auch nach Jahrzehnten – was ihm manch einer, besonders, wenn ihm das Bild dann gehörte, übelgenommen hat. Bei diesem hier muß für ihn das nachträgliche Weitergestalten unmöglich gewesen sein.

Ich nehme einen Katalog zur Hand und schlage „Deutschland 1944" auf.

Der Mann ist in den Hintergrund gerutscht. Zweifellos handelt es sich um einen ziemlich kaputten Typ, woran die Farben von Vermeer nichts ändern. (Wie hat der Maler den alten Niederländer geliebt – nicht nur sein Mädchen mit der Perle.) Der Kerl sitzt auf einem knatschgelben Stuhl neben einer blau gestrichenen Tür, wie sie sich auch in unserem Haus findet. Inmitten dieser hell, wenn nicht grell leuchtenden Farbigkeit verbirgt er seinen Kopf in den Händen: Ersichtlich, weil er das Desaster, das vor ihm liegt und an dem er kaum unschuldig sein kann, nicht ansehen mag. Er scheint verzweifelt über das, was er selbst mit angerichtet hat, oder jedenfalls nicht verhindert. Da hockt er nun: in sich zusammengesunken und gesichtslos, obwohl mit tadellosem Haarschnitt und noch immer ordentlichem Anzug – ein Angestellter? Vor ihm Ruinen auf einem lodernd roten Hintergrund, oberhalb von ihm in der rechten Ecke die zerfetzte weiße Fahne.

Es ist unser Haus und nicht unser Haus, denn es ist ein Stadthaus, und wir haben keinen Balkon – wohl aber solche Türen ... Betrachter haben den Mann häufig als Selbstbildnis interpretiert – auch in Gegenwart des Malers im Atelier. Dieser pflegte zu jedweder literarischen Interpretation die Achseln zu zucken. Allenfalls sagte er: „Wenn Sie das so sehen wollen ... Lassen Sie sich Zeit! Wenn ich es hätte sagen können, hätt' ich es nicht malen müssen!" Ihn selbst hab' ich nie als kaputten Typ erlebt – ich kenne ihn nicht deprimiert und nicht mal melancholisch.

Anzüge trug er nur zu Ausstellungseröffnungen und Beerdigungen. Seine Haare waren – schon vor der Beatles-Ära – länger als die der Mehrheit. Er war vital – bis zur Selbstgerechtigkeit. Sein Rat an Unglückliche hieß: „Was tun!" Notfalls Fenster putzen und die Wohnung aufräumen. Es gibt keinen Schaden, der nicht zu reparieren ist ... Trotzdem leuchtet es ein, daß der da auf dem Gemälde nicht bloß einer der vielen „Vollbeschäftigten des zwanzigsten Jahrhunderts" (so ein anderer Bildtitel) sein soll, sondern ein Stück von ihm selber – und daß den leidenschaftlichen Maurer schon angesichts der ruinierten Gebäude Entsetzen überkommen hat.

Identitätslos ist er geworden wie viele seiner im Laufe der künstlerischen Entwicklung klein und kleiner zusammengeschrumpften Figuren. Die Frauen dagegen sind auf beiden Bildern im Ausdruck unverwechselbar geblieben und sogar identifizierbar: die eine, in Blau, mit gelbem Haar, ist seine jüngste Schwester, die andere, die erste Frau – darauf komme ich noch.

Hinter dem Rücken dieses Mannes tut sich etwas, das dem Betrachter bei weitem Gräßlicheres zumutet als nur zerstörte Behausungen. Die andere offene Tür führt genausowenig in die Freiheit wie die Öffnung zum Balkon.

An mittelalterlich anmutenden Galgen baumeln zwei Gehenkte. Die Füße des einen enden direkt oberhalb der abgeknickten Handschuhhand der Rauchenden mit der maliziösen Augenklappe. Diese Hand hält, als Pendant zur Zigarette, eine blaue Blume, mir scheint, eine Kornblume. Oder wurde sie gerade – als Ausdruck ihrer Unzeitgemäßheit – fallengelassen?

Blickt die Frau mit dem einen Auge nicht überhaupt strafend und voll berechtigter Verachtung in alle Welt?

Die Blaue Blume käme übrigens zu liegen auf dem Manuskriptheft mit dem beschrifteten Etikett „Franz Radziwill" – darin könnte er seine Gedichte aus den zwanziger Jahren aufgeschrieben haben, aber auch die Buchführung über seine bisherigen Bilder – das ockerfarbene Heft, das es noch gibt, weist Ähnlichkeit auf. Über dem Gehenkten ist der Himmel vergittert, vermessen wie auf Millimeterpapier oder im Zielfernrohr der Kampfflugzeuge. An den Wänden des Innenraums, der einmal eine Wohnung war, bröckelt der Putz. Der schöne Krug – des Malers Vater war Töpfer – ist auch kaputt und oben abgeschlagen. Darüber, nur bis zum Knie, ein weiterer Gehenkter, vielmehr der untere Abschnitt einer Kreuzigung.

Ohne jeden Zweifel ist es der politische Hintergrund von „Deutschland 1944", der den durch keinen Zusatz und keine Übermalung mehr zu bewältigenden Unterschied zum aufgefundenen Bild liefert. Das taufe ich spontan „Frauen 1924" – es könnte zwar auch etwas später gemalt sein, aus künstlerischer und biographischer Folgerichtigkeit jedoch nicht vor 1923. In dem Jahr kauft der Maler sein Haus und siedelt damit endgültig aus der Metropole Berlin in das Provinznest Dangast über. Auch mit der Bindung an eine Frau – ein Jahr davor hat er geheiratet – gründet er seine Existenz neu. Er erhofft sich davon künstlerische Folgen, die sich nach einem halben Jahr Malpause (in dem die Gedichte entstehen) abzeichnen. Der Expressionismus ist vorbei – es lebe die Neue Sachlichkeit – die doch von Anfang an magische Momente zur Schau stellt.

Über diesen ersten Umbruch ist häufig geschrieben worden. Aber jetzt wird mir klar, daß sich im Verlauf weiterer zwei Jahrzehnte ein Nachfahre der romantischen Künstlergeneration noch einmal entpuppt hat: zu einem politischen Künstler wider Willen und schließlich radikalen Zivilisationskritiker.

Das Wissen um den Hintergrund spielte von Anfang an eine entscheidende Rolle. In den nachexpressionistischen Bildern verfolgt er das Thema des Ausblicks. Oft ist es ein Fenster oder eine Tür, hinter denen die vordergründige Welt sich bricht, um etwas anderem als dem Stand der Dinge Raum zu geben. Hier kämpft jemand mit seiner eigenen Schwellen- und Berührungsangst, aber die Sehnsucht nach dem ganz anderen bleibt unbezwingbar. Jahrelang bietet der Hintergrund ein Einfallstor für Phantastisches und einen Ausweg aus dem sattsam bekannten Status quo.

In „Frauen 1924" nähert sich von ferne – beinah wie ein Versprechen – ein Paar schemenhafter weiblicher Gestalten. Halten sie einander untergehakt? Sind sie verheißungsvolle Doppelgängerinnen? Beobachten sie die beiden Geschlechtsgenossinnen im Vordergrund, die, nach vorn gewandt, von ihnen noch nichts – oder nichts mehr – wissen? Nach Kleidung und Haltung sind die zögernden Figuren aus der Vergangenheit aufgetaucht. Betrachten sie ihre Nachfahrinnen mit Neugier und Skepsis? Alle vier blicken nach vorn – nur der Betrachter blickt zurück und erinnert sich. Aber warum sehen die Frauen dieses Vordergrundes älter aus – und leidender – als ihre Wiederholungen auf dem späteren Bild? Ist ihre Darstellung realistischer?

Als der wirklich sozialkritische und politisch ungleich wachere Kollege Otto Dix R. 1928 im Dresdner Atelier malte, malte er ihn so, daß die Nazis das Porträt nicht nur als entartete Kunst, sondern gleichzeitig als Abbild eines entarteten Menschen ansahen: Ein wahrlich wenig schöner Mann mit rundem Schädel, starrem Blick und Reißschiene des technischen Zeichners in den spinnenartigen Fingern.

„Schön wirste bei mir nich!" hatte Dix zu ihm gesagt. „Dat macht nix!" hatte er zurückgegeben, „Hauptsache, du malst ein gutes Bild!" und hielt weiter still. „Als Dix nun aber mit dem eigentlichen Porträt fertig war, wußte er nicht mehr weiter und überlegte, was er mit dem Hintergrund anfangen sollte ... Da mußte *ich* ihm nun noch helfen! Der Hintergrund – das Fenster zu einer Gebirgslandschaft –

Deutschland 1944, 1944; Sprengel-Museum

ist mein Werk! Für mich, in meinen Bildern, ist der Hintergrund als solcher ja immer von ungleich größerer Bedeutung gewesen ..." Aber ganz unwichtig kann ihm der Vordergrund, gerade bei diesen beiden Bildern, doch nicht gewesen sein ... Auf den späteren Porträts wirken die Frauen noch unnahbarer – etwa autonom? Jedenfalls haben sie weniger mit ihrer Umgebung zu schaffen als ihre Vorgängerinnen.

1944 war – nach den schriftlichen Selbstzeugnissen – womöglich das Jahr seiner erschütterndsten Lebenskrise. Zwei Jahre vorher war die erste Frau gestorben, meine Mutter war noch nicht in Sicht. Er wurde dienstverpflichtet in einer Maschinenfabrik, wo man ihn als technischen Zeichner einsetzte und drangsalierte. Der Briefwechsel mit seiner Frau hatte ihm von 1939 bis zu ihrem Tod Gelegenheit gegeben, die Kriegserlebnisse als Soldat zu verarbeiten. Jetzt fehlte die Adressatin. Jene Frau, die nicht meine Mutter war, muß er als seinen existentiellen Halt empfunden haben. Von seinen Freunden weiß ich, daß sie sich um seinen Geisteszustand Sorgen machten, weil er, wann immer es ihm möglich war, mit dem Fahrrad an ihr Grab fuhr, um sich dort laut mit ihr zu unterhalten. Bei der Lektüre der Briefe ist sie mir als spontane Person und unbeirrbare Pazifistin begegnet. (Ich benutze noch ihre alte Handtasche vom Boden – aus schwarzem Lackleder mit knallroter Innenseide. Die Handtasche entspricht im Stil den Handschuhen und dem Innenfutter ihrer weiten Ärmel.) Ist es die Kleidung, die Zigarette oder die Augenklappe, die ihr das Flair einer gewissen Verruchtheit, jedenfalls Arroganz verleihen? Die Briefe geben das nicht her. Aber als mein Vater sie kennenlernte, war sie sogenanntes Buffetfräulein im Kurhaus. Jeder wußte, daß sie gerade ihr Kind zur Adoption freigegeben hatte. Meine Tante erzählte, meines Vaters Frau habe sich einst einen dunkelroten Taftunterrock anfertigen lassen und ihr, die damals noch Kind war, beim Nebeneinandergehen zugeraunt: „Hörst du, wie das knistert? Hörst du das?" Er muß sie geliebt haben – trotz der Zigarette, die er ihr als erstes abgewöhnte. In Wahrheit rauchte die im Bild so biedere Schwester. Sie war es auch, die irgendwann mit der Augenklappe ins Haus kam.

„Du siehst ja doll aus!" soll der Bruder zu ihr gesagt haben. „Setz' dich hin! Ich will dich mal eben zeichnen!" (Er zeichnete oft, als Vorstufe zu Bildern – wie andere fotografieren, was er ablehnte.)

Später, als das Bild fertig war, führte seine Frau die jüngere Schwägerin ins Atelier vor die Staffelei: „Das sollen wir beide sein ..." Und: „Verstehst du das?! So sieht er uns wohl ..."

Bis zum Fund auf dem Dachboden hat meine Tante geglaubt, diesen Ausspruch habe die erste Frau vor dem Bild „Deutschland 1944" getan – was nicht sein kann, weil diese Frau 1944 tot war. Dieser Tod hat ihren Mann aus der Bahn geworfen und wohl ein einziges Mal am Leben verzweifeln lassen – die politische Situation hatte das ihrige getan, ihn zu zermürben. Selbst das Vertrauen in die eigene künstlerische Potenz gerät zu der Zeit ins Wanken. Hat er sie darum zwei Jahre später noch einmal gemalt? Wie Orpheus die Eurydike partout aus dem Reich der Schatten wieder holen wollte? Aber welche hoffnungslose Alternative konnte er ihr in der wirklichen Welt anstelle der Unterwelt bieten? Sehnte er sich nur noch dahin, wo sie schon war? Oder fehlte ihm in dieser Krise bloß die imaginative Kraft für ein ganz neues Bild? Reichte es nur noch für einen anderen Hintergrund?

Das Bild von 1944 ist kein „schönes Bild" mehr – nicht nur nicht im Sinne der Nazi-Kunst und ihrer Meister des Schamhaars. Aber das Bild um 1924 wäre ein schönes Bild, wenn es einst restauriert sein sollte. Einzig die Gesichtszüge der Frauen lassen auf Entbehrungen und ein hartes Leben schließen. Aber die Wohnung und der Hintergrund sind unversehrt – der angestammte Tätigkeitsbereich des weiblichen Geschlechts. Oder kündigen sich auch da schon Risse an auf der hinteren Wand? Sie sind gemalt und nicht von Dachpfannen verursacht! Das Werk dieser Frauen scheint dennoch wohlgetan: Der Weinkrug, links im Bild, ist noch heil und besitzt einen ordentlichen Stöpsel, der ihn gebrauchsfähig macht. Anstelle der Gehenkten leuchtet ein weißer Blumentopf. Dahinter – dort, wo später der Mann seine Beichte ablegt – öffnen sich weitere, ineinander übergehende Räume; im Dunkel des allerletzten mag sich eine geheimnisvolle Tür verbergen – denn irgendwoher müssen die Doppelgängerinnen hereingekommen sein. Oder sind es Gespenster? Trotz ihrer Grenzenlosigkeit und traumhaften Befremdlichkeit scheint diese Welt nicht verloren, sondern gerettet. Das läßt auch das kleine Bild im dunklen Rahmen erahnen. Wirkt es am Ende nicht wie eine perspektivische Hintergründigkeit des Fluchtpunkts? Wo der Spiegel der Kunst noch funktioniert, kann die Welt nicht verdammt sein. Steht der verhärmte Ausdruck der Frau im Vordergrund dem entgegen? Tatsächlich scheint sie vom Lebenskampf ziemlich verschlissen ...

Die Frauen verkörpern extrem unterschiedliche Typen – auch die sind prägnanter im späteren Bild: Geben sie nicht das Spektrum wieder vom biederen Gretchen bis zum männerverschlingenden Luxusweib? Jedenfalls sind nicht sie es, die die mörderische Apokalypse draußen und drinnen zu verantworten haben, sondern das Geschlecht dessen, der da auf dem Stuhle hockt und nicht mehr weiter weiß.

Erstaunlicherweise liegt im Blick dieser Bleichen, bis auf die Augenklappe Makellosen, nichts Schönes und Häßliches – und auch gar nichts Opferhaftes. Allenfalls etwas Unbestechliches!

Gibt „Deutschland 1944" nicht auch den Irrtum des Künstlers zu, 1933 dem Ruf der Nazis an die Düsseldorfer Akademie gefolgt zu sein – als Professor, nachdem sie Paul Klee verjagt hatten?

Andererseits proklamiert das Bild, daß auch mit realistischen Mitteln in der Kunst noch Widerstand zu leisten sei. Warum er das gemacht hat – die Stelle nach dem Rausschmiß von Klee anzutreten –, haben andere und ich nie begriffen. Er wurde später ja mitunter noch danach gefragt. Seine Antwort, die abstrakte Malerei habe er schon seit 1923 – nach der eigenen Abkehr vom Expressionismus – für einen Irrweg gehalten, war keine Antwort auf *diese* Frage – das mußte er auch wissen.

Seine Frau hatte sich politisch als hellsichtiger erwiesen mit ihrem untrüglichen pazifistischen „Instinkt" (wie die Briefe zeigen). Immerhin hat er sich 1944 unverkennbar vor ihr und der Welt geschämt – rückhaltloser, als ich es später wahrgenommen habe, an ihm und den meisten seiner Generation. Der Konflikt ist nicht neu und einer, den meine Generation unentrinnbar mit ihren Eltern auszukämpfen hat – wenn auch nicht als wohlfeile Anklage aus einer anderen Lebenszeit heraus.

Ein jüdischer Filmemacher, dessen Verwandte in den Vernichtungslagern umgekommen sind, sagte mir: „Allenfalls könnte eure Frage heißen: Was hat dich denn so korrumpierbar gemacht? Wo lag deine besondere soziale und psychologische Anfälligkeit, daß du beizeiten nicht das getan hast, was du hättest tun können, um nicht mitzumachen – als es noch keine Heldentat hätte sein müssen?" Sich zu schämen, scheint für einen deutschen Mann dieser Generation und Herkunft schon eine Kunst: zuzugeben, „ich habe mich fürchterlich geirrt und war womöglich ein Opportunist und feige ..." Da ist angesichts einer Höllenverwüstung, die weder Hieronymus Bosch noch Jan Vermeer imaginieren konnten, die wenig mannhafte Geste der Verzweiflung auf einem gelben Stuhl doch etwas – und nicht im geringsten genug. Wenn mein Vater das wirklich 1944 gemalt hat – und das hat er – als die Gestapo ihn tyrannisierte, er Ausstellungsverbot hatte und Hausdurchsuchungen in eben diesem Dangaster Haus stattfanden; als er im Verdacht stand, Versammlungen der Bekennenden Kirche bei sich im Atelier zu organisieren – wenn das so ist, dann ist er nicht ganz so feige und blind gewesen, auch wenn es nicht mehr reichte, irgend etwas zu verhindern.

„Deutschland 1944" ist nicht nur ein einigermaßen mutiges Signal von Widerstand, der zu spät kommt, sondern auch ein Zeichen künstlerischer Buße, wie der Vergleich mit dem Dachbodenbild untermauert. Er hat sich dem Grauen der Zeitgenossenschaft gestellt und opfert den romantischen Glauben an die Heilkraft der Kunst. Das „Wunder der Wirklichkeit", dem er sich in Dangast seit 1923 eigenbrötlerisch auf der Spur wähnte, ist jetzt überall verloren. Auch hier gibt es keinen Ausweg – nicht mal im Hintergrund – und da erst recht nicht! Wie aber, wenn diesmal die Utopie in den *Vordergrund* gerückt wäre?

Die Dimension von Zukunft – und Geschichte –, die in „Frauen 1924" noch in der Inszenierung einer malerischen Spannung aus Vorder- und Hintergrund (mit den Doppelgängerinnen) steckt, könnte im späteren Bild im Vordergrund aufgehoben sein. Es stimmt, diese Frauen wirken tatsächlich eher wie Denkmäler ihrer selbst und kaum wie reale Personen. Haben sie sich vielleicht zu Allegorien weiblicher Möglichkeiten – und Stärke – entwickelt? Zugegeben: ihr theatralischer Aufzug ist anstößig und die Ambivalenz nicht wegzubeschreiben. Ein Mann erklärte mir: „Der Maler thematisiert das Ärgernis des bourgeoisen Frauenbildes! Wenn alles zu Bruch geht – auch der Mann selber –, staffiert der Bürger seine Frau noch immer aus, als wär' nichts passiert – gleich spazieren sie wieder auf den Opernball!" Dagegen spricht der Eindruck von Kraft bei den Frauen. „Frauen sind stärker – Männer verletzbarer", hat mein Vater (später) zu meiner Mutter vor diesem Bild gesagt. Nehmen die Frauen – unverwüstlich inmitten von Zerstörung – sich nun noch die Werke des Mannes vor, um kritisch zu prüfen, was davon brauchbar bleibt? Haben sie nicht etwas von Rachegöttinnen, Erinnyen, zumindest Richterinnen an sich? Nicht mehr ganz blind, sondern schon mit einem Auge sehend?

Soll die Unheimlichkeit um das einstige Paar weiterdeuten, wer will – die Geschlechter verharren ohne Verbindung, voneinander abgewandt ... und doch blickt die Frau, die in Wahrheit schon gestorben ist, nach vorn, in die Zukunft.

Tat ihr Maler recht daran, das frühe Bild zu verheimlichen? Vielleicht wäre es theoretisch richtig, es wieder über die Dachpfannen zu decken? Aber wartet nicht jede dieser Frauen auf ihr Stichwort? Das erste Mal nach getaner Arbeit und dem Anschein nach erschöpft; zwanzig Jahre später, nach dem verlorenen Weltkrieg, trotzig und herausfordernd – als wollten sie jetzt ausgehen: geradezu anmaßend – und doch beinahe unschuldig?

Der Elektriker fragt mich schon wieder was. Er will wissen, ob er noch aufräumen soll, bevor er Schluß macht, oder ob ich das mache.

Erstveröffentlichung in LesArt. Literatur zu Bildern und Skulpturen. Zum zehnjährigen Bestehen des Sprengel Museum Hannover herausgegeben von Volkhard App, Hannover 1990. Korrigierte Fassung.

Wolfram Benda

LLOMBAY

„Erst der Schatten des Schattens zeigt das genaue Wirkliche."
(Hans Wollschläger)

Als Monika und ich Eberhard Schlotter im Spätsommer des Jahres 2000 – es war gerade die Zeit der Fiesta – in Altea besuchten und eine Woche mit ihm verbrachten, führte er uns wiederholt in sein Atelier, um uns seine bildnerischen Schätze, aber auch halbfertige Arbeiten zu zeigen. Dort fiel uns eines seiner letzten Ölbilder, „Llombay" betitelt, auf, das, in einem nahezu quadratischen Format, die für sein Spätwerk charakteristischen Motive „Türen und Wände, Zugänge" variiert. Der Schönheit des Verfalls, die sich in der delikat gemalten verrotteten Holztür, der maroden abgeblätterten Wand und dem zerbrochenen Nummernschild manifestiert, entspricht die Geschichte eines Untergangs, des Untergangs eines Menschen und eines Hauses. Diese teilt sich allerdings nicht durch das Gemälde mit, sondern gehört zu der dahinter liegenden Geschichte, der Schlotterschen „Geschichte hinter Bildern". Er erzählte uns von Fahrten in Don Quijotes Mancha, ins Valle de Galinera, „ein wunderschönes Tal, das den zwischen Denia und Altea gelegenen Teil der Costa Blanca mit Zentralspanien verbindet. Abseits der Hauptstraße liegt dort der Weiler Llombay, eine Handvoll Häuser nur, entlang einem schmalen Sträßchen aneinander gereiht und mehr oder weniger verfallen. Die meisten sind unbewohnt und dienen, wenn überhaupt noch zu irgendwas, einigen im Nachbarort lebenden Familien als Schuppen" (Wolfgang Schneider, „Abgesänge", S. 366). Im Haus Nr. 12 wohnte seit 1945 ein im Frühjahr geflohener Deutscher, ein Nazi mit NS-Uniform und Orden. „Über dreißig Jahre lebte er in seinem Versteck, sein Gemüt verwirrte sich bald." Eberhard Schlotter verwob die Geschichte der Reise mit jener des Hauses und des Deutschen. Daraufhin griff er in die Schublade eines Galerieschranks und holte daraus ein Manuskript mit dem Titel „Llombay" hervor. Hin und wieder von einem genüßlichen Zug an seinem Zigarillo unterbrochen, trug er uns seinen Text vor, ein begnadeter Erzähler und Vorleser, dessen Texte und Bilder die geschärfte Wahrnehmung auf die uns umgebenden Dinge reflektieren, die Realität zurückdrängen, um das Abbild zum Sinnbild werden zu lassen und zu versuchen, das Hintergründige und Doppelbödige der Erscheinungen sichtbar zu machen. Hier ist die Tür die geheimnisvolle Metapher, hinter der sich die Geschichte abspielt und die ins Jenseitige, Meta-physische führt, getreu Schlotters Auffassung, ein gelungenes Bild solle ein „Porträt der Ewigkeit" sein. Ebenso vermag ein Text den Schatten der anderen Seite zu erhaschen und ein Leben auf wenige, entscheidende Momente zu konzentrieren (Marcel Schwob, Jorge Luis Borges). Wie der bildende Künstler die Welt aus Licht und Schatten, aus Formen und Farben zusammensetzt und, im Spiegel seiner Perzeption und Rezeption, dadurch etwas Neues entstehen läßt, arbeitet der Schriftsteller mit analogen Verfahrensweisen: Aus bereits Vorhandenem schafft er Neues, indem er das vorgefundene Material kombiniert, was am augenfälligsten bei der Bildung von Metaphern zu beobachten ist. Der volle Sinngehalt des Bildes erschließt sich – wie in der barocken Allegorie – bei Eberhard Schlotter erst über eine eingehende Beschäftigung mit seiner Legende, hier also seinem eigenen Text. Dies kennzeichnet Schlotters Auffassung vom Illustrieren, ob eigener oder fremder Texte; das Resultat einer geistigen Anverwandlung ist, vollzogen im Medium der Graphik: im wörtlichen Sinne ein gegenseitiges Erhellen, Einleuchten, Erleuchten von literarischem Vorwurf und visueller Umsetzung, von Text und Bild, von Typographie und Illustration.

Gleich nach der Lesung kam mir die Idee, den Text in meiner Reihe der Einblattdrucke herauszubringen, mit einer Farbradierung, die auf dem Ölbild basiert, so wie das Ölbild auf dem literarischen Text basiert und der Text auf dem Erlebnis, genauer: auf der Umsetzung einer Folge von Erlebnissen, die wie bei seinem Freund Arno Schmidt sich kraft eines additiven Verfahrens zu einer Vision verdichtet und den Schatten des Schattens reflektiert. So gelingt es dem Autor und Illustrator, die ja eine Person sind, „den Blick des Betrachters auf die Welt zu verändern: ihn gleichsam neu zu justieren" (Wolfgang Schneider, op. cit., S. 367). Wenn dies gelingt, ist viel erreicht.

Eberhard Schlotter akzeptierte meinen Vorschlag gerne und übertrug „Llombay" ins Medium des Kupfers, so wie ich seinen Text im Medium der Typographie instrumentierte und mit der Gestaltung versuchte – wie Zeichnung und Grundstruktur des Bildes soll auch der typographische Bau einem Organismus ähneln und sich dergestalt an der Architektur orientieren –, eine harmonische Einheit von Text und Illustration, Schrift und Bild, Hell und Dunkel, Licht und Schatten herzustellen.

Einblattdruck LXXIV der Bear Press, 2001

Hilmar Hoffmann

„KULTUR FÜR ALLE" BLEIBT AUF DER AGENDA DER ZUKUNFTSSICHERUNG

Der Name Eberhard Schlotter ist nicht nur der Kunstgeschichte eine vertraute Größe, sondern auch den Lehrern, die sich bemühen, das verwaiste Fach der ästhetischen Erziehung und musischen Bildung zu rehabilitieren. Als Paradebeispiel für die Beherrschung der Kunst der Ästhetik wird daher zu Recht nicht selten der bedeutende Maler Eberhard Schlotter herangezogen. Anläßlich seines 85. Geburtstages scheint es mir daher angebracht, in der ihm gewidmeten Festschrift Friedrich Schillers Briefe „Über die ästhetische Erziehung des Menschen" als Lektüre zu empfehlen.

Die Gründe für das Defizit an ästhetischer Erziehung und musischer Bildung liegen in jenem strukturellen Dilemma, das mit dem Skandalwort Pisa nur unzulänglich benannt ist.

Wo allerdings Kulturpolitik lediglich als Managementprozeß verstanden wird, bleibt nichts anderes übrig als verlegene Gesellschaftspolitik.

Eine Kulturpolitik, die nicht schon im Kindesalter den homo ludens im Zögling entwickelt und die kulturelle Sozialisation in der Phase der frühen Adoleszenz als Voraussetzung dessen sträflich vernachlässigt, was der Philosoph Dilthey als Prozeß der „Ichwerdung" definiert, diese Kulturpolitik hat ihr Ziel schon in den Wind geschlagen.

Solange es der Politik nicht gelingt, jenen Humus zu bereiten, auf dem die Lust an einer lebenslangen Teilhabe an der Kultur und an der Gestaltung des gemeinschaftlichen Lebens fest eingewöhnt wurde, solange wird sich kaum einer im Erwachsenenalter ins Theater oder ins Museum trauen.

In meinem Elternhaus hingen keine Gainsboroughs
wurde auch kein Chopin gespielt
ganz amusisches Gedankenleben
mein Vater war einmal im Theater gewesen
Anfang des Jahrhunderts
Wildenbruchs „Haubenlerche"
davon zehrten wir
das war alles.

Was Gottfried Benn in dem Gedicht „TEILS-TEILS" als häusliches Milieu seiner Kindheit schildert, bildet auch heute noch für die große Mehrheit der heranwachsenden Generation das Umfeld ihrer Entwicklung.

Die Schule fungiert noch immer als die zentrale soziale Dirigierungsstelle, die wesentlich darüber entscheidet, was einer werden kann und was nicht. Sie entscheidet über den künftigen sozialen Rang, über die Entwicklung von Wahrnehmung, die wiederum Grundlage menschlicher Erkenntnis und damit der Bewußtseinsbildung ist und mithin die Verhaltensprägung des Individuums bildet. Und das alles ist ja kein Selbstzweck, sondern Voraussetzung für erfolgreiche Zukunftsgestaltung – und nicht nur im persönlichen Leben, auch im ökonomischen, politischen und sozialen Feld.

Im Unterricht entscheidet sich, ob einer jenes kulturelle Rüstzeug mit auf den Lebensweg bekommt, das er braucht, um aus kulturellen Ressourcen seine geistige Nahrung zu ziehen.

Weil Kunst aber Kenntnisse voraussetzt, forderte Bertolt Brecht schon Mitte des letzten Jahrhunderts ultimativ, aus dem kleinen Kreis der Kenner einen großen Kreis zu machen. Solche Voraussetzungen für Lebensqualität sind aber nur dann gegeben, wenn dem Kind frühzeitig die für seine Entwicklung wesentliche ästhetische und kreative Kompetenz erschlossen wurde.

Wer die Botschaften und Metaphern in den Werken der Künste nicht zu lesen gelernt hat, dem entgehen neue zentrale Chancen, über die sinnliche Erfahrung ästhetischer Äußerungen seine Lebensqualität zu steigern. Denn nur wirkliche Wahrnehmung führt zum Erleben und zum Begreifen, was wiederum zur Erkenntnis führt. Erkenntnis ist schließlich die Voraussetzung für tätige Teilhabe an der gesellschaftlichen Entwicklung unseres Gemeinwesens.

Solange ästhetische Erziehung und musische Bildung im Schulcurriculum nicht so selbstverständlich wie Rechnen oder Sport verankert sind, wird es für neunzig Prozent der Schulabgänger nur eine beschränkte kulturelle Zukunft geben.

Friedrich Schillers Hoffnung auf „jenes schöne Erwachen der Geisteskräfte" durch die Kunstrezeption bliebe also ohne solide ästhetische und musische Basis vergebliche Liebesmüh.

Den für die Misere verantwortlichen Meinungsbildnern und Einflußagenten seien daher um so nachdrücklicher die Briefe „Über die ästhetische Erziehung des Menschen" ans Herz gelegt, die Schiller 1795 zuerst in den „Horen" veröffentlichte, also vor gut zweihundert Jahren.

Nach der Lektüre dieser Briefe wird unsere grandiose politische Kaste hoffentlich nicht nur ihr eigenes Empfindungsvermögen zu schärfen instande sein. Sie wird auch ihre Bildungspolitik entsprechend neu justieren müssen, um über die Erwekkungserlebnisse durch Kunst die Jugend zu empfindungsreichen kreativen Zeitgenossen auszubilden.

So sensibilisiert, wird sie den Weimarer Erfinder der deutschen Bildungsidee hoffentlich künftig ernstnehmen.

Dann wird sie Schillers emphatische Ortsbestimmung der Künste innerhalb der Kulturentwicklung als eine bis in unser Jahrhundert prolongierte Vision lesen, als revisionären Reflex auf Pisa.

Nach der Erfahrung der französischen Revolution wurde diese Vision schon in einer Epoche konkret, deren Signum die Aufklärung war. Schon damals war es den intellektuellen Klassikern im Dunstkreis Schillers (Herder, Wilhelm von Humboldt, Kant) Herzenssache, die Asymmetrie zwischen den lesenden und den interesselosen Zeitgenossen aufzuheben.

Die ganze Daseinsfülle kraft eigener Kompetenz genießen zu können, sollte nicht länger ein Privileg besitzender oder akademisch gebildeter Zirkel bleiben. Der sinnliche Zugang zum Universum des Wissens und zum kulturellen Kosmos muß in der Demokratie allen offenstehen zum je spezifischen und schöpferischen Gebrauch.

Schillers bis in die 70er Jahre prolongiertes kulturpolitisches Credo, heute in eine schlichte Formel übersetzt, lautet dann:

>„Kultur für alle" – und zwar
>als qualitatives Prinzip, nicht als quantitative Meßlatte.

Mit besonderem Affekt propagiert Schiller die humane Sinngebung dieses kulturellen Prozesses in seinen Briefen über die ästhetische Erziehung:

Er argumentiert mit dem Gegenspieler-Modell wider den Terror der ökonomischen Vernunft und damit gegen diejenigen, „die keinen anderen Maßstab des Wertes kennen als die Mühe des Erwerbs und den handgreiflichen Ertrag".

Blankem Nutzen widerspricht Schiller im 2. Brief als „dem großen Idol der Zeit, dem alle Kräfte fronen und alle Talente huldigen sollen". „Auf dieser groben Waage" habe „das geistige Verdienst der Kunst" aber „kein Gewicht".

Die mannigfachen Anlagen im Menschen zu entwickeln, sah Schiller kein anderes Mittel als sie in der ästhetischen Bildung zu grundieren.

Den Antagonismus der Wesenskräfte definierte er als „das große Instrument der Kultur".

In Schillers Konzept führt die „Einseitigkeit in der Übung der Kräfte" lediglich für die Gattung zur Wahrheit, für das Individuum aber zum Irrtum.

So fragt Schiller in einer schönen Wendung: „Kann aber wohl der Mensch dazu bestimmt sein, über irgendeinem Zwecke sich selbst zu versäumen?"

Das Gesamt also der Person, die damit zur Persönlichkeit wird, zu erkennen und zu pflegen, fordert er uns mit der weiterhin brisant aktuellen Einsicht auf:

„Wenn das gemeine Wesen das Amt zum Maßstab des Mannes macht, wenn es an dem einen seiner Bürger nur die Memorie, an einem anderen den tabellarischen Verstand, an einem dritten nur die mechanische Fertigkeit ehrt [...] – darf es uns da wundern, daß die übrigen Anlagen des Gemüts vernachlässigt werden [...]?"

Mit solchen Denkbahnen entsteht der Entwurf einer Zukunft als eines kulturellen Programms.

Notwendig werdende „mentale Innovationen" beziehen sich auf die Frage nach dem humanen Sinn allen Tuns und aller Anstrengung sowie nach lebensdienlichen Leitbildern des guten und richtigen Lebens.

Zu dem ethischen Programm Zukunft, zur Wegzehrung der Wissensgesellschaft auf ihrer steinigen Strecke in die Zukunft gehören unverzichtbar Kultur und Künste dazu.

Als nostalgisch empfundene Kompensation für die Verlusterfahrung in dem Mechanismus einer beschleunigten Modernisierung liefern sie nicht nur entsprechende Surrogate. Sie sind vielmehr bedeutende Mittel der Sinnfindung in metaphysisch obdachloser Zeit.

Deshalb darf es für Ideen und Visionen oder für konkrete Utopien kein Verfallsdatum geben.

Im Gegenteil. Wie wir aus der Geschichte der Philosophie lernen können, gibt es einen mehr als zweitausendjährigen Konsens gerade in der Nichtübereinstimmung in fundamentalen Grundsatzfragen:

Was ist der Mensch? Was kann er? Was will er? Was soll er wollen dürfen?

Grundfragen des Menschseins stellen sich nicht nur aus semantischer Sicht immer wieder neu für jede Zeit, für jede Situation.

Jede Generation wird sie für sich und ihre Kinder neu beantworten müssen.

Es sind dies Fragen, die ihrer Natur nach offen sind und denen nicht durch den Schein endgültiger Antworten der Horizont Zukunft verstellt werden darf.

Und just da, im antwortsuchenden Fragespiel des Ungewissen, finden wir auch den Unterschied zwischen Information und Wissen, ja auch zwischen Wissen und Erkenntnis.

Deshalb stellt Schiller seine Metaphysik des Ästhetischen in einen staats- und geschichtsphilosophischen Denkrahmen.

In Schillers politisch-ästhetischer Spekulation spielen Künste auch deshalb eine zentrale Rolle, um als Werkzeug der Kultur den Staat der Vernunft zu ermöglichen und zwar durch Ausbildung einer Kunst, die „auf die dürftige Geburt der Zeit den Maßstab des Unbedingten anwendet".

Schiller fordert von der Kunst, „aus dem Bunde des Möglichen", worunter er das Reich der Phantasie versteht, „mit dem Nothwendigen", also dem Reich der reinen Vernunft und des sittlich Wahren, „das Lebensideal zu erzeugen".

Schillers Idee von der sittlichen Erziehung des Menschen knüpft an utopische Gedanken der Aufklärung an.

Entsprechend würdigt er Ästhetik und Ethik als interdependente Größen, deren Substanz schon in der Adoleszenz ausgebildet wird.

Sie sind existentielle Fermente einer humanen Gesellschaft, die vom Ideal des freien Individuums getragen wird, das sich „im Zentrum des Ganzen" schließlich „zur Gattung steigert".

Denn: „Durch was sonst ist ein Staat groß und ehrwürdig", summiert Friedrich Schiller seine Lektion, „als durch die Kräfte seiner Individuen".

Ingrid Kranz

„ES GIBT FÜR MICH NUR FARBIGE SCHATTEN"
(Kurt Kranz)

1967/68 vertrat Eberhard Schlotter Kurt Kranz an der Hamburger Hochschule für Bildende Künste, während dieser eine Gastprofessur an der Harvard University (Cambridge) innehatte. Kurt Kranz (1910–1997) hatte bei Klee und Kandinsky am Bauhaus in Dessau studiert; er hatte ebendort die Grundklasse von Josef Albers besucht, den er als seinen eigentlichen Lehrer betrachtete. In seinen letzten Lebensjahrzehnten schuf er fast ausschließlich 'konstruktivistische' Bilder: Reihen, Variationen, Suiten, Matrixbilder, Serien parallel zur Natur.

"Er malte nicht im herkömmlich-realistischen, abbildenden Sinne. Dennoch sprach er bisweilen von farbigen Schatten, die wir gemeinsam in der Natur beobachteten, so wie bereits Goethe die farbigen Schatten in seiner Farbenlehre beschreibt.

Kurt Kranz und ich haben mit Studenten und Gymnasiasten Übungen gemacht, die es ermöglichten, von einem Objekt das farbige Nachbild wahrzunehmen, das im Auge, in ihren Augen jeweils als individuelle Farbe entstand, die Simultanfarbe.

Erforderlich ist bei übenden Augen ein helles Licht auf ruhigem Grund. Schauen wir z. B. ein hellgrünes Lineal sehr konzentriert an, um es dann fortzuziehen, wobei der Blick immer noch auf derselben Stelle ruht, sehen wir ein zartviolettrosa Lineal auf dem Tischtuch als Nachbild, das mit unserer Blickrichtung mitschwebt. Eine Orange wird bei Kerzenlicht einen dunkelblauen Schatten werfen.

Kurt Kranz machte sich die Simultanfarbe, das farbige Nachbild, in seinen Farbfeldern zunutze. Z. B. in der sechsteiligen Serie 'Hommage à Goethe'. Kranz trennt mit den 'weißen' Zentren (Drei-, Vier-, Fünf- und Sechseck) in 4 seiner Bilder die einzelnen Farbfelder nur scheinbar voneinander: Bei genauer Farbfeldbetrachtung bildet sich im Auge des farbsensiblen Betrachters eine farbige Mischung aller Simultanfarben, die je nach Farbgewichtung eine andere Farb-Balance im 'weißen' Zentrum herstellt. (Steht ein Schwarz neben einem Rot, wird das Schwarz ein Grünschwarz sein. Genauso ist es mit dem Weiß.)

Ungeübte Augen sehen die farbigen Schatten nicht gleich. Manche sind nicht bereit, sie zu sehen, aber es gibt sie doch."

(Ingrid Kranz in einem Brief an H.R., Wedel, den 11.1.2006)

Vgl. dazu:

> Das Nachbild oder der Simultankontrast als ein psycho-physiologisches Phänomen dürfte beweisen, daß kein normalsichtiges Auge, noch weniger ein sehr geschultes, gegen Farbtäuschungen gesichert ist. Wer behauptet, Farben unabhängig von ihren trügerischen Veränderungen zu sehen, führt einzig sich selbst hinters Licht und niemanden anders. <

(Josef Albers, Interaction of Color (Die Wechselbeziehungen der Farbe), Starnberg 1973, S.29)

> Goethes große gültige Leistung bestand nun in der Entdeckung, daß dieser von Lichtenberg erwähnte ‚Sukzessivkontrast' wie der von ihm (im Fall der farbigen Schatten) offenbar vermutete und damit in Zusammenhang gebrachte ‚Simultankontrast' keineswegs „zufällige" Phänomene oder gar Sinnestäuschungen darstellen. Vielmehr nannte er diese Erscheinungen ‚Physiologische Farben' – „weil sie dem gesunden Auge angehören, weil wir sie als die notwendigen Bedingungen des Sehens betrachten, auf dessen lebendiges Wechselwirken in sich selbst und nach außen sie hindeuten." Auf den in der Außenwelt vorgegebenen objektiven Farbeindruck nämlich reagiert das gesunde menschliche Auge (sukzessiv oder simultan) mit einer subjektiven Wahrnehmung der ihm aufgedrungenen, von ihm ‚geforderten' jeweiligen Kontrastfarbe:

> *„Gelb fordert Blaurot [Violett]*
> *Blau fordert Gelbrot [Orange]*
> *Purpur fordert Grün*
>
> *und umgekehrt." <*

(Albrecht Schöne, Goethes Farbentheologie, München 1987, S. 98; vgl. Goethe, Zur Farbenlehre, Leopoldina-Ausgabe I,4, S. 25 (§ 3), I,4, S. 234 (§ 810) sowie II,3, S. XXI.)

[H.R.]

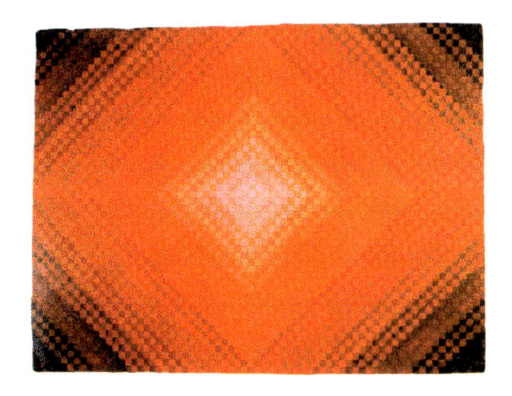

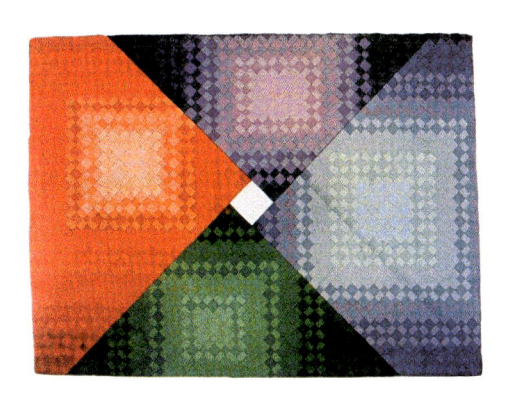

Hommage à Goethe / Sechsteilige Sequenz
Acryl auf Arches-Bütten
Tafelgröße: 57 x 76,5 cm – 6 Tafeln
1978 Suzette

Maria Friedrich

GRUSSADRESSE

Lieber Eberhard!

Ich durchbreche mit einer Gratulation, einer Grußadresse, die thematische Vorgabe „Licht. Schatten." für Deine Festschrift. Zu diesem Thema kann ich im Augenblick nichts beitragen, zu lebhaft nämlich steht gerade die Lebenszeitspanne vor meinem inneren Auge, in der wir – Heinz und ich – mit Dir umgingen.

Grund dafür ist die soeben – zwei Jahre nach seinem Tod – bei dtv erschienene Autobiographie „Heinz Friedrich. Erlernter Beruf: Keiner", in der er, im Zusammenhang mit der Gründung der „Freien Darmstädter Künstlervereinigung" in Darmstadt, auch Deine sich gerade entfaltende Persönlichkeit beschreibt.

Hier ein Auszug des Textes aus seinem Buch: „ ... Vor allem drei Generations- und Schicksalsgenossen traten mir entschlossen zur Seite: Wolfgang Lohmeyer, Walter Hilsbecher und Eberhard Schlotter: ... Eberhard Schlotter – ein genialischer junger Maler meiner Generation, der seinen künstlerischen Weg zu ertasten begann. Er suchte im Gegenständlichen das Magische, in der Farbe das Geheimnisvolle und zugleich Anschauliche. Rembrandt fühlte er sich manchmal nah und oft den Impressionisten. Aber man spürte in allen Anlehnungen (Delacroix) das Eigene. Schlotter – und das zeigt seine spätere Entwicklung – war kein Epigone oder Artist zwischen den Stilen und Zeiten, sondern ein großes Talent, das den Dialog mit den Großen brauchte, um seine eigene Sprache zu höchstem Ausdruck zu bringen. Daß auch er sich unserer Künstlervereinigung anschloß, verbuchten wir als künstlerischen und menschlichen Vertrauensbeweis par excellence. Im Oktober 1946 präsentierten wir uns und unsere „Freie Darmstädter Künstlervereinigung" im Saal der Paulus-Gemeinde in Darmstadt, der von Bomben verschont geblieben war. Lohmeyer und Hilsbecher lasen ihre Gedichte vor, ich rezitierte Szenen aus meinem Drama „Die Straße Nirgendwo", und Eberhard Schlotter stellte Gemälde, Zeichnungen und Aquarelle aus. Der Saal war gut besetzt und wir ernteten sehr freundlichen Beifall."

Noch einmal das viel beschworene Jahr 1946: Du warst unser Trauzeuge, lieber Eberhard, ein agiler, junger Mann mit lockigem, rötlichem Haar. Dein Hochzeitsgeschenk war ein kleines Ölportrait, das Du von mir gemacht hast, und zu dem ich Dir „saß". Grau-blau-grün – die Farbtöne; eine sehr nachdenklich dreinblickende, blasse junge Frau neigt den Kopf – keine, die den Sieg in der Tasche hat. Das irritierte mich damals sehr. Aber Heinz liebte das Bild. Er hängte es seinem Bett gegenüber in unserem Tusculum in Seeon auf; dort sah er es täglich, und an dieser Stelle hängt es auch heute noch.

Wie in jedem ungewöhnlichen Leben – in Deinem/Eurem, wie in unserem – ist ein einziger errungener Sieg nicht genug. Er geht verloren, muß zurückerobert, gefestigt, verteidigt, vervielfältigt werden. In dieser Phase der Rückerinnerung steht mir nicht der Sinn danach, den Vorgang „Licht. Schatten.", diese einzigartige Symbiose, zu e r k l ä r e n, da ich ihn gerade wieder in der Rückschau e r l e b e.

Also doch das Thema „Licht. Schatten."?

Nur sehr persönlich, privat – auch auf Deine Bilder bezogen, aber darüber schreiben gewiß sehr viel Berufenere in dieser Festschrift: Zwei Lebenselixiere, die, von dem einen erzeugt, miteinander in Spannung geraten – Wirkung entwickelnd, dramatisch, geheimnisvoll – manchmal auch sanft ineinander übergehend, sich verschlingend: überall im wirklichen Leben, in der Natur, in der Kunst, auf der Theaterbühne.

Das ist – das wäre – mein Beitrag, lieber Eberhard, wenn es erlaubt ist, zu Deiner Festschrift zu Deinem 85. Geburtstag – natürlich mit vielen guten Wünschen.

Dein Freund Heinz Friedrich, mein Mann, konnte ihn nicht mehr schreiben, wie er es noch zu Deinem 70. Geburtstag getan hat. Ich habe es auf meine Weise versucht.

Maria

Eberhard Schlotter
Maria Friedrich, geb. Maser
1946

Gotthelf Schlotter

MIT DANK

Dir, lieber Eberhard, herzlichen Glückwunsch zum 85. Geburtstag und mit Dank für Deine Hilfe beim Einstieg in den Beruf.

Dein Bruder Gotthelf

Gotthelf Schlotter, Skulptur für Bargfeld, Wachsform 2005/2006

Enthüllung der Bronze-Plastik „Der Ruf der Kraniche"
am 23. April 2006 durch den Celler Landrat in Bargfeld

Ursula und Heiko von der Leyen

ONKEL EBERHARD ZUM FÜNFUNDACHTZIGSTEN

Eberhard Schlotter, den Arno Schmidt einmal als den „größten Illustrator des Jahrhunderts" bezeichnet hat, ist am 3. Juni zur Welt gekommen und gehört damit dem Sternbild der Zwillinge an. Diesen werden von den Astrologen wie dem antiken Gott Ianus zwei diametral entgegengesetzte „Persönlichkeiten", wie zwei Seiten der gleichen Medaille, zugeschrieben. Und in der Tat weist das große Werk Eberhard Schlotters sehr unterschiedliche Stationen auf.

Vor diesem Hintergrund ist das Motiv von „Licht und Schatten", das über dieser Festschrift steht, als zwei Variationen eines Themas eine denkbar gute Wahl.

„Licht – Schatten", dieses Gegensatzpaar ruft eine Fülle von Assoziationen wach, darunter an erster Stelle Platons berühmtes Höhlengleichnis. „Eines Schatten Traum sind Menschen", heißt es bei dem antiken Dichter Pindar.

Licht und Schatten sind Gegensätze und gehören doch – oder gerade deshalb untrennbar zusammen.

„Wo viel Licht ist, ist starker Schatten", lautet ein berühmtes Zitat aus Goethes Götz von Berlichingen. Dies gilt auch für den Bereich der Familienpolitik. Es liegt in der Natur der Sache, dass man wenig über die große Mehrheit der Familien spricht, die ihren Aufgaben hervorragend nachkommt und im Alltag kaum oder gar nicht auffällt. Ihre Leistung wird als selbstverständlich empfunden oder als „private Angelegenheit" abgetan. Dass sie weder das eine noch das andere ist, zeigt die demographische Entwicklung, deren Folgen, nicht nur für die sozialen Sicherungssysteme, sondern für unsere Gesellschaft insgesamt, lange unterschätzt wurden.

Ein Land ohne Nachwuchs ist im wahrsten Sinne des Wortes ein aussterbendes Land. Ein Land ohne Kinder ist aber auch ein Land ohne Kraft und Zuversicht. Es muss uns alle mit Besorgnis erfüllen, wenn das Statistische Bundesamt meldet, dass die Zahl der kinderlosen Ehepaare zum erstenmal größer ist als die der Paare mit Kindern. Das ist eben nicht nur eine Privatangelegenheit, denn die Kinder von heute sind die Erwachsenen von morgen. Die Erwachsenen, die durch Arbeit und innovative Forschung Wachstum schaffen, die durch ihre Beiträge das Überleben unserer sozialen Sicherungssysteme gewährleisten und die uns zur Seite stehen, wenn wir alt, krank oder pflegebedürftig sind. Kinder sind aber nicht nur „Mittel zum Zweck", ökonomische Notwendigkeit, um die Renten zu sichern, sie sind vor allem ein Quell der Freude und des Glückes. Das Leben mit Kindern bereichert und gibt Kraft für alle anderen Bereiche des Alltags. So ist das Wort von Novalis zu verstehen: „Wo Kinder sind, da ist ein goldenes Zeitalter."

Dieses goldene Zeitalter werden wir im 21. Jahrhundert nur dann erreichen, wenn alle gesellschaftlichen Gruppen an einem Strang ziehen. Statt ideologisch befrachtete Vorurteile weiter zu pflegen und vermeintliche „Rabenmütter" gegen die „Heimchen am Herd" auszuspielen, müssen wir alles daran setzen, die Rahmenbedingungen dafür zu schaffen, dass Familien ihre persönlichen Lebensentwürfe verwirklichen können.

Auf der politischen Agenda müssen deswegen drei Ziele ganz oben stehen:

1. Angesichts der demographischen Entwicklung sind Kontakte zwischen Alt und Jung nicht mehr selbstverständlich. Und wir wissen aus Erfahrung, dass Entfremdung sehr rasch zu Mißverständnissen und Konflikten führen kann. Erschwerend kommt hinzu, dass sich auch die Familienstrukturen verändert haben, so dass Erfahrungswissen und Alltagskompetenzen nicht mehr selbstverständlich weitergegeben werden. Deshalb brauchen wir ergänzend zu den Institutionen, die sich an bestimmte Altersgruppen richten, wie Senioreneinrichtungen, Mütterzentren oder Kindergruppen, Orte, an denen sich die Generationen begegnen können. Solche Orte sind zum Beispiel die Mehrgenerationenhäuser. Weitgehend selbstständig, im Rahmen ihrer Kenntnisse und Fähigkeiten, können Menschen aller Lebensalter hier gemeinsam den Alltag gestalten. Und die große Resonanz bei der Einführung der ersten Häuser zeigt, dass es ein Bedürfnis dafür gibt. Wir können die Großfamilie vergangener Tage nicht künstlich wiederbeleben, aber wir können dazu beitragen, ihre positiven Errungenschaften in moderne Sozialpolitik zu „übersetzen".

2. Wir befinden uns derzeit in einer Phase des Übergangs von der Industrie- zur Wissensgesellschaft; die damit einhergehenden Veränderungen erzeugen, gerade auch vor dem Hintergrund der Globalisierung, Ängste und Unsicherheiten. In diesem Zusammenhang wird der Begriff Familie oft romantisch als idyllischer Rückzugsort verklärt. Familie ist, auf einen kurzen Nenner gebracht, heile Welt. Dabei dürfen wir jedoch nicht übersehen, dass es auch Paare gibt, die Hilfe benötigen. Erziehung steht im 21. Jahrhundert zwar vor neuen, anderen Herausforderungen, ist aber deswegen nicht einfacher geworden. Gerade benachteiligte Kinder brauchen unsere Hilfe, und zwar bevor sie auffällig geworden sind. Untersuchungen haben gezeigt, dass es wichtig ist, so früh wie möglich, idealerweise bereits vor der Geburt oder am Lebensanfang, ein Netz der Hilfe zu weben. Ein Netz, das die Kinder auffängt und sie stark macht für die Wechselfälle des Lebens. Wir können es uns weder ideell noch finanziell weiter leisten, diese Kinder zu vernachlässigen. Gezielte Frühförderung trägt dazu bei, dass diese Kinder und Jugendlichen ihr Potential entfalten können und „Sozialhilfekarrieren" über mehrere Generationen durchbrochen werden.

3. Eine, wenn nicht sogar die zentrale, Herausforderung moderner Familienpolitik ist es schließlich, die Vereinbarkeit von Beruf und Familie zu ermöglichen. In Deutschland ist es immer noch so, dass junge Menschen vor einer Vielzahl von Problemen stehen, wenn sie sich beruflich etablieren und zugleich ihren Kinderwunsch verwirklichen wollen. Wir haben heute hervorragend ausgebildete junge Frauen, aber statt uns diesen volkswirtschaftlichen „Schatz" zu Nutze zu machen, stellen wir sie vor die Entscheidung: entweder Kinder oder Beruf. Dabei haben uns unsere europäischen Nachbarn längst vorgemacht, dass es möglich ist sich beruflich zu engagieren, ohne dass die Kinder Schaden nehmen. Die Berufstätigkeit der Mutter sagt für sich genommen noch nichts über das Kindeswohl aus. Vielmehr gibt es eine Reihe von Faktoren, die in diesem Kontext berücksichtigt werden müssen: wie sieht die Betreuung aus, gibt es Geschwister, in welcher Form bringt sich der Vater ein usw. Deshalb brauchen wir langfristig einen Mentalitätswechsel. Statt tradierte Rollenbilder zu pflegen oder das alte Vorurteil der Rabenmutter neu zu beleben, müssen wir alles tun, damit Paare ihre individuellen Lebensentwürfe verwirklichen können. Das hat nichts mit „Zeitgeist", aber sehr viel mit Gleichstellung und mit einer Anerkennung der Realitäten zu tun. Hier ist neben der Politik vor allem die Wirtschaft gefordert, die Rahmenbedingungen für die Vereinbarkeit von Beruf und Familie herzustellen. Zu ihrem eigenen Nutzen, denn es gibt unabhängige Studien, die beweisen, dass sich familienfreundliche Maßnahmen für Unternehmen rentieren. Eltern sind flexibel, belastbar, erfahren in „Multi-Tasking" und hochmotiviert.

Wenn wir nach diesem kurzen Exkurs wieder zu unserem Ausgangsthema „Licht und Schatten" zurückkehren, soll ein Wort von Nietzsche zitiert werden, der gesagt hat: „Du sollst Dich der Sonne zuwenden, nicht dem Schatten." Diese pragmatische Sichtweise läßt sich auch ein Stück weit auf die Politik übertragen. Es mag medienwirksam sein, die „demographische Zeitbombe" zu beschwören, effektiv ist es nicht. Kennzeichen einer nachhaltigen Politik, die über den Tag hinaus denkt, muss es vielmehr sein, Handlungsoptionen und Lösungskonzepte zu entwickeln.

Hier kann Eberhard Schlotter Vorbild sein, der sich immer wieder neu erfunden hat, und sich dabei doch stets treu geblieben ist. Denn nicht nur aus künstlerischer Sicht gilt: Licht und Schatten sind immer auch eine Frage der Perspektive.

Rolf Becks

IM SCHATTEN DES ORAKELBAUMS
oder
MÖGLICHKEITEN UND GRENZEN DER ZUKUNFTSFORSCHUNG

1. Zukunftsforschung und Planung

Soziale Systeme müssen, um handlungsfähig zu sein, Entscheidungen treffen. Entscheidungen, Grundlage jeden bewußten Handelns, können sowohl improvisiert (gleichsam aus dem Stegreif) als auch planmäßig getroffen werden. Je größer die Tragweite einer Entscheidung und der aus ihr resultierenden Handlung ist, desto größer ist die Verantwortung des Entscheidungsträgers. Und je größer die Verantwortung des Entscheidungsträgers für sein Tun oder Unterlassen ist, desto bedeutsamer ist es, die anstehende Entscheidung durch Planung vorzubereiten.

Planung, ein Prozeß, welcher der Entscheidung vorgelagert ist, beinhaltet:
1. das Erkennen gegenwärtiger und künftiger Problemlagen,
2. das Festlegen von Zielen,
3. das Bestimmen gegenwärtiger und zukünftiger Handlungsspielräume,
4. das Aufstellen von Handlungsalternativen (d.h. von Ziel-Mittelsystemen),
5. das Abschätzen der vermutlichen Folgen der einzelnen Alternativen sowie
6. das Bewerten der Alternativen im Hinblick auf ihre wahrscheinlichen Konsequenzen.

Diese sechs Planungsschritte münden
- in die Entscheidung für eine (aus der Sicht des Planers: die beste) Alternative sowie
- in die praktische Umsetzung der Entscheidung, in das Handeln.

Auf allen Stufen des hier skizzierten Planungsablaufs sind zukunftsgerichtete Informationen zu verarbeiten. Planvolles Handeln ist grundsätzlich an der nahen oder fernen Zukunft orientiert. „Gouverner c'est prévoir", besagt ein französisches Sprichwort. Und Sun Tzu, der Großmeister strategischen Denkens und Handelns, konstatiert: „Der Grund, warum kluge Herrscher und gute Heerführer den Feind schlagen, wo auch immer er sein mag, und warum ihre Leistungen die Taten gewöhnlicher Menschen übersteigen, ist das Vorauswissen."[1] Je präziser unsere Vorstellungen von künftigen Zuständen und Abläufen sind, desto verantwortlicher können wir handeln. Ob eine Entscheidung gut oder schlecht gerät, hängt weitgehend von der Qualität der zukunftsbezogenen Informationen ab, die zur Entscheidungsvorbereitung herangezogen werden.

Diese für den Planungs- und Entscheidungsprozeß so essentiellen zukunftsorientierten Informationen bereitzustellen, ist die vornehmste Aufgabe der Zukunftsforschung. Unter Zukunftsforschung, auch Futurologie oder Futures Research geheißen, verstehe ich alle systematischen Bemühungen, die darauf gerichtet sind, Informationen über die Zukunft von Natur und Kultur zu liefern. Die systematische Gewinnung und Aufbereitung zukunftsbezogener Informationen ist ein multi- und interdisziplinäres Unterfangen. Zukunftsforschung steht also im Dienst der Planung.

Für den Prozeß der Entscheidungsvorbereitung sind zwei Arten von zukunftsorientierten Aussagen relevant:
a) die positivistischen Prognosen und
b) die normativen Projektionen.

Ich werde mich zunächst der positivistischen Prognostik, dem harten Kern der Zukunftsforschung, zuwenden.

2. Positivistische Prognostik

2.1 Begriff und Aufgaben der positivistischen Prognostik

Positivistische Prognosen sind durch Argumente gestützte Aussagen darüber, was unter bestimmten Bedingungen wahrscheinlich geschehen wird. Positivistische Prognosen geben Antworten auf die Frage „Was wird sein, wenn ... ?". Der Entscheidungsträger benötigt möglichst zuverlässige Antworten auf diese Frage, damit

- wirtschaftliche und gesellschaftliche Herausforderungen
  (d.h. Gestaltungsaufgaben) rechtzeitig erkannt,
- Handlungsspielräume frühzeitig abgesteckt und
- Handlungsalternativen zur Bewältigung anstehender Probleme beizeiten entwickelt werden können.

Die positivistische Prognostik fungiert also gleichsam als ein gesellschaftliches Radarsystem, welches sowohl sich bietende Chancen als auch aufziehende Gefahren frühzeitig meldet.

Je nachdem, wie weit sich die Vorhersage in die Zukunft erstreckt, unterscheidet man zwischen kurz-, mittel- und langfristigen Prognosen. Kurzfristige Prognosen beziehen sich nach üblicher Auffassung auf einen Zeitraum bis zu drei Monaten. Mittelfristige Voraussagen betreffen einen Zeitraum zwischen drei Monaten und zwei Jahren. Zukunftsorientierte Aussagen, deren zeitlicher Horizont über die Zweijahres-Marke hinausreicht, gelten gemeinhin als langfristig.

2.2 Der deduktive Prognoseansatz und die Grenzen der positivistischen Prognostik

Die Voraussage eines singulären (d.h. eines räumlich und zeitlich bestimmten) Ereignisses, wird aus mindestens einer empirisch gehaltvollen Hypothese sowie einer zutreffenden Beschreibung der Anwendungsbedingungen des zu prognostizierenden Ereignisses abgeleitet; Abb.1.

Abb. 1: Positivistische Prognostik;
    das deduktive Prognosemodell (Hempel/Oppenheim)

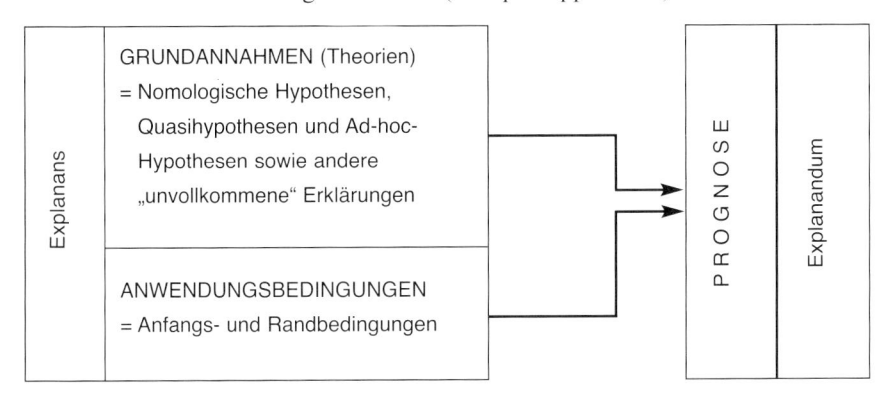

```
                  GRUNDANNAHMEN (Theorien)
                  = Nomologische Hypothesen,
   Explanans      Quasihypothesen und Ad-hoc-         PROGNOSE    Explanandum
                  Hypothesen sowie andere
                  „unvollkommene" Erklärungen

                  ANWENDUNGSBEDINGUNGEN
                  = Anfangs- und Randbedingungen
```

Bei den Hypothesen, auf welche der Zukunftsforscher seine Vorhersagen gründet, handelt es sich um
• nomologische Hypothesen,
• Quasihypothesen und
• Ad-hoc-Hypothesen und andere unvollkommene Erklärungen.

Nomologische Hypothesen sind generelle Aussagen über die Beschaffenheit der Realität. Sie unterliegen keiner räumlichen und zeitlichen Einschränkung, lassen sich als Konditionalsätze (als „Wenn-dann-Aussagen") formulieren und sind empirisch hinreichend begründet. Nomologische Hypothesen behaupten, daß unter ganz bestimmten Bedingungen immer und überall ganz bestimmte Wirkungen auftreten. [2] Für die Erklärung und Prognose von Vorgängen im Reich der unbelebten Natur können wir uns auf empirisch gut fundierte Hypothesen in Form der sogenannten Naturgesetze stützen. Über das Verhalten sozialer Systeme lassen sich jedoch keine allgemeingültigen Aussagen machen. Bei der Erklärung und Vorhersage der Entscheidungen und Handlungen von Personen und Personengruppen müssen wir deshalb auf weniger verläßliche Grundannahmen, nämlich auf Quasihypothesen und Ad-hoc-Hypothesen zurückgreifen.

Quasihypothesen sind einigermaßen robuste Aussagen, deren Gültigkeit sich aber lediglich auf einen ganz bestimmten Zeitabschnitt, auf einen bestimmten Kulturkreis oder auf eine ganz bestimmte Personengruppe erstreckt. [3] Als Beispiel sei auf die unterschiedlichen gesamtwirtschaftlichen Konsumfunktionen verwiesen. Wir verfügen über keine Konsumfunktion, die überall und zu jeder Zeit gültig ist. Aber für ganz bestimmte Volkswirtschaften können wir während einer gewissen Zeitspanne mit „maßgeschneiderten" Funktionen das Verbraucherverhalten einigermaßen gut erklären.

Bei Ad-hoc-Hypothesen und anderen unvollkommenen Aussagen werden lediglich bestimmte Erfahrungen zu Tendenzaussagen verallgemeinert. So geht man beispielsweise davon aus, daß mit wachsenden Steuer- und Abgabelasten der Umfang der schwarzwirtschaftlichen Aktivitäten zunimmt.

Das Wirksamwerden der in den Hypothesen formulierten Gesetzmäßigkeiten ist an bestimmte Bedingungen, die Anwendungsbedingungen, geknüpft. Bei den Anwendungsbedingungen handelt es sich zum einen um die Anfangsbedingungen und zum anderen um die Randbedingungen des zu prognostizierenden Ereignisses. Die Anfangsbedingungen kennzeichnen die Ausgangslage eines Systems bzw. die auslösenden Momente eines Geschehens. Die Randbedingungen (rsp. die Nebenumstände) charakterisieren diejenigen Einflüsse, welche von der Umgebung (rsp. vom Umfeld) auf das System oder das Geschehen ausgehen. Die Beschreibung der Anwendungsbedingungen erfolgt in Form singulärer Aussagen. Die Prognose, welche aus der (den) vorliegenden Hypothese(n) und den Anwendungsbedingungen abgeleitet wird, hat ebenfalls singulären Charakter.

Die Güte einer Prognose hängt davon ab, – wie sicher die ihr zugrunde liegenden Hypothesen sind und – wie zuverlässig unsere Kenntnis der Anwendungsbedingungen ist. Diese beiden Bausteine einer Vorhersage erweisen sich aber als nur bedingt belastbar.

Realwissenschaftliche Hypothesen, Argumentationsbasis jeder rational begründeten Prognose, sind nicht verifizierbar. Bei jeder Hypothese besteht grundsätzlich die Möglichkeit, daß sie irgendwann an der Erfahrung scheitert. Eine Hypothese, welche bislang durch hinreichend strenge Falsifizierungsversuche nicht widerlegt wurde, besitzt lediglich den Status einer „vorläufig bewährten" Aussage. Die bisherige Bestätigung einer Hypothese ist jedoch kein Beweis für ihre Sicherheit bzw. Wahrheit. [4] Da die Hypothesen zur Erklärung der Realität niemals als sicher bzw. wahr gelten können, sind auch die aus ihnen abgeleiteten Vorhersagen stets mit dem Makel der Unsicherheit behaftet. Wir unterstellen, daß Hypothesen, welche in zahlreichen Härtetests nicht erschüttert werden konnten, eine zuverlässigere Grundlage für Prognosen abgeben, als Hypothesen mit einem geringen Bewährungsgrad.

Damit Hypothesen zu prognostischen Zwecken verwendet werden können, müssen ihre Anwendungsbedingungen zum Zeitpunkt der Prognoseerstellung allesamt bekannt sein. Im Regelfall sind die Anwendungsbedingungen nicht zeitstabil (im

Zeitablauf nicht konstant); sie müssen also selbst wieder mit Hilfe von passenden Hypothesen und deren Anwendungsbedingungen vorhergesagt werden. Doch die Vorhersage der Anwendungsbedingungen der zweiten Prognosestufe bedingt ihrerseits die Kenntnis weiterer Anwendungsbedingungen. Der Versuch, die zukünftigen Anwendungsbedingungen zu bestimmen, führt also zu einem unendlichen Regreß; Abb.2. „Dieser infinite Regreß ließe sich nur in sog. geschlossenen Systemen durchbrechen, ... wie es z.B. hinreichend zuverlässig in Experimentsituationen der Naturwissenschaften erreichbar ist. In den Sozialwissenschaften können solche Systeme nicht vorausgesetzt und auch nicht konstruiert werden." [5] Da der unendliche Regreß praktisch nicht durchführbar ist, weicht man ihm im prognostischen Alltag gewöhnlich dadurch aus, daß man

- den vielstufigen Prozeß der Vorhersage von Anwendungsbedingungen nach dem ersten Schritt einfach abbricht oder
- Ad-hoc-Hypothesen über die Geltung der Anwendungsbedingungen im Prognosezeitraum aufstellt oder
- die Anwendungsbedingungen als Größen interpretiert, welche durch unser Handeln manipuliert werden können.

Die Umgehung des unendlichen Regresses mit Hilfe von Ausweichmanövern führt jedoch dazu, daß den zu erstellenden Prognosen äußerst fragwürdige Prämissen bezüglich der Anwendungsbedingungen zugrunde gelegt werden.

Je weiter sich eine Vorhersage von der Gegenwart entfernt, desto größer ist das Risiko, daß die Voraussetzungen, die der Prognose zugrunde liegen, hinfällig werden und daß neue Wirkkräfte, welche im Prognoseansatz nicht berücksichtigt wurden, das zu prognostizierende Geschehen beeinflussen.

Die Ausführungen über das Ableiten von Vorhersagen aus Hypothesen und Anwendungsbedingungen machen die Grenzen deutlich, welche der positivistischen Prognostik gezogen sind.

Das ernüchternde Fazit, welches aus den methodologischen Überlegungen zu ziehen ist, lautet:

1. Alle begründeten Aussagen über zukünftige Zustände und Abläufe sind mehr oder weniger unsicher.
2. Die Zuverlässigkeit von Prognosen nimmt im allgemeinen mit der Ausweitung des Prognosezeitraums ab.

Welche Wege der Zukunftsforscher beschreitet, um dem Planer und Entscheider einigermaßen valide zukunftsbezogene Informationen zur Verfügung zu stellen, sei im folgenden dargelegt.

Abb. 2: Positivistische Prognostik; der unendliche Regreß

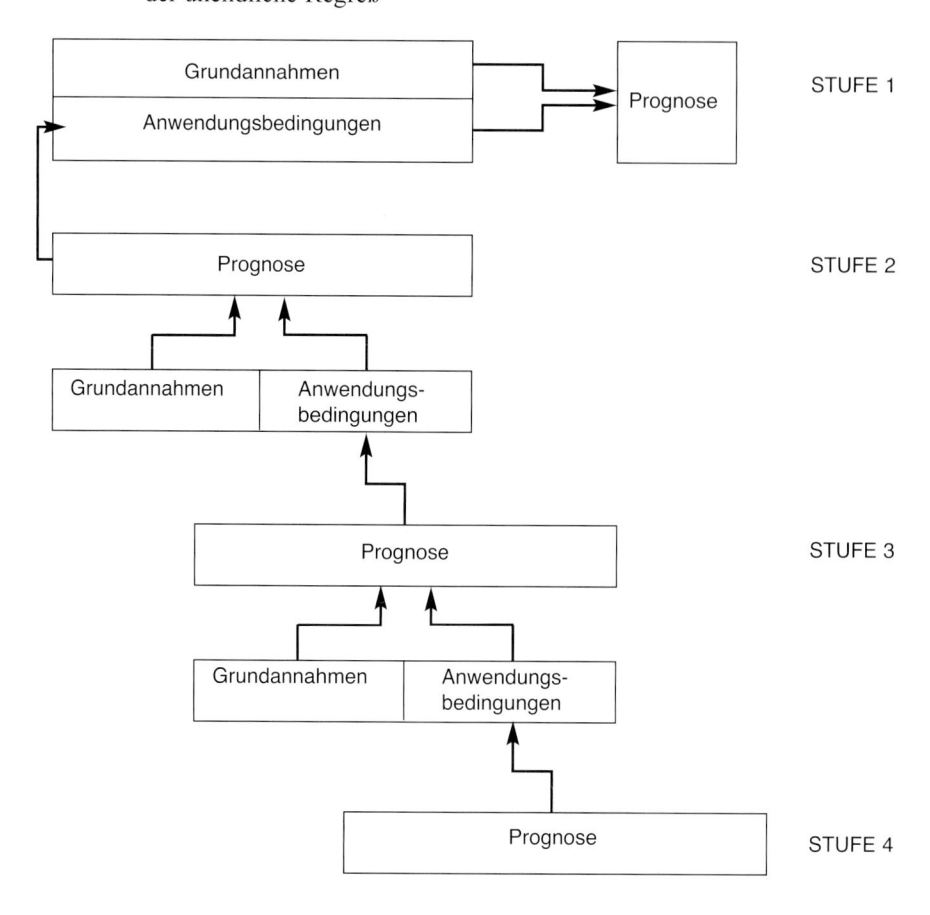

2.3 Verfahren der positivistischen Prognostik

Der Zukunftsforscher kann sich auf eine beachtliche Anzahl erprobter Verfahren zur Gewinnung von begründeten Aussagen über zukünftige Sachverhalte stützen. Das Instrumentarium des Prognostikers läßt sich grob in zwei Kategorien gliedern: auf der einen Seite das breite Band quantitativer Methoden, auf der anderen Seite das gewichtige Paket der heuristischen Vorhersagetechniken; Abb.3.

Die quantitativen Verfahren werden vor allem in der Kurz- und Mittelfristprognostik eingesetzt. Aber auch der Langfristprognostiker bedient sich gelegentlich diverser Werkzeuge aus dem quantitativ ausgerichteten Programmblock. Die heuristischen Verfahren sind dadurch gekennzeichnet, daß theoretische Erkenntnisse, praktische Erfahrungen und auch die Intuition von Fachleuten unmittelbar zur Ableitung von Vorhersagen genutzt werden. Der Wissensschatz, den ein Fachmann im Laufe seines bisherigen Lebens erworben hat, dient dem Zukunftsforscher, welcher mit heuristischen Methoden arbeitet, als die entscheidende Grundlage seiner Prognosen. Aus dem umfangreichen instrumentalen Repertoire des Zukunftsforschers seien im Rahmen dieses Beitrags drei Verfahren beispielhaft vorgestellt:

1. die „naive" Trendextrapolation,
2. die Delphi-Technik und
3. die Szenario-Technik.

Abb.3: Positivistische Prognostik;
Taxonomie der Vorhersageverfahren

(primär) quantitative Verfahren	qualitative Verfahren (= heuristische rsp. intuitiv-kreative Verfahren)
• zeitreihengestützte Verfahren Prognosezeitraum: kurz (bis mittel)	• Repräsentativbefragungen (zwecks Erstellung von Absatzprognosen etc.) Prognosezeitraum: kurz
• modellgestützte Verfahren Prognosezeitraum: kurz und mittel	• Delphi-Technik Prognosezeitraum: (mittel und) lang • Szenario-Technik Prognosezeitraum: (mittel und) lang

2.3.1 Die „naive" Trendextrapolation

Mark Twain

Wenn ich es nun machen wollte wie jene gewichtigen Gelehrten und nach dem, was in jüngster Zeit geschah, zu beweisen anfangen wollte, was in der fernen Vergangenheit sich ereignet hat oder in der fernen Zukunft geschehen wird, so hätte ich hier die günstigste Gelegenheit! Man beachte gefälligst: Im Laufe von 176 Jahren hat sich der untere Mississippi um 242 Meilen verkürzt – also im Durchschnitt um etwas mehr als 1 1/3 Meilen jährlich. Es kann also jedermann, der nicht blind oder blödsinnig ist, genau erkennen, daß in der alten oolithischen silurianischen Periode (nächsten November werden's gerade eine Million Jahre) der untere Mississippi über 1300000 Meilen lang war und wie eine Angelrute über den Golf von Mexiko hinausragte; und aus demselben Grund kann jeder vernünftige Mensch sehen, daß der untere Mississippi heute über 742 Jahre nur noch 1 3/4 Meilen lang sein, die Straßen von Kairo (im Staate Illinois, R.B.) und New-Orleans aneinanderstoßen und die beiden Städte unter einem Bürgermeister und gemeinsamen Stadtrat weiter arbeiten werden. Es ist etwas Bezauberndes um die Wissenschaft: man erhält so bedeutende Zinsen an Mutmaßungen für eine so geringe Kapitalanlage an Thatsachen.[6]

Die „naive" Trendextrapolation, welche der quantitativen Prognostik zuzuordnen ist, ist wegen ihrer einfachen Handhabung ein häufig praktiziertes Verfahren. Bei der „naiven" Trendextrapolation, einem Vorhersagekonzept ohne Ursachenforschung, handelt es sich darum, in der Vergangenheit liegende Daten einer Zeitreihe, sofern sie ein klares Schema erkennen lassen, über ihren gegenwärtigen Endpunkt hinaus weiterzuführen. Die Fortschreibung historischer Daten geschieht unter der Annahme, daß der zeitliche Ablauf eines Prozesses, so wie er in der Zeitreihe zum Ausdruck kommt, auf das Wirken von bestimmten Gesetzmäßigkeiten zurückzuführen ist und daß diese Gesetzmäßigkeiten auch in der Zukunft den Verlauf der Zeitreihe bestimmen. Um welche Gesetzmäßigkeiten es sich eigentlich handelt, wird bei der „naiven" Trendextrapolation nicht näher untersucht. Es wird einfach unterstellt, daß jeder Wert der Zeitreihe „das Ergebnis sämtlicher zu diesem Zeitpunkt wirksam gewordener Einflüsse verkörpert. Der Zeitfaktor dient stellvertretend zur Beschreibung der 'herrschenden Tendenz'."[7]

Die Fragwürdigkeit dieser Prämissen ist offenkundig; der Einsatz der „naiven" Trendextrapolation ist m.E. deshalb nur im Rahmen der Kurzfristplanung und -prognostik vertretbar.

Das Hauptproblem des Trendverlängerers besteht darin, die mathematische Funktion zu finden, welche einigermaßen auf die Vergangenheitsdaten paßt und darüberhinaus auch plausibel ist.[8] Durch Einsetzen zukünftiger Zeitpunkte in die ermittelte Trendfunktion lassen sich sodann die gewünschten Prognosewerte ablesen. Im Rahmen einfacher Trendfortschreibungen werden gewöhnlich vier Funktionsverläufe in Betracht gezogen:

• der lineare,
• der exponentielle,
• der quadratische und
• der einer Sättigungsgrenze zustrebende Trend; Abb.4.

Lineare Trendfunktionen (s.Abb.4a) sind durch gleichgroße absolute Veränderungen je Zeiteinheit gekennzeichnet. Die Verwendung linearer Trendfunktionen ist geboten, wenn angenommen werden darf, daß sich ein Wachstums- oder Schrumpfungsprozeß vollkommen unabhängig vom jeweils erreichten Niveau vollzieht.

Bei exponentiellen Kurvenverläufen (s.Abb.4b) ist die Veränderungsrate konstant; der durch die Funktion beschriebene Prozeß verändert sich je Zeiteinheit um den gleichen Prozentsatz. Die Exponentialfunktion erweist sich als passende Trendform, wenn davon auszugehen ist, daß sich der zu untersuchende Prozeß pro Zeitabschnitt jeweils proportional dem erreichten Niveau verändert.

Lineare und exponentielle Trends besitzen weder einen Kulminations- noch einen Wendepunkt. Die lineare oder exponentielle Verlängerung von Vergangenheitswerten ist also nur dann statthaft, wenn weder eine Tendenzwende noch eine Sättigung des zu beobachtenden Prozesses zu erwarten ist.

Der quadratische Trend (s.Abb.4c) besitzt einen (oberen oder unteren) Umkehrpunkt. Der Rückgriff auf eine quadratische Funktion ist angebracht, wenn bei einem zu prognostizierenden Vorgang mit einem Tendenzumschwung (einem „Umkippen" der bisherigen Entwicklung) gerechnet werden muß.

Sättigungsfunktionen (s.Abb.4d) streben einem endlichen Grenzwert (einem Sättigungsniveau) zu. Die Einpassung einer Sättigungskurve in vorliegende Daten ist gerechtfertigt, wenn man davon ausgehen kann, daß der Expansionsspielraum eines Prozesses begrenzt ist. So gehorchen die Verbreitung eines Gerüchts, die Ausbreitung einer ansteckenden Krankheit oder der Absatz von Gütern häufig einem Sättigungsgesetz.

Abb. 4: Einige markante Trendfunktionen

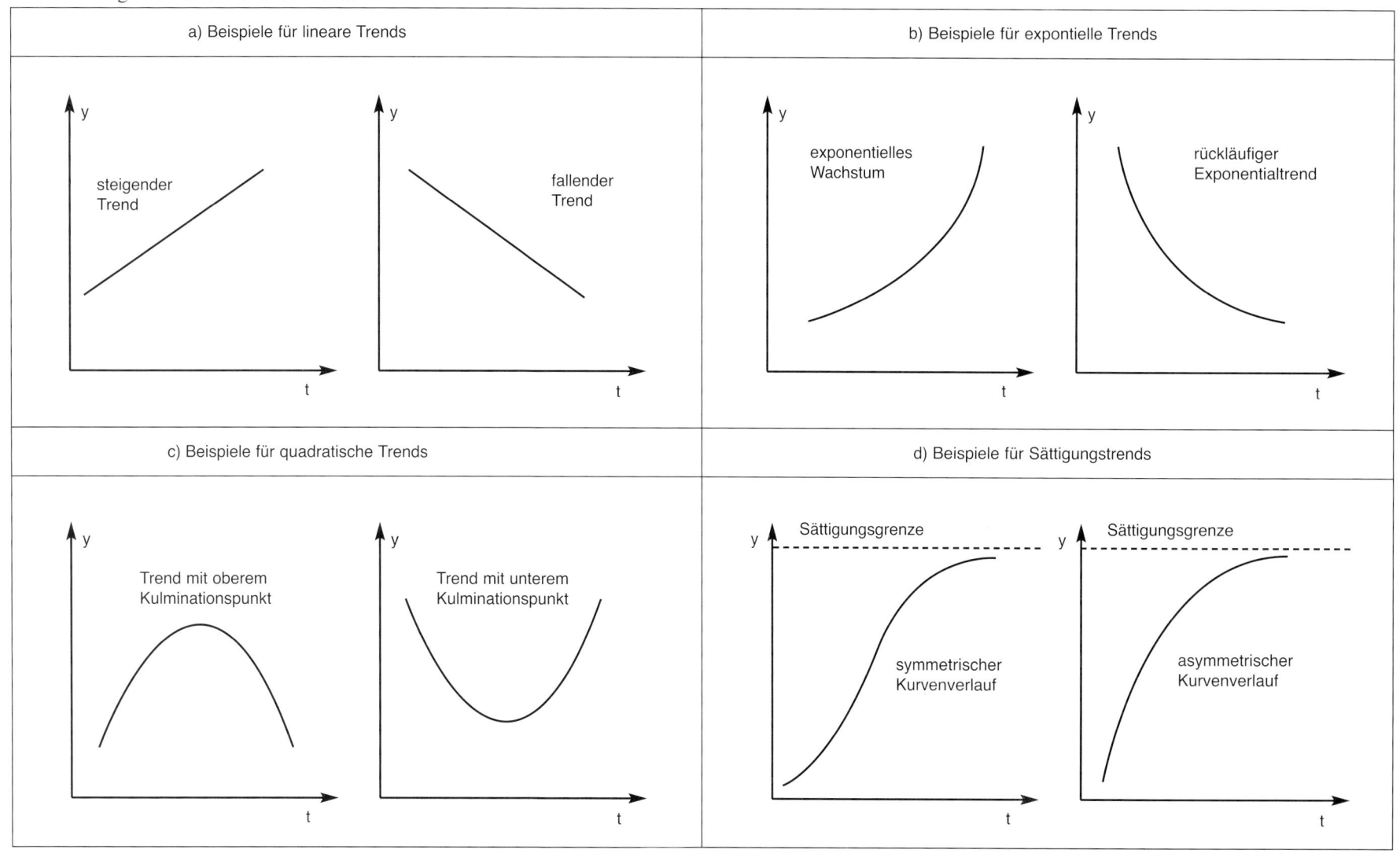

2.3.2 Die Delphi-Technik

Die Delphi-Technik ist eine spezielle Form der iterativen Expertenbefragung. Sie wurde Ende der 1950er Jahre von Olaf Helmer und seinen Mitarbeitern bei der RAND Corporation entwickelt [9] und vermochte sich sehr schnell als ein wichtiges Instrument der Langfristprognostik zu etablieren. Die besonderen Merkmale der Delphi-Technik lassen sich wie folgt zusammenfassen:

1. Die Befragten sind ausgewiesene Fachleute auf dem zu untersuchenden Gebiet.
2. Die Experten bleiben untereinander anonym. Durch den Verzicht auf jede Art von direktem Meinungsaustausch soll der Einfluß bestimmter sozialpsychologischer Faktoren (wie beispielsweise die Dominanz einzelner Gruppenmitglieder) verringert und somit eine möglichst unabhängige Urteilsbildung ermöglicht werden.
3. Die individuelle Befragung erstreckt sich über mehrere Runden, wobei die Fragen von Runde zu Runde präzisiert werden.
4. Es findet eine Meinungsrückkopplung statt.

Ziel des Delphi-Verfahrens ist es, zu ganz konkreten Zukunftsfragen ein fachlich fundiertes Meinungsbild zu gewinnen.

Bei der Erstellung einer Delphi-Studie geht der Zukunftsforscher in etwa wie folgt vor. Ein Projektteam formuliert die Aufgabenstellung und nimmt die Auswahl der Experten sowie deren Berufung vor. In der ersten Runde wird jeder Experte schriftlich aufgefordert, Ereignisse auf dem zu untersuchenden Gebiet zu benennen, welche ihm als besonders wichtig erscheinen und nach seiner Einschätzung innerhalb des vom Projektteam vorgegebenen Prognosezeitraums eintreten könnten. Das Projektteam erstellt auf der Grundlage der Expertenaussagen sowie auch eigener Studien einen Katalog möglicher zukünftiger Ereignisse. Dieser Katalog wird im zweiten Durchgang den Experten mit der Bitte zugeleitet, für jedes aufgeführte Ereignis den wahrscheinlichen Zeitraum seines Eintretens zu benennen. Die Antworten werden vom Projektteam statistisch ausgewertet und aufbereitet. Dabei wird für jedes einzelne Ereignis die Gesamtverteilung der individuellen Schätzungen mit Hilfe spezieller Kennzahlen beschrieben. In Kenntnis dieser Informationen geben die Experten in einem dritten Durchlauf eine weitere Prognose ab. Experten, welche „extreme" Einschätzungen vornehmen, sind gehalten, ihre Außenseiterposition zu begründen. Die Projektleitung nimmt eine Auswertung der Neueinschätzungen vor und erstellt eine Übersicht der von den „Dissidenten" genannten Gründe für ihre Sondervoten. In der vierten und abschließenden Runde werden die Teilnehmer mit dem Ergebnis des vorhergehenden Durchgangs konfrontiert und aufgefordert, eine letzte Überprüfung der Schätzwerte vorzunehmen. Das Projektteam wertet die endgültigen Antworten der Experten aus und verfaßt einen Abschlußbericht.

Als Pionierarbeit auf dem Gebiet der zu Prognosezwecken durchgeführten Expertenbefragung ist die von den RAND-Wissenschaftlern Olaf Helmer und Theodore Gordon im Jahr 1964 veröffentlichte Delphi-Studie zu den Themenbereichen Wissenschaft, Automation, Raumfahrt, Waffensysteme und Bevölkerung anzusehen.[10]

Wichtige Beispiele für die Anwendung der Delphi-Technik in Deutschland sind u.a.

- die beiden vom Fraunhofer-Institut für Systemtechnik und Innovationsforschung im Auftrag des Bundesministeriums für Bildung, Wissenschaft, Forschung und Technologie (BMBF) durchgeführten Untersuchungen zur Entwicklung von Wissenschaft und Technik, welche nach ihren Erscheinungsjahren kurz „Delphi '93"[11] und „Delphi '98"[12] genannt werden, sowie
- die im Auftrag des BMBF durchgeführte Delphi-Befragung 1996/1998 zum Thema „Potentiale und Dimensionen der Wissensgesellschaft – Auswirkungen auf Bildungsprozesse und Bildungsstrukturen"[13], deren erster Teil (kurz „Wissensdelphi") von der Prognos AG und deren zweiter Teil (kurz „Bildungsdelphi") von einem Forschungsverbund bearbeitet wurde.

2.3.3 Die Szenario-Technik

Bei der Szenario-Technik geht es darum, im Rahmen eines Gedankenspiels plausible alternative Entwicklungslinien eines Systems zu bestimmen. Die aus Alternativannahmen abgeleiteten Entwürfe möglicher zukünftiger Strukturen, Abläufe und Organisationsformen des zu untersuchenden Systems nennt man Szenarien. Das Szenario-Verfahren wurde in den 1950er Jahren von einer Forschergruppe ausgearbeitet, welche sich unter der Leitung von Herman Kahn zuerst mit militärischen, später auch mit gesellschaftlichen und technischen Zukunftsperspektiven beschäftigte.[14]

Für die Wirtschaft gewinnt die Szenario-Technik ab den 1970er Jahren immer mehr an Bedeutung. Vor allem für diejenigen Unternehmen, welche eine langfristige Planung betreiben, wird die Auseinandersetzung mit alternativ denkbaren „Zukünften" zu einem wesentlichen Element des strategischen Managements.

Das Erkunden möglicher zukünftiger Zustände und Aktivitäten eines Systems erfolgt in mehreren Arbeitsschritten.[15]

Auf der ersten Stufe gilt es,
- die Aufgabe zu definieren,
- den Gegenstand der Untersuchung in seiner derzeitigen Lage möglichst exakt zu beschreiben und
- den Zeithorizont für die Szenarien festzulegen.

Der zweite Arbeitsschritt dient dazu, die relevanten Kräfte (rsp. die Schlüsselfaktoren), von denen die zukünftige Entwicklung des zu untersuchenden Systems entscheidend abhängt, zu identifizieren und die Wechselwirkungen zwischen den einzelnen Kräften mit Hilfe einer Interdependenzanalyse zu ermitteln.

(Die eigentliche) Prognosearbeit ist im dritten Programmabschnitt zu leisten. Für jeden Schlüsselfaktor sind Aussagen darüber zu treffen, wie er sich in Zukunft im Hinblick auf seine Größe und Richtung vermutlich entwickeln wird. Einige Wirkkräfte weisen eindeutige Entwicklungstendenzen auf; so und nicht anders werden sie sich entfalten. (So deuten beispielsweise alle Anzeichen darauf hin, daß die Globalisierung der Wirtschaft weiter voranschreitet und daß sich die Verkürzung der Produktlebenszyklen fortsetzt.)

Bei anderen Schlüsselgrößen ist ihre weitere Entwicklung weitgehend offen. (So läßt sich aus der Perspektive von heute nicht eindeutig sagen, welchen Verlauf beispielsweise Devisenkurse oder Zinssätze nehmen.) Bei diesen Faktoren, deren Zukunft ungewiß ist, sind alternative Annahmen in bezug auf ihren weiteren Weg zu erarbeiten.

Sowohl die unstrittigen als auch die alternativen Aussagen zur Entwicklung der relevanten Wirkkräfte sind sorgfältig zu begründen.

Ziel der vierten Arbeitsphase ist es,
- die auf der Vorstufe getroffenen Annahmen im Hinblick auf ihre Kompatibilität zu überprüfen und
- diejenigen Aussagen, welche miteinander vereinbar sind, zu bündeln.

Einige Annahmen sind untereinander widerspruchsfrei. (So harmoniert beispielsweise die Annahme einer Belebung der Binnennachfrage mit der Annahme wirtschaftlichen Wachstums.) Andere Annahmen passen hingegen nicht zusammen. (So „beißt sich" zum Beispiel die Annahme einer Beschneidung wirtschaftlicher Freiheit durch den Staat mit der Annahme einer Wohlstandsmehrung der Bürger.)

Faßt man alle Aussagen, welche sich miteinander vertragen, zusammen, so erhält man mehrere in sich stimmige Gebinde aus Annahmen. Jedes einzelne dieser Gebinde stellt das Rohmaterial für ein ganz bestimmtes Szenario dar.

Auf der Grundlage seiner diversen Materialkonvolute entwirft der Szenario-Schreiber im fünften und abschließenden Prozeßschritt alternative Entwicklungswege für das zu untersuchende System. Jedes in sich konsistente Annahmebündel mündet in ein ganz spezielles Szenario, d.h. in einen Bericht, welcher davon handelt, was sein wird, wenn sich die Schlüsselfaktoren des Systems in einer ganz bestimmten Weise verändern.

Das Aufdecken voneinander abweichender Entwicklungsoptionen führt uns weg von der Fixierung auf eine ganz bestimmte Zukunft. Zukunftsforschung, welche sich der Szenario-Technik bedient, ist ein Denken in Alternativen.

3. Normative Projektionen

Lewis Carroll

*„Edamer Mieze", begann Alice ein wenig stockend, ... „würdest du mir bitte sagen, wie ich von hier aus weitergehen soll?" „Das hängt zum großen Teil davon ab, wohin du möchtest", sagte die Katze. „Ach, wohin ist mir eigentlich gleich –", sagte Alice. „Dann ist es auch egal, wie du weitergehst", sagte die Katze. „- solange ich nur **irgendwohin** komme", fügte Alice zur Erklärung hinzu. „Das kommst du bestimmt", sagte die Katze, „wenn du nur lange genug weiterläufst."* [16]

Kein Planer und Entscheider kann ohne konkrete Ziel- und Wertvorstellungen auskommen. Diese Ziel- und Wertvorstellungen sind mit Hilfe der Zukunftsforschung weiterzuentwickeln; d.h. sie sind den in der Zukunft liegenden Möglichkeiten anzupassen. Die „Was wird sein, wenn ..."-Aussagen der positivistischen Prognostik bedürfen der Ergänzung durch normative Projektionen. Normative Projektionen machen Aussagen darüber, was in Zukunft sein sollte; sie sind Entwürfe erstrebenswerter zukünftiger Zustände und Abläufe. Damit normative Projektionen nicht ins Utopische abgleiten, müssen sie sowohl in bezug auf ihre logische Konsistenz als auch im Hinblick auf die Möglichkeiten ihrer Realisierung kritisch überprüft werden. Denn von Schwarmgeistern entworfene Modelle einer „besseren Welt", in denen das Wünschenswerte nicht am Machbaren ausgerichtet ist, können katastrophale Folgen zeitigen, sobald man darangeht, sie in die Tat umzusetzen.

4. Schlußbemerkung

Die Zukunftsforschung als konstitutives Element der strategischen Planung hat zwei Aufgaben zu erfüllen:
a) die Gewinnung von fundierten Aussagen über zukünftige Situationen sowie
b) die Ausrichtung des Ziele- und Wertesystems an zukünftigen Chancen und Risiken.

Sowohl die positivistischen Voraussagen (a) als auch die normativen Projektionen (b) werden in der Absicht erstellt, Kräfte freizusetzen, welche auf eine Verwirklichung gewollter und auf eine Verhinderung nicht gewünschter zukünftiger Ereignisse zielen.

Zukunft, so lautet die Botschaft des Futurologen, ist gestaltungsbedürftig und gestaltungsfähig.

---

1) Sun Tzu: Über die Kriegskunst. Übersetzt und kommentiert von K. Leibnitz. Karlsruhe 1989, S.91
2) Vgl. H. Albert: Probleme der Theoriebildung. Entwicklung, Struktur und Anwendung sozialwissenschaftlicher Theorien. In: H. Albert (Hrsg.): Theorie und Realität. Tübingen 1964, S.24f.
3) Vgl. H. Albert: Theorie und Prognose in den Sozialwissenschaften. In: E. Topitsch (Hrsg.): Logik der Sozialwissenschaften. Köln und Berlin 1965, S.131
4) K.R. Popper: Logik der Forschung. 2.Aufl. Tübingen 1966, S.198ff.
5) J. Wild: Unternehmerische Entscheidungen, Prognosen und Wahrscheinlichkeit. In: Zeitschrift für Betriebswirtschaft, Bd.39 (1969), 2. Ergänzungsheft, S.67
6) M. Twain: Auf dem Mississippi. Stuttgart 1905, S.127f.
7) T. Vajna: Prognosen für die Politik. Grenzen, Fehler, Möglichkeiten der Wirtschaftsprognosen. Köln 1977, S.136
8) R.U. Ayres: Prognose und langfristige Planung in der Technik. München 1971, S.100.
9) Vgl. N. Dalkey und O. Helmer: An Experimental Application of the Delphi Method to the Use of Experts. In: Management Science. April 1963, S.458ff.
10) Th. Gordon und O. Helmer: Report on a Long Range Forecasting Study. Santa Monica (Cal.) 1964. Deutsche Übersetzung: 50 Jahre Zukunft. Bericht über eine Langfrist-Vorhersage für die Welt der nächsten fünf Jahrzehnte. Hamburg 1967
11) Bundesministerium für Bildung, Wissenschaft, Forschung und Technologie (Hrsg.): Deutscher Delphi-Bericht zur Entwicklung von Wissenschaft und Technik. Bonn 1993
12) Fraunhofer-Institut für Systemtechnik und Innovationsforschung: Studie zur globalen Entwicklung von Wissenschaft und Technik. Karlsruhe 1998
13) Bundesministerium für Bildung, Wissenschaft, Forschung und Technologie (Hrsg.): Delphi-Befragung 1996/1998; Potentiale und Dimensionen der Wissensgesellschaft – Auswirkungen auf Bildungsprozesse und Bildungsstrukturen. Basel und München 1998
14) Vgl. insbes. H. Kahn und A. Wiener: Ihr werdet es erleben. Voraussagen der Wissenschaft bis zum Jahr 2000. Hamburg 1971 sowie H. Kahn: Angriff auf die Zukunft. Die 70er und 80er Jahre; so werden wir leben. Hamburg 1975
15) Zur praktischen Anwendung des Szenario-Konzeptes vgl. u.a. U. von Reibnitz: Szenario-Technik; Instrumente für die unternehmerische und persönliche Erfolgsplanung. Wiesbaden 1991
16) L. Carroll: Alice im Wunderland. Übersetzt von Chr. Enzensberger. Frankfurt a.M. 1963, S.66

Jörg M. Wills

LICHT, SCHATTEN UND MATHEMATIK

Ein wenig Metaphorik

Licht, Schatten und Mathematik – dieser Dreiklang weckt Assoziationen, die im Schattenbereich weitgehend einheitlich sind. Die meisten Menschen verbinden mit Mathematik eher negative Erfahrungen aus der Schulzeit, bestenfalls Langeweile, und nur eine kleine Minderheit hat sich lichtvolle Erinnerungen an die Schulmathematik bewahrt. Wer Mathematik nicht unbedingt im Berufsleben braucht, hakt das Thema ziemlich umgehend nach der Schulzeit ab und registriert auf der lichtvollen Seite allenfalls, daß Mathematik für Ingenieure, Naturwissenschaftler und Ökonomen ein unentbehrliches Hilfsmittel ist und dazu die Mutter der Informatik, der Pilotwissenschaft unserer Zeit. Wegen ihrer Unverzichtbarkeit für die heutige Gesellschaft, und auch als Training für gedankliche Klarheit und Präzision, ist Mathematik nach wie vor schulisches Kernfach trotz ihrer Schattenseiten für Schülerseele und -psyche. Damit beenden wir unseren metaphorischen Kurztrip durch die Licht- und Schattenseiten der Mathematik, über die schon so viel Kluges und weniger Kluges geschrieben worden ist, daß ein Essay nichts Neues bringen würde. Vielmehr wollen wir Licht und Schatten real auffassen und damit direkt an die Quellen der Mathematik vorstoßen.

Zur Geburt der Mathematik

Obwohl die Anfänge der elementaren Mathematik, also des Zählens, im Dunkeln liegen (man weiß nicht, wer zuerst "eins, zwei, drei ..." zählte), so ist doch klar, daß sich in allen frühen Hochkulturen aus der Notwendigkeit des Zählens und der elementaren Ökonomie die Zahlensysteme und Grundrechenarten entwickelt haben. Die zweite Quelle war der Kalender, also Tag, Nacht und die Jahreszeiten, auf die wir sogleich eingehen.

Beide Quellen sind aus alltäglichen Bedürfnissen entstanden und verlangten nach pragmatischen und logischen Lösungen. An Beweisen, zentraler Bestand heutiger Mathematik, war kein Bedarf. Die Idee, Mathematik als zweckfreies Gedankengebäude zu errichten, basierend auf einer Anzahl unbeweisbarer und widerspruchsfreier Axiome und zusammengehalten durch eine Kette logischer Beweise, verdanken wir den alten Griechen, die damit eine einzigartige Sonderrolle im Reigen der Kulturnationen spielen. Wir kehren zur zweiten Quelle der Mathematik, dem Kalender, zurück ...

Licht und Schatten

... und entdecken, daß alle Kalenderprobleme auf Licht und Schatten zurückgehen. Tag und Nacht werden durch die Erddrehung verursacht und sind der Teil der Erde, der im Sonnenlicht bzw. im Schatten liegt. Die Jahreszeiten werden durch die Neigung der Erdachse zu ihrer Umlaufbahn um die Sonne bestimmt und wiederholen sich im Jahresrhythmus. Dazu kommt der Mondumlauf um die Erde in knapp einem Monat mit den vier Mondphasen, die durch den Sonnenlichteinfall bedingt sind. Diese Licht-Schatten-Phänomene, die die Menschheit von Anfang an begleiteten, waren immer von zentraler Bedeutung (Winter, Sommer, Wetter, Regenzeit, Aussaat, Ernte, Jagd, Nilschwemme etc.). Sie waren in allen Kulturen von zentraler religiöser Bedeutung. Dasselbe gilt für die seltenen und praktisch eher unbedeutenden Licht-Schatten-Phänomene von Sonnen- und Mondfinsternissen. Alle Kulturen haben versucht, die Regeln dieser fundamentalen Licht-Schatten-Gesetze zu verstehen und mehr oder weniger präzise Kalender zu schaffen. Die Problematik wird durch drei Hürden erheblich erschwert: Erstens sind weder das Jahr (Erdumlauf) noch der Monat (Mondumlauf) ganzzahlige Vielfache der Tage; es bleiben also "Reste", die wir z.B. durch die Schaltjahre kennen.

Zweitens passen Jahr und Monat nicht genau zueinander, wodurch wir das gleitende Kirchenjahr (Ostern, Pfingsten) haben. Und drittens sind die Näherungszahlen der Tage eines Jahres bzw. eines Monats ziemlich unschön, etwas genauer: sie haben keine "guten" Teiler. Denn aus praktischen Gründen möchte man sowohl das Jahr wie den Monat in vier gleiche Teile teilen, also in die vier Jahreszeiten und in die vier Wochen zu je sieben "biblischen" Tagen. Die praktische, historisch gewachsene Lösung für unseren Kalender ist uns aus dem Alltag vertraut, also die Einteilung des Jahres in zwölf etwa gleichlange Monate bzw. in 52 Wochen plus einen bzw. in Schaltjahren zwei Tage. Wir gehen darauf ebensowenig ein, wie auf die Kalender anderer Hochkulturen z.B. der Mayas, die alle schon oft beschrieben worden sind. Eine kleine Kalenderleistung soll zum Abschluß noch skizziert werden, weil sie erst kürzlich entdeckt wurde, und weil sie in Mitteleuropa erfunden wurde.

Mondsichel und die Zahl 29

In den vergangenen Jahrzehnten hat man in Mittel- und Südosteuropa tausende Bronzesicheln als Grabbeigaben gefunden, die nie benutzt worden waren. Sie hatten offenbar kultische Bedeutung; als Erntewerkzeug und als Symbol der Mondsichel, also von Licht und Schatten auf dem Mond. Heute sind die Sicheln alle grün oxydiert, aber beim Guß, so kann man sich vorstellen, war die Analogie des goldgelben Metalls zur Mondsichel offensichtlich. Viele dieser Sicheln tragen Zeichen wie auf der beigefügten Abbildung, und die Archäologen haben schnell erkannt, daß sie die Zahlen von 1 bis 29 darstellen und keine weitere Zahl. Das sind gerade die Tage eines Mondumlaufs. Nichts Besonderes bisher. Oder doch? Bedenkt man, daß in jener Zeit vor etwa 3000 Jahren in Europa noch keine Schriftsprache existierte, so ist klar, daß die Zeichen auf ein Abzählen an den Fingern hinweisen und zwar nicht einfach von 1 bis 10, sondern in 5er Bündeln, ebenso wie heute noch der Wirt die Biere auf dem Bierdeckel oder der Wahlhelfer die Stimmzettel zählt. Vier Striche werden durch die Finger einer z.B. der linken Hand gezählt, der fünfte als Querstrich wurde mit einem Finger der anderen Hand fixiert, und man begann links von neuem.

Offenbar endete dieses Zählen mit der Zahl 29, für die man links 4 und rechts 5 Finger benötigte. Schon die 30 benötigte rechts 6 Finger, was unmöglich ist. Diese Doppelbedeutung der Zahl 29 als anthropomorphe Schranke und astronomische Licht-Schattenkonstante erhob diese schlichte Zahl in religiöse Sphären und ist somit ein schönes Beispiel historischer Zahlenmystik in der früheuropäischen Kultur.

Günther Moewes

HALLO, LICHTSTRAHL

Und Gott sprach:
Es werde Licht. Und *es* ward Licht.
Und Gott sah, dass *es* gut war.
Und er schied *es* von der Finsternis.

Hallo, Lichtstrahl! Kommst von der Sonne. Bist erst gute acht Minuten alt und doch schon 150 Millionen Kilometer durch den Weltraum gesaust. Bist erst auf meiner weißen Wohnzimmerwand gewesen, dann auf Eberhards Bild und auf meinem Gesicht. Und jetzt eilst Du wieder hinaus ins All. Bisher warst Du direkt und unreflektiert. Nun bist Du indirekt und reflektiert.

Aber vielleicht bist Du ja auch älter. Jetzt haben sie mit riesigen Teleskopen Deine ältesten Urahnen eingefangen. 13,5 Milliarden Jahre waren die alt. Bisschen älter als Du. Und die Sterne, von denen sie kommen, gibt es auch schon seit neun Milliarden Jahren nicht mehr. 200 Millionen Jahre vor dem „Urknall" waren die entstanden. Vorher war es „finster in der Tiefe" und „wüst und leer". Das war noch, bevor Gott aus Abend und Morgen den ersten Tag schuf. Und dann haben sie 13,5 Milliarden Lichtjahre durchmessen, schwarzes, ewiges Nichts. Niemand weiß genau, wie das geht, wie „Lichtquanten" funktionieren. Nicht mal Einstein wusste es. Hat er selbst gesagt.

Im Grunde weiß ich gar nichts über Dich. Weder wie Du von der Seite aussiehst, noch was für eine Frequenz Du hast. Gewiss – Du veränderst Dich dauernd. Auf Eberhards Bild warst Du altrosa und auf meiner Wand weiß. Aber was heißt schon altrosa, was heißt schon weiß? Das können Tausende unterschiedlicher Frequenzgemische sein. Für unser Auge sehen die alle gleich aus. Selbst die sogenannten „reinen" Farben sind meist solche Gemische. Es gibt sogar Farben, die entstehen nur aus der Addition unsichtbarer Frequenzen: Die „Grundfarbe" Magenta zum Beispiel. Die entsteht nur aus der Addition von Infrarot und Ultraviolett.

Überhaupt Magenta: Bei Hölzel und Itten kommt es gar nicht vor. Die glaubten noch, die dritte Grundfarbe sei Mondrians späteres Bauhaus-Rot. Nur Goethe wusste schon, dass es Magenta sein musste und nicht Rot. Er kannte es vom Abendrot und von seinen Dahlien. Nur malen konnte er es noch nicht, weil es damals das Pigment noch nicht gab. Und so hat er denn in seinen Farbkreis so ein komisches Rosa gemalt, eine Art Magenta-Weiß-Gemisch. Eben nicht das falsche Mondrian-Rot, das er sehr wohl schon hätte malen können.

Überhaupt diese Farbleute: Wieso ist ausgerechnet Chromoxydgrün „feurig"? Und ausgerechnet Ocker „licht"? Genau so wie Leibls „Permanentgrün". Das war alles andere als „permanent". Nach zehn Jahren war es einfach verschwunden. Nur noch blind und grau. Nur das „Indischgelb" war wirklich indisch. Aus dem Urin der heiligen Kühe. Immerhin – die blieben wenigstens am Leben. Anders als die Millionen von Sepien und Purpurschnecken. Wenigstens die haben aufgeatmet, als die IG-Farben kam.

Du siehst: Unser Auge ist an den realen, physikalischen Naturverhältnissen gar nicht interessiert. Es macht sich seine eigene Welt, genau wie die O-Zellen und Facettenaugen. Ist ja vielleicht auch besser so.

Sie sagen, Du seist das Hellste und Schnellste, was es gibt. Aber jetzt haben sie ja den Laser, und der ist heller. Und das sogenannte „Überlicht", und das ist schneller. Noch schneller als Du. Das ist wie „Überschall". Kommt aus den Brennstäben der Reaktoren und ist blau. Ich will es nicht sehen.

Ich will Dich sehen, das Licht der Sonne.
Ich will das gleißende Mittagslicht der „weißen Küste" sehen
und das von Tabarca und Tarbena
und vom Mulhacen und vom Teide.
Und von der Bernia.
Spanisches Licht.
Schlotters Licht.

Nur wenige konnten so gut Sonnenlicht malen wie er. Gewiss – van Gogh, Monnet, Signac. Kann man auch Sonnenlicht malen, ohne Schatten zu malen? Hockney kann es. Und Eberhard auch.

Für die armen Physiker gibt es überhaupt keinen Schatten. Sondern nur Abwesenheit von Licht. Für die gibt es auch keine Kälte. Sondern nur Abwesenheit von Wärme. Und keine Ruhe. Sondern nur Abwesenheit von Schall. Mittags in der Sahara wünschen sie sich schalltote, wärmetote und lichttote Räume, wo wir uns einfach nach ruhigem, kühlem Schatten sehnen.

Andere sagen, Du seist der Quell allen Lebens. Sie wissen nichts von Deiner Tödlichkeit, von den ausgebleichten Skeletten in der Wüste, nichts von der Schneeblindheit auf den Achttausendern. Sie wissen nichts von den Würmern, Olmen und Axolotlen. Nichts von der lautlosen Lichtlosigkeit der Tiefsee. Ob es da auch ein Glück gibt ohne Dich? Du wirst da jedenfalls nie hinkommen. Und Deinesgleichen auch nicht.

Denn in der Tiefsee da gibt es ganz anderes Licht als Dich von der Sonne: chemisches, kurzlebiges aus glühenden Augen, funkelnden Tentakeln und blitzenden Antennen. Das meiste davon ist vergeblich: es sieht nichts und wird nie gesehen. Auch Dich wird es nie sehen und Du wirst es nie sehen.

Aber auch hier auf der Erde gibt es anderes Licht als Dich von der Sonne. Es gibt das Licht des irdischen Feuers, das des Prometheus und der Oxydation. Und das von Delatours Kerzen, von Grünewalds „Auferstehung" und natürlich von Rembrandts „Goldhelm". Und schließlich das elektrische, das Hopper gemalt hat. Keiner konnte so gut elektrisches Licht malen wie er.

Sie sagen, man kann Dich simulieren und ersetzen. Durch Film und Fernsehen. Alles nur Ersatz! Lichtersatz, Erkenntnisersatz, Aufklärungsersatz, Bambiverleihung. Tiefsinn statt Tiefsee. Gewiss – auch mit diesem Ersatzlicht wurde Großes geschaffen: Rene Clairs schwarzes Licht, Film noir. Tiefsee in der Großstadt.

Denn das Wort „Licht" steht in vielen Sprachen gleichzeitig auch für „Erleuchtung", „Erkenntnis". Im Arabischen zum Beispiel. Oder im Englischen: „Light, seeking light, doth light of light beguile", sagt Shakespeare. "Suchst Du Erleuchtung, kann das Licht die Erleuchtung auch blenden." Dabei kannte er noch gar kein Fernsehen.

Mach's gut, alter Lichtstrahl! Vielleicht kommst Du ja mal an einem anderen Planeten vorbei. Jetzt glauben sie, einen neuen „Extroplaneten" entdeckt zu haben. Das sind Planeten außerhalb unseres Sonnensystems. 20 000 Lichtjahre soll er entfernt sein. Selbst mit den größten Teleskopen kann man ihn nicht sehen. Denn sein Licht ist zu schwach. Weil Planeten ja nicht selber leuchten. Sondern nur reflektieren. Wie wir. Woher sie dann von ihm wissen? Nur indirekt. Weil er andere Sterne ein ganz bisschen von ihrer Bahn ablenkt. Genauer gesagt: vor 20 000 Jahren abgelenkt hat!

Vielleicht wirst Du ja unsterblich. Vielleicht werden sie Dich auch in 13 Milliarden Jahren irgendwo mit riesigen Teleskopen auffangen. Oder einen Deiner Kumpels, die mit auf Eberhards Bild waren. Die werden dann jedoch Abermilliarden Kilometer seitlich von Dir entfernt sein. Wegen der radialen Streuung aufgrund der großen Entfernung. Unser Sonnensystem wird es dann schon seit fünf Milliarden Jahren nicht mehr geben. Niemand wird dann wissen, dass Ihr schon mal auf meinem Gesicht und Eberhards Bild wart. Niemand wird noch von uns kleinen Intelligenz-Mikroben im All wissen. Niemand wird noch wissen, dass wir einmal für den winzigen Bruchteil einer Weltraumsekunde kurz aufblitzen durften. Ohne selber etwas dafür zu können.

Klaus Pörtl

SCHWARZ-WEISS AUF ZELLULOID

Luis Buñuel in seiner surrealistischen Epoche

In den ersten Sequenzen von Buñuels erstem Film, *Un chien andalou*, aus dem Jahr 1929, schneidet in Großaufnahme ein Rasiermesser durch ein menschliches Auge.

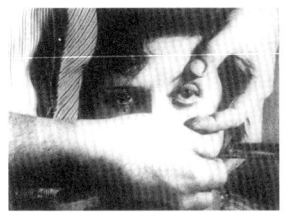

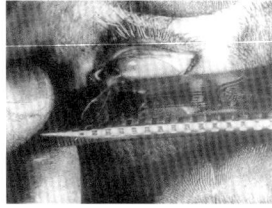

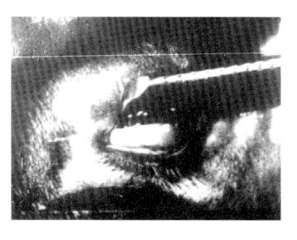

Bild 1 a, b, c: Schnitt durch das Auge, aus Un chien andalou, 1929.
Eine Idee von Luis Buñuel.

Dieses Bild ist berühmt geworden für die Schockwirkungen, mit denen Buñuel von Anfang an sein Publikum in Atem hält. Ein Jahr später, in seinem ersten abendfüllenden surrealistischen Film *L'Âge d'Or* (1930) verneigen sich kirchliche Würdenträger in einer öden Felsklippenlandschaft vor verwesten, mit Pomp verhängten Skeletten, ein Hund wird misshandelt, ein Käfer zertreten, ein Dienstmädchen verbrennt vor den Augen ihrer desinteressierten Herrschaft, das Gesicht eines Liebenden ist plötzlich mit Blut bespritzt[1].
Hier klingen Themen und Obsessionen an, die Buñuels 32 Filme wie einen roten Faden durchziehen und immer aufs neue die Gemüter aufgescheuchter Zeitgenossen in Rage bringen: Brutalität, Aggressivität, Katholizismus mit all seinen Begleiterscheinungen, vor allem den negativen, Sexualität in ihren Ängsten und Gefährdungen, Tod.
Buñuel richtig zu verstehen ist schwer. Gescheite Essayisten, Biographen, Filmfachleute der schreibenden Zunft haben sich redlich mit unterschiedlichem Erfolg darum bemüht. Seit dem Tod Buñuels am 29.08.1983 liegt sein filmisches Werk abgeschlossen vor uns. Die Meinungen über ihn gehen sehr auseinander. In einem jedoch sind sich alle einig, ob sie ihn nun befürworten, ablehnen oder in kritischer Distanz zu ihm stehen: Buñuel lässt sich in kein Schema pressen, nirgends richtig einordnen, seine Aussagen sind verschieden deutbar, er weigert sich meist, dazu Stellung zu nehmen, er bleibt als Mensch und Künstler voller Widersprüche. Wer hier nach Lösungen sucht, versteht ihn schon falsch. Denn unsere Welt der Widersprüche ist ein Thema, das für ihn keine Lösung zulässt. Von Buñuel kann man hören: "Gott sei Dank, ich bin noch immer Atheist"[2]. Aber auch: "Man muss (...) Gott im Menschen suchen"[3]. Viele seiner Filme sind nach seiner eigenen Aussage von einem tiefreligiösen Gefühl geprägt. Das hinderte ihn aber nie, so antireligiös, so antiklerikal, so antikatholisch oder auch so gegen die Gesellschaft und ihre Ordnung aufzutreten, das heißt, Filme zu drehen, dass man bis heute in der Rezeption Buñuels deutlich die Ablehnung der brüskiert betroffenen Kritiker zu hören bekommt.

Es gibt mehrere Möglichkeiten, sich über Buñuel ein Bild zu machen, das frei von Klischee, Vorurteil, aber auch frei von unkritischer Bewunderung sein soll. Auf jeden Fall jedoch muss man seine Memoiren kennen, die ein befreundeter französischer Journalist, sein Drehbuchautor Jean-Claude Carrière für ihn geschrieben hat[4]. Allerdings muss man diese Memoiren mit den Veränderungen der Zeit vor Augen lesen: man darf nicht vergessen, dass Buñuel 83 Jahre dieses Jahrhunderts durchlebt hat.

Herkunft und Erziehung, Elternhaus, Schule und Werdegang in jungen Jahren haben Buñuel entscheidend und unverwechselbar *spanisch* geprägt. Ohne die Kenntnis und das Verständnis seines biographischen Hintergrunds bleibt Buñuel letztlich un- oder zumindest missverstanden.

Religion, Blut, Grausamkeit, Fanatismus, das sind Konstanten, die uns in Buñuels Filmen immer wieder begegnen. Das ist zweifellos eine unverwechselbare spanische Konstellation. In dieser Welt des religiös genormten Lebens spielen die Verdrängung der Sexualität und ihre gewaltsamen Ausbrüche eine große Rolle. Das Sexuelle und die Macht, die der Sexualtrieb über den Menschen hat, standen immer in Konfrontation mit der katholischen Moral. Buñuel fragt sich, warum die katholische Religion so sehr das Geschlechtliche, die Sexualität fürchte beziehungsweise Furcht davor verbreite. Man denke daran, dass ein Thomas von Aquin selbst im Liebesakt zwischen Gattin und Gatten eine Todsünde sah, weil auch trotz des Sakraments der Ehe die Lust nicht auszuschalten sei. Und die Lust sei von Natur aus schlecht, das heißt sündhaft. Daher die bekannte freudlose Haltung zur Gattenliebe in der katholischen Doktrin, die Liebe und damit notwendigerweise Sexualität ja nur eigentlich zum Zwecke der Fortpflanzung zuließ.

---

1) Nach „Christ und Welt", 19.02.1971.

2) Zitiert nach Michael Schwarze: Luis Buñuel in Selbstzeugnissen und Bilddokumenten. Reinbek bei Hamburg: Rowohlt 1981. S. 76.

3) Zitiert nach M. Schwarze: o.c., S. 75.

4) Luis Buñuel: Mon dernier soupir. Paris: Editions Robert Laffont 1982. Die spanische Übersetzung kam im gleichen Jahr heraus: Luis Buñuel: Mi último suspiro. Esplugues de Llobregat (Barcelona): Plaza & Janes 1982. Die deutsche Übersetzung erschien 1983: Luis Buñuel: Mein letzter Seufzer. Erinnerungen. Königstein: Athenäum 1983.

Heute hat sich vieles geändert, und manches ist noch im Fluss. Aber man muss diese unbeugsame sexualfeindliche Moral der Kirche vor Augen haben, wenn wir uns nicht nur mit Buñuel, sondern generell mit Spanien bis in die 50er Jahre hinein befassen. So und nicht anders praktizierte man nach außen die Moral der Kirche und Gesellschaft in Spanien, die ja noch unter Franco eine Einheit bildeten. Deswegen darf es nicht verwundern, wenn bei Buñuel in seinen Erinnerungen die verbotene Liebe ein schuldhaftes Gefühl der Sünde hervorruft, das auf der anderen Seite für ihn einen angenehm prickelnden Reiz ausübte. Alles Verbotene hat bekanntlich seine besondere Anziehungskraft. Buñuel kann es zwar nicht rational erklären, aber er verbindet den Sexualakt in gewisser Weise immer mit dem Tod; diese geheimnisvolle Wechselbeziehung hat er auch schon in seinem ersten Film *Un chien andalou* zum Ausdruck gebracht: ein Mann liebkost die Brust einer Frau und plötzlich wird sein Gesicht zur Todesmaske. Buñuel fragt sich, woher er diese fatale Verknüpfung zwischen Liebe und Tod habe: "¿Será porque durante mi infancia y mi juventud fui víctima de la opresión sexual más feroz que haya conocido la Historia?"[5] Das mag sicher für Buñuel ein bestimmender Faktor gewesen sein. Aber man darf nicht übersehen, dass in unserer Kultur, zuletzt sehr ausgeprägt in der Romantik des 19. Jahrhunderts, die Liebe erst im Tod ihre Erfüllung findet. "Leuchtende Liebe, lachender Tod" singen Siegfried und Brünnhilde im Liebesduett, Isolde zelebriert ihren Liebestod "mit höchster Lust, unbewusst" und geht so "in des Weltatems wehendem All" ein. Ich zitiere Richard Wagner, weil Buñuel nicht nur, wie die meisten Spanier seiner Zeit, von Wagner begeistert war, sondern ihn auch in den ersten Filmen mit musikalischen Ausschnitten dieser und anderer Motive einsetzte, die Liebe und Tod zum Inhalt haben.

Buñuels Kontakte zu den Jesuiten waren vor allem in der Erinnerung nicht nur negativ. Er erinnert sich gern an seinen Beichtvater Longino Navás, der ein bekannter Insektenkundler war. Sicherlich hat Buñuel schon hier Vorstellungen und Kenntnisse aus dem Leben der Insekten erhalten, die wir als Symbolelemente in seinen Filmen immer wieder sehen können. Buñuel beschäftigte sich aber in seiner Jugend nicht nur mit Insekten; Musik – ich erwähnte bereits Wagner – , Theater, Sport gehörten zu seiner Freizeitbeschäftigung und natürlich auch das Lesen. Er entdeckte für sich den Philosophen Herbert Spencer (1820-1903) mit seinem natur- und sozialwissenschaftlichen Evolutionismus. Spencer verkündete die zusammenhanglose Homogenität, die zur zusammenhängenden Heterogenität führe. Das Universum stehe nach Spencer in einem ewigen Rhythmus von Entwicklung und Auflösung[6]. Auch Jean-Jacques Rousseaus kulturphilosophische Aufklärungsideen haben Buñuel sehr beeindruckt. Seine in *Du contrat social* (1762) entwickelte Vorstellung vom Gemeinwillen der selbständigen Bürger, die ihre Naturfreiheit abtreten und so den Staat begründen; seine pädagogischen Vorstellungen über das Wachsenlassen der natürlichen kindlichen Begabung (s. *Émile ou sur l'éducation*, 1762), schließlich sein Eintreten für eine Gefühlsreligion sind in die europäische Geistesgeschichte nachhaltig eingegangen und finden auch bei Buñuel fruchtbaren Boden. Er las auch Karl Marx und Darwin: der Darwinismus, ausgehend von Darwins *Über die Entstehung der Arten durch natürliche Zuchtwahl* (1859), führte über die Deszendenztheorie zur Selektionstheorie eifernder Fanatiker des 20. Jahrhunderts, mit deren Problematik sich Buñuel in seinen Filmen stets auseinandersetzte.

Aufschlussreich ist, wie Buñuel die Wirkung des Ersten Weltkriegs auf seine Heimat beurteilt: "Durante aquella guerra, España se escindió en dos tendencias irreductibles que, veinte años después, se matarían entre sí. Toda la derecha, todos los elementos conservadores del país, se declararon germanófilos convencidos. Toda la izquierda, los que se decían liberales y modernos, abogaban por Francia y los aliados. Se acabó la calma provinciana, el ritmo lento y monótono, la jerarquía social indiscutible. Acababa de terminar el siglo XIX. Yo tenía diecisiete años."[7]

Das 19. Jahrhundert war also für Spanien zu Ende, der Erste Weltkrieg spaltete Spanien in zwei feindliche Lager, der spanische Bürgerkrieg war sozusagen schon vorprogrammiert; Buñuel stand mit seinen 17 Jahren an der Schwelle zum Erwachsenen in einer plötzlich heillos gewordenen Welt, deren bisher gültige Werte man immer mehr in Frage stellte. Seine pubertären Auflehnungen stimmten mit der politischen Entwicklung überein. Sein Studium und der weitere Werdegang, die Kontakte mit gleichgesinnten Zeitgenossen und Künstlern brachten ihn bald mit der europäischen Avantgarde zusammen. Entscheidend für Buñuels weiteren Werdegang war weniger sein Studium in Madrid als vielmehr sein siebenjähriger Aufenthalt in der Madrider *Residencia de los Estudiantes*.

Diese Residencia war im Geist der **I**nstitución **L**ibre de la **E**nseñanza (ILE) und im Stil eines englischen Colleges Treffpunkt und Aufenthalt der späteren Elite aus Kunst, Literatur und Wissenschaft und zehrt übrigens heute noch von ihrem Ruf aus den goldenen 20er Jahren. Auf Anraten des Vaters sollte Buñuel *ingeniero agrónomo* (Dipl.-Landwirt) werden, er sattelte aber zunächst auf *ingeniero industrial* (Wirtschaftsingenieur) um und wechselte nach einem Jahr auf das Studium der Naturwissenschaften über. Seine Neigung galt den Insekten, weshalb er ein Jahr lang im Madrider Naturkundemuseum bei dem berühmten Insektenforscher Ignacio Bolívar arbeitete. Schon in den ersten Filmen finden wir Sequenzen mit Insekten, was wieder unterstreicht, dass bei Buñuel wesentliche Elemente seiner Filmkunst einen realen Erlebnis- oder Erfahrungshintergrund haben. Aus einem mehr äußeren Grund stieg Buñuel auf ein drittes Studium um: er studiert und dies-

---

5) L. Buñuel: Mi último suspiro, S. 23.

6) Siehe Herbert Spencer: System der synthetischen Philosophie, deutsche Ausgabe 1875.

7) L. Buñuel: Mi último suspiro, S. 36.

Bild 2: Residencia de los Estudiantes, Pinar, 21, Madrid

mal bis zur Lizenziatur an der Philosophischen Fakultät Geschichte, weil ihm ein späterer Auslandsaufenthalt als Spanischlektor vorschwebte und dies nur nach einem Studium an der Philosophischen Fakultät möglich war.

Eine wichtige Rolle im Madrider Studentenleben spielten die regelmäßigen Zusammenkünfte Gleichgesinnter im kleineren Kreis in Cafés, in Cervecerías. Das waren literarisch, künstlerisch oder politisch orientierte Zirkel, die *peñas*. Buñuel selbst rechnet sich zur Generation von 1927 zusammen mit García Lorca, Alberti, Altolaguirre, Cernuda, Bergamín und vielen anderen. Der sehr enge freundschaftliche Umgang mit García Lorca hat Buñuel stark geprägt. Er berichtet von der faszinierenden, die anderen mitreißenden Persönlichkeit García Lorcas. Nachts saß Buñuel mit ihm oft im Freien und lauschte seinen Gedichten. Von García Lorcas vielgepriesenem Theater hielt Buñuel jedoch weniger. Bei einer Lesung von *Amor de Don Perlimplín con Belisa en su jardín*, bei der nur Buñuel und Dalí zugegen waren, unterbrach Buñuel García Lorca brüsk: "Basta, Federico. Es una mierda."[8] Auch Dalí bestärkte Buñuel darin.

Provokation, brüske Haltung auch Freunden gegenüber war bezeichnend für den jähen Charakter Buñuels, was ihn zumindest in dieser Zeit mit Dalí stark verband. Buñuel selbst gesteht zu, nicht ganz frei zu sein von einer typisch spanischen *chulería*, einer Mischung aus Aggressivität, Unverschämtheit und Selbstüberschätzung.

Nach dem Studium in Madrid war Buñuels Aufenthalt in Paris von 1925 bis 1929 eine entscheidende Etappe in seinem Werdegang zum eigenständigen Künstler. Drei Schlüsselerlebnisse stehen für Paris:

1. Buñuel lernt in Paris seine künftige Frau Jeanne Rucar (aus Lille) kennen. Die spätere Ehe verlief glücklich; sie hatten zwei Kinder: Juan Luis, Jahrgang 34, der als Regisseur in die Fußstapfen seines Vaters getreten ist, und Rafael, Jahrgang 40.
2. Buñuel entdeckt in Paris seine Begabung für den Film.
3. Buñuel begeistert sich für den Surrealismus und wird selbst Surrealist.

Erst in Paris wurde Buñuel mit der frühen Filmkunst vertraut. Vor allem drei Filme bilden aus heutiger Sicht einen Markstein für Buñuel. Das ist Fritz Lang mit *Der müde Tod* (1921), Lupu Pick, ein Rumäne, mit *Scherben* (1922) und René Clair mit *Entr'acte* (1924). Die nötige Filmtechnik erlernt Buñuel bei Jean Epstein, einem Exilpolen in Paris, als Assistent bei den Dreharbeiten von *Mauprat* (1926) und von *Der Untergang des Hauses Usher* (1927). Allerdings gibt es wenig künstlerische und keine ideologische Übereinstimmung mit Epstein, der Buñuel eindringlich, aber schließlich vergeblich vor den Surrealisten gewarnt hat.

Bevor wir nun vom Surrealismus sprechen, müssen wir auf eine Bewegung eingehen, die dem Surrealismus vorausging. Das war die Bewegung des Dada, der Dadaismus. Das Wort Dada kommt aus der Kindersprache. Dada kommt in Europa und in den Vereinigten Staaten (in New York) kurz nach Ausbruch des 1. Weltkriegs auf. Ästhetischer Skeptizismus, radikale Subjektivität, zerstörerische Wut gegen jegliche Ordnung und jeden objektiven Wertbegriff sind wesentliche Elemente des Dadaismus. Der kubanische Ballettkünstler Francisco Picabía drückte seine Dada-Vorstellung so aus: "Dada por su parte no quiere nada, nada, nada; hace algo para que el público diga: No entendemos nada, nada, nada. Los dadaístas no son nada, nada, nada y ciertamente no llegarán a nada, nada, nada."[9] Aber entgegen Picabías Meinung führte der Dadaismus doch zu etwas: zwei seiner Anhänger, Breton und Aragon, gingen zum Surrealismus über und brachten so den Dadaismus zum Teil wenigstens als Vorläufer in die surrealistische Bewegung ein. Die destruktive Wut in manchen Sequenzen von *Un chien andalou* und *L'Âge d'Or* bei Buñuel sind auch eher ein Erbe des Dadaismus als des Surrealismus. Die Zugehörigkeit Buñuels zur Pariser Gruppe der Surrealisten war für sein späteres Leben und Schaffen entscheidend. Der Gruppe gehörten neben André Breton und Louis Aragon unter anderen auch Max Ernst und Salvador Dalí an. Sie sahen sich nicht als Terroristen oder bewaffnete Aktivisten. Sie kämpften jedoch gegen die bürgerliche Gesellschaft, die man hauptsächlich mit der Waffe des Skandals aufscheuchen und aus den Angeln heben wollte. Soziale Ungleichheiten und Ungerechtigkeiten, die Ausbeutung des Menschen durch die Menschen, der unheilvolle Druck und Einfluss der Religion auf den Menschen, die militaristische Gesinnung innerhalb der Gesellschaft waren hauptsächliche Angriffsziele, womit man das

---

8) L. Buñuel: Mi último suspiro, S. 100.

9) Zitiert nach Manuel Alcalá: Buñuel (Cine e ideología). Madrid: EDICUSA 1973. S. 58

verhasste Gesellschaftssystem zum Einsturz bringen wollte. Bezeichnend für die Gruppe der Surrealisten ist, dass die meisten dieser jungen Bilderstürmer wie auch Buñuel aus gutem Hause gekommen sind. Also Bürger, oder *hijos de papá*, wie man sie in Spanien nennt, rebellierten gegen ihre eigene Klasse. Einige von ihnen schwenkten auch ins kommunistische Lager über, die einzige Bewegung, in der sie eine würdige Plattform für eine gesellschaftliche und politische Revolution sahen. Buñuel fühlte sich vor allem durch die moralische Kraft gestärkt, die für ihn von der surrealistischen Bewegung ausging. Es war eine aggresssive Moral, die die überkommenen bürgerlichen Wertvorstellungen verwarf: "Nuestra moral se apoyaba en otros criterios, exaltaba la pasión, la mixtificación, el insulto, la risa malévola, la atracción de las simas".[10] Also: unreflektierte, irrationale Kriterien, denen mit analytischer Methode nicht beizukommen ist.

Die Surrealisten wollten die Welt schlafend im Traum erfahren, weil sie glaubten, nur so 'wahre' Bilder des Absoluten finden zu können, Bilder, die jeder Verfälschung durch den Willen zu irgendeiner Tat entzogen waren. Auf einem Foto der Zeitschrift "La Révolution Surréaliste" (15.12.1929) sehen wir die wichtigsten Surrealisten, unter ihnen Dalí und Buñuel mit geschlossenen Augen in Passbildgröße aneinandergereiht, in der Mitte eine nackte Frauengestalt mit eingerahmtem Text: "je ne vois pas la cachée dans la forêt".

Bei dieser Fotomontage handelt es sich zwar um ein surrealistisches Gesellschaftsspiel, aber die 'schlafenden' Gesichter sind bezeichnend für den intensiven Traumkult, den damals die europäische Avantgarde pflegte. Sigmund Freuds Schriften gaben den 'Schlafenden' Schlüssel in die Hand, ihre Träume in einem vorwiegend sexuell-symbolischen Sinn zu deuten. Das entspricht dem Manierismus, der zwanghaft ein pansexuelles Lebensgefühl zum Ausdruck bringt. Der Traum als unmittelbarste Manifestation des Unbewussten wird das befreiende Gegenbild zum idealistischen Rationalismus der damaligen Zeit. Und damit haben wir auch die Gegenpole der geistigen und gesellschaftspolitischen Auseinandersetzung dieser Epoche. Der Surrealismus entwirft ein System paranoischer Ästhetik. Im bewusst herbeigeführten Irre-Sein, im künstlerischen 'Delirium' sollen sich die verborgensten Bilder des Unterbewusstseins aufschließen (A. Breton).[11]

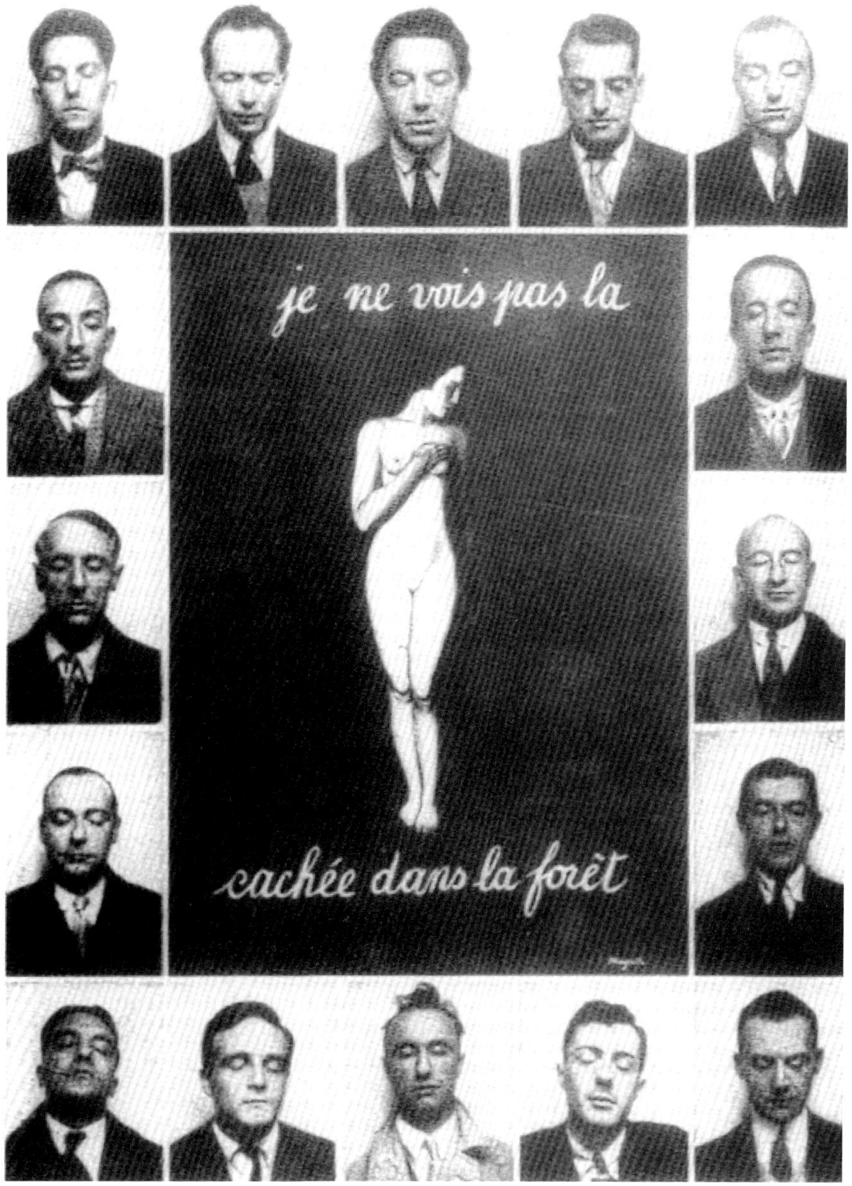

Bild 10: Surrealisten in Traumvision, aus einer Fotomontage in **La Révolution Surréaliste***, 1929. Von links oben im Uhrzeigersinn: Maxime Alexandre, Luis Aragon, André Breton, Luis Buñuel, Jean Caupenne, Paul Éluard, Marcel Fourrier, René Magritte, Albert Valentin, André Thirion, Yves Tanguy, Georges Sadoul, Paul Nougé, Camille Goemans, Max Ernst und Salvador Dalí.*

---

10) L. Buñuel: Mi último suspiro, S. 106.

11) Vgl. Dazu Gustav René Hocke: Die Welt als Labyrinth. Manier und Manie in der europäischen Kunst. Reinbek b. Hamburg: Rowohlt 1959. S. 161 ff.

Die Surrealisten bedienen sich mit Vorliebe der Provokation.

Bild 3 *Bild 4* *Bild 9*

Bild 3: Eine von einer Lanze durchbohrte Hand, aus Un chien andalou, 1929. Eine Idee von Salvador Dalí.
Bild 4: Karikatur einer Nonne, aus Zf. La Révolution Surréaliste, 1929 (?).
Bild 9: Terror: Das Ende eines Innenministers, aus L'Âge d'Or, 1930.

Zu den provokativen Handlungen der Surrealisten gehört vor allem das Durchbrechen von Tabus, allen voran natürlich des Sexual-Tabus.

Bild 8: Erotische Provokation einer Fellatio, aus L'Âge d'Or, 1930.

Die sexuelle Freizügigkeit im Gegensatz zur herrschenden bürgerlichen Doppelmoral war eine selbstverständliche Grundeinstellung der Surrealisten. Buñuel erinnert sich, wie ihn in Paris eine für seine Erziehung unglaubliche Umfrage zur Sexualität in der Zeitschrift *La Révolution Surréaliste* stark beeindruckt hat. Die Surrealisten antworteten unter anderem freimütig auf Fragen wie: Wo lieben Sie am liebsten? Was für einen Partner? Wie halten Sie es mit der Onanie? Buñuel antwortet darauf dekouvrierend, obsessiv mit seinen ersten beiden Filmen.

Zorn und Provokation der Surrealisten richteten sich aber ganz besonders auch gegen die katholische Kirche und ihre Vertreter; man gefiel sich in satirischen Anspielungen auf Kleriker, Ordensleute oder auch auf religiöse Handlungen oder sogar auf Heilige und auf Christus selbst. Damit war der Tatbestand der Blasphemie in den Angriffen auf Buñuel gegeben. Bei Buñuel haben wir hier ein weites Feld in seinen Filmen, wo sich seine antiklerikale Haltung, oft gepaart mit einer versteckten, gekränkten oder auch nie ganz bewussten Sympathie, zur Obsession entwickelt.

Bild 5 *Bild 6* *Bild 7*

Bild 5: Die Mutter Gottes schlägt das Jesuskind, Gemälde von Max Ernst, 1928.
Bild 6: Schockierendes Christusbild, aus L'Âge d'Or, 1930.
Bild 7: Schockierendes Christusbild, aus Nazarin, 1958.

Dalí und Buñuel haben sich gegenseitig ihre Träume oder Traumvisionen erzählt, woraus innerhalb einer Woche das Drehbuch von *Un chien andalou* entstanden ist. Die berühmte Schocksequenz zu Beginn des Films war ein Traumbild Buñuels: ein Wolkenfetzen zerteilt die Mondscheibe, das ergibt: ein Rasiermesser zerschneidet das Auge. Dalí sah eine Hand voll von Ameisen. Und damit war wieder eine Sequenz des Films geboren. Die strikte Regel bei diesen Traumwiedergaben war: keine Vorstellung, kein Traumbild akzeptieren, das eine rationale, psychologische oder sonstige Erklärung beim Zuschauer zuließe. Das irrationale Element sollte sich ungehindert frei entfalten. Die Frage nach dem Warum, also was wir gemeinhin Analyse nennen, war bewusst ausgeklammert.

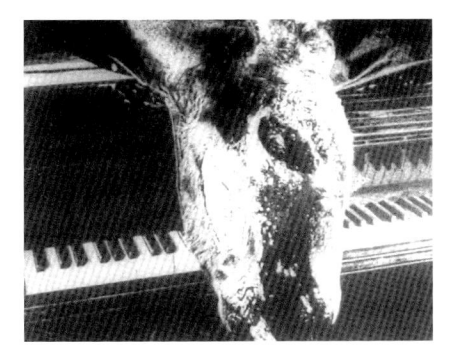

Bild 11 *Bild 12*

Bild 11: Eselleiche auf einem Klavier, aus Un chien andalou, 1929.
Bild 12: Eine Kuh im Bett, aus Un chien andalou, 1929.

Die Schlußsequenzen von den Menschen, die im Wüstensand stecken und nur mehr mit ihren Köpfen herausragen, stammen von Dalí. Embleme, Symbole werden einem damit entgegengehalten. Kehren wir noch einmal zum ersten Bild, dem berüchtigten Schnitt durchs Auge, zurück. Ein Kaleidoskop von möglichen Interpretationen eröffnet sich und zeigt Buñuel als den vielseitigen, nie festzulegenden Hermeneutiker. Der Schnitt durchs Auge hat Symbolwert schon durch die optische Aussagekraft. Ein Bild, mit dem das Verbot ausgedrückt wird, weiter vorzudringen. Das Auge ist ja durchschnitten, zerstört. Am Anfang einer künstlerischen Produktion, die auf das Sehen hin ausgerichtet ist wie jeder Film und jedes Kino, wird das Zusehen mit brutaler Gewalt unterbunden. Das Bild suggeriert die Bestrafung des Sehaktes am Organ selbst, mit dem man sieht. Denken wir an den Voyeur, der am Zusehen sexueller Handlungen anderer seine Freude hat und bestraft wird, wenn man ihn erwischt. Das Auge wird sozusagen als Voyeur bestraft, wenn es die verbotenen Träume des Unterbewußtseins betrachtet. Es ist verboten, zu sehen, was im Menschen verborgen ist, scheint am Anfang dieses Films und auch der späteren Filme Buñuels zu stehen. Eine Vielfalt von Assoziationen tut sich auf, die sich bei Buñuel immer wieder von der Dialektik Verbot – Genuss ableiten lassen, wobei die Vertreter des Genusses im Kampf mit den Vertretern der Unterdrückung dieses Genusses stehen.

Die Thematik dieses Films ist das Freilegen der im Unterbewusstsein revoltierenden Triebe des Menschen in der Antagonie zwischen Mann und Frau, die in einer repressiven Gesellschaft leben müssen. Dabei haben die aneinandergereihten Traumbildsequenzen durchaus einen Zusammenhang, nur keinen logischen. Die Motivation der Aktionen in diesem Film kommt aus dem menschlichen Unterbewusstsein: Zwänge und Lüste des Menschen, Verbot und Genießen treiben das Geschehen voran. Wenn Liebe nicht erfüllbar ist, führt das in der Unerbittlichkeit einer absoluten Forderung innerhalb eines gesellschaftlichen Systems zwangsläufig zu Gewaltakten.

Die heutige Kritik sieht in *Un chien andalou* nicht viel mehr als ein formales Experiment. Man darf aber dabei die historische Leistung nicht vergessen, mit der Buñuel in seiner surrealistischen Epoche am Anfang des Films überhaupt als eines noch nicht erprobten künstlerischen Ausdrucksmittels stand. Schon dieser Film zeigt die Fähigkeit Buñuels, eine ungeheuer starke erotische Konzentration auf die Leinwand zu übertragen, was sich dann in seinen späteren Filmen zur Meisterschaft weiterentwickelt hat (siehe *Cet obscur objet du désir*, 1977). Sheldon Renan sieht zusammen mit René Clairs *Entr'acte* in *Un chien andalou* den ersten schwarzen Film und zählt ihn zu den Anfängen des Undergroundfilms überhaupt.[12]

Buñuel erhält von dem Aristokraten und Künstlermäzen Charles de Noailles 1 Million Francs für seinen nächsten Film. Er plant das Drehbuch wieder mit Dalí; doch diesmal klappt die Zusammenarbeit nicht mehr. Er schreibt es allein; die Namensnennung von Dalí im Vorspann ist eigentlich nicht mehr als eine pietätvolle Geste an den einstigen Freund und Jugendgefährten. Der Titel sollte ursprünglich lauten: *La bestia andaluza*, also eine Fortsetzung von *Un chien andalou*, schließlich wurde aber *L'Âge d'Or* daraus in Anspielung an die neue Ära, die die Surrealisten verkünden.

Die Uraufführung fand am 28.10.1930 im Studio 28 von Paris statt. *L'Âge d'Or* gehört zu den ersten zwei oder drei Tonfilmen, die in Frankreich gedreht wurden. Charakteristisch für diese Art von Tonfilmen: kaum Dialog, noch viele Relikte aus der Stummfilmzeit, unterlegte Musik. Die Thematik: ein Film über den "amour fou", bei dem aus einem unwiderstehlichen Drang heraus bei jeder Gelegenheit ein Mann und eine Frau vergeblich versuchen, sich in Liebe zu vereinen. Mit anderen Worten (salopp ausgedrückt): Liebesfrust in Kettenreaktionen!

L'Âge d'Or brachte den für die Surrealisten gewünschten Skandal mit politischen Implikationen. Der Film war nur eine Woche zu sehen. Rechtsextreme Gruppen stürmten das Kino, warfen Bomben in den Saal, zerstörten das Mobiliar und Bilder der Surrealisten, die im Kino ausgestellt waren. Der Polizeipräfekt von Paris schaltete sich ein, verbot den Film und konfiszierte die Kopien. Das Verbot galt bis 1980! Erst ab 1980 gibt es ihn wieder im Verleih und zwar in New York und ab 1981 in Paris. Den Film konnte man 50 Jahre lang nur in Privatvorführungen oder Filmclubs sehen.

Die Thematik dieses Films hat nach Buñuels eigenen Aussagen den erregenden Konflikt zum Inhalt, den es innerhalb einer jeden Gesellschaft zwischen dem Gefühl der Liebe und irgendeinem anderen störenden Gefühl gibt, sei es nun religiös, patriotisch oder humanitär. Gestalten und Landschaften des Films sind durchaus

---

12) Sheldon Renan: An Instruction to the Underground Film. London 1967.

real. Der Protagonist wird von einem Egoismus getrieben, der alle Lebensäußerungen mit der für ihn nur absolut geltenden Liebe verbindet. Selbstkontrolle und andere Gefühle bleiben dabei ausgeschlossen. Sexualtrieb und Tod sind Kern und immer wiederkehrendes Motiv dieses Films. "Es una película romántica, realizada con todo el frenesí del surrealismo"[13], sagt Buñuel selbst dazu. Diese autobiographischen Bekenntnisse sind zum richtigen Verständnis Buñuels eminent wichtig. Man sieht immer wieder, wie er seine innere Problematik mehr oder minder sublimiert oder verschlüsselt auf die Leinwand projiziert. Für Buñuel gibt es eine grundsätzliche Unvereinbarkeit zwischen Liebe und Gesellschaft. Er sagt dazu: "Ninguna sociedad organizada favorece el amor. Hablo de la pasión total, entera, que se alimenta de ella y para ella misma: el *Amour Fou*. Este amor aisla a los amantes, los hace rebeldes a todo deber social o cualquier lazo familiar, los lleva a destruirlo todo. Este amor da miedo a la sociedad y ésta usa todos sus medios para separar a los amantes como se separaría a dos perros."[14] Dieser höchst unkonventionelle Vergleich eines Liebespaars mit zwei in sich verkeilten Hunden spiegelt die radikale Haltung des Surrealisten Buñuel wider. Man wollte zwar die völlig destruktive Tendenz des Dadaismus überwinden und bietet dafür die "verrückte Liebe" in all ihren Äußerungen als neues Ziel.

In einem revolutionären Manifest, das die Surrealisten zur Uraufführung des Films herausgebracht haben, offenbart sich wie in *L'Âge d'Or* die gleiche explosive Ideologie, wobei der Sexualtrieb immer in Verbindung mit dem Tod triumphiert. Die Surrealisten akzeptieren die ambivalente Sprache zur Überwindung aller Moralmythen. Man befürwortet die Gewalt als einziges Mittel, um die ersehnte Liebe zu erreichen und begrüßt die subversiven Elemente im Film als den positivsten Beitrag zum Aufbau einer neuen Epoche, die den Kapitalismus überwinden soll. Das ist: L'Âge d'Or, das goldene Zeitalter. Der Film will, – so heißt es am Schluss des Manifests –, blasphemisch, sadistisch und pessimistisch sein. Man darf aber bei all dem die Zeit nicht vergessen, in der dieser Film gedreht wurde: es war die Zeit der großen Weltwirtschaftskrise, die die bisherigen wirtschaftlichen und staatlichen Ordnungen schwer erschütterte.[15]

Zum besseren Verständnis von *L'Âge d'Or* lassen sich vier Gesichtspunkte herausgreifen, die ich nur stichpunktartig skizziere: 1. Die Erzählstruktur ist bereits zusammenhängender als in *Un chien andalou*. Es sind drei Episoden zu erkennen, die ineinandergreifen: nämlich die Episode von den Mallorkinern, von dem Fest und vom Schloss Selligny in Verbindung mit drei als Obsession vorgeführten Themen: der Klassenkampf, der "amour fou" und der Angriff auf die katholische Kirche. Der den Zusammenhang gewährende Verbindungsfaden zwischen den Episoden ist stets die sich letztlich doch behauptende subversive Macht der Erotik und des Todes über die in der Gesellschaft organisierten Menschen und ihre Methoden der Repression. 2. Die surrealistischen Züge offenbaren sich im provokativen und subversiven Charakter des Films mit den einzelnen Beispielen in verschiedenen Sequenzen (Bischöfe in vollem Ornat singen auf Felsklippen Mozarts *Ave verum* und werden zu Skeletten: eine Kuh mit Glocke im vornehmen Schloss auf dem Bett der jungen Frau; die Masturbationsszene einer Frau an einer Statue; der Fenstersturz eines brennenden Baums, einer Giraffe, eines Bischofs; die grundlose Erschießung eines Jungen durch den eigenen Vater und so fort). 3. Der Marquis de Sade mit seinen panerotischen Ideen gehört zentral in die surrealistische Weltvorstellung. Die dritte Episode ist eine Reminiszens auf de Sades *120 Tage Sodom*. Auf dem Schloss des Duc de Blangis wird eine Orgie veranstaltet. Der Gastgeber Duc de Blangis alias de Sade trägt die Züge Christi, was für die Zeitgenossen der Gipfel an Blasphemie darstellte. Die Schlußsequenz des Films im Anschluss an diese Orgie zeigt ein großes Kreuz im Sturm mit herunterhängenden schwarzen Trauerfetzen. 4. Der "amour fou" ist eine Hymne auf die bis in die letzte Konsequenz geführte Liebesleidenschaft, das heißt, sie ist für die Surrealisten die höchste Form von Erotik, die aber immer gewaltsam unterbrochen wird durch die Repräsentanten der Ordnung, von der Polizei bis zum Innenminister. Der höchste immer wieder zur Schau gestellte Gegensatz im Film ist die totale Liebe auf der einen und die totale Unterdrückung auf der anderen Seite. Die Thematik des permanent frustrierten Liebesaktes wird zu einer Konstanten auch in den späteren Filmen Buñuels.

L'Âge d'Or gehört gewiss zu den legendärsten Filmen in der noch jungen Geschichte des Films: er ist der am längsten verbotene, der vielleicht am stärksten abgelehnte und am meisten gelobte Film. Buache meint, der Film *L'Âge d'Or* hätte genügt, um Buñuel zu den größten Cineasten der Welt zu rechnen[16], und Kyrou spricht vom schönsten Film aller Zeiten[17].

Buñuel kam 1932 nach Madrid im Triumph seiner Skandale und Erfolge von Paris. Er arbeitete in Madrider Filmclubs wie *España* mit, gestaltete das Programm, leitete Diskussionen, schrieb Filmkritik. Sein Ziel jedoch lag woanders: er wollte wieder und weiter Filme drehen. Ein ihm befreundeter Schullehrer aus Huesca, Ramón Acín, ein im Land bekannter Anarchist, gewann in der Lotterie und stellte Buñuel 20.000 ptas für einen Dokumentarfilm über *Las Hurdes* zur Verfügung. Ein Kuriosum: Nach der Unterstützung durch die Mutter im ersten Film *Un chien andalou* und durch den aristokratischen Mäzen in *L'Âge d'Or* nun die nötigen Geldmittel von einem Anarchisten. Buñuel kaufte zunächst einen alten

---

13) zitiert nach Manuel Alcalá: o.c., S. 66.

14) zitiert nach Manuel Alcalá: a.a.O.

15) vgl. Manuel Alcalá: o.c., S. 68f.

16) Freddy Buache: Luis Buñuel. Lyon: Serdoc 1960.

17) Ado Kyrou: Luis Buñuel. Paris: Seghers 1962.

Fiat, den er als Hobbymechaniker auch selbst reparierte. Mit einigen französischen Freunden, dem Fotografen Eli Lotar, dem surrealistischen Marxisten und Poeten Pierre Urrik und dem anarchistischen Produzenten Acín filmte Buñuel vom 20.04. bis 24.05.1932 in den Hurdes. Primitivste Arbeitsbedingungen: Schnitt in Madrid auf einem Küchentisch mit einer Lupe. Die ursprüngliche Fassung ist ein Stummfilm. Die spanische Botschaft in Paris gab Buñuel später Mittel, den Film mit Ton (Musik, vierte Symphonie von Brahms) und Kommentaren zu unterlegen.

Seine Idee war: eine scharfe, unmissverständliche Sozialkritik in einer Art 'didaktischer' Dokumentarfilm mit schockierenden Bildern eines monströsen Elends. Die realen Bilder muten teils surrealistisch an. So gesehen, war *Las Hurdes* kein Bruch mit den beiden vorangegangenen Filmen. Im Genre des Dokumentarfilms galt er als höchst avantgardistisch. *Las Hurdes* ist im Grunde genau so subversiv wie die surrealistischen Filme Buñuels zuvor. Wer Buñuel sieht, muss Stellung beziehen. Das verlangte er von seinen Landsleuten, als er ihnen seinen gesellschaftspolitischen Dokumentarfilm vorführen wollte. Doch daraus wurde zunächst nichts: die Schonungslosigkeit der brutalen Bilder bewirkte ein sofortiges Verbot für Spanien, was vor allem auch auf den damaligen Präsidenten des *Patronato de las Hurdes*, auf Gregorio Marañón zurückging. Mit ihm hatte Buñuel nach der Vorführung des Films in Madrid eine harte Auseinandersetzung. Marañón fragte Buñuel: Warum zeigen Sie immer nur die hässlichen und unangenehmen Seiten? Warum nicht zum Beispiel die Folklore, die Tänze in den Hurdes? Verächtlich qualifizierte Buñuel Marañóns Einstellung als einen billigen, verwerflichen Nationalstolz ab. In der Begründung des Verbots hieß es: Spaniens Ehre werde verletzt, alle Spanier seien verhöhnt. Während des Spanischen Bürgerkriegs war Buñuel bei der Guardia Civil als Sittenstrolch, als Drogensüchtiger und als Urheber von *Las Hurdes* registriert, einem Film, wie es hieß, der eine abscheuliche Vaterlandsbeleidigung darstelle. Hätte man ihn zu der Zeit erwischt, wäre er wohl kaum mit dem Leben davongekommen, meint er selbst.[18]

Man kann verstehen, warum die junge spanische Republik den schonungslos anklagenden Dokumentarfilm Buñuels sofort verboten hat. Man wollte Information und Kenntnis über die Zustände in dieser Gegend verhindern. Aber gerade das Verbot machte den Film sehr schnell international bekannt und zwang auch nach dem Bürgerkrieg das Franco-Regime, wirksame Abhilfe zu schaffen. Dass noch in den 60er Jahren auch und gerade offiziell Stimmung gegen Buñuel wegen dieses Films gemacht wurde, zeigt uns, wie tief der Stachel bei den offiziellen verantwortlichen Stellen saß.

Las Hurdes sind im 20. Jahrhundert zu einem Synonym für Elend, Hunger, Rückständigkeit in Spanien geworden. Dank der immer stärker gewordenen Aufmerksamkeit der Presse, der Schriftsteller und nicht zuletzt durch Buñuels Film hat man, so weit das überhaupt geht, die hurdanos aus ihren menschenunwürdigen Lebensverhältnissen erlöst.

Wir haben versucht, Buñuel mit seinen surrealistischen Filmen in den Anfängen seiner Laufbahn zu verstehen. Seine späteren Filme aus der mexikanischen Zeit der 50er Jahre und aus der Zeit, in der er in den 60er und 70er Jahren in Spanien und Frankreich drehte, zeigen den meisterhaften Filmemacher, der immer wieder surrealistische Elemente aus seiner Anfangsepoche in fast allen Filmen einbrachte, so dass man sagen kann, ohne die Kenntnis der Filme dieser Epoche ist Buñuel nicht richtig zu interpretieren.

Literaturverzeichnis

Alcalá, Manuel: Buñuel (Cine e ideología). Madrid: EDICUSA 1973.

Agel, Henri: Luis Buñuel. Paris 1959.

Aranda, Juan Francisco: Luis Buñuel, biografía crítica. Barcelona: Lumen 1975.

Aub, Max: Conversaciones con Buñuel. Madrid 1984.

Ballabriga Pina, Luis: El cine de Luis Buñuel según Luis Buñuel. Huesca 1993.

Banz, Helmut/Goetz, Alice: Luis Buñuel: Eine Dokumentation. Bad Ems 1965.

Bazin, André: The cinema of cruelty: from Buñuel to Hitchcock. New York: Seaver Books 1982.

Bragaglia, Christina: La realtà dell'immagine in Luis Buñuel. Bologna 1975.

Breton, André/Éluard, Paul: Revue – programme de L'Âge d'or, Studio 28, Nov., Paris 1930.

Breton, André: L'Affaire de L'Âge d'or. Paris 1931.

Brochier, Jean-Jacques: Luis Buñuel. Paris 1974.

Buache, Freddy: Luis Buñuel. Lyon: Serdoc 1960.

Buñuel, García: Recordando a Luis Buñuel. Zaragoza 1985.

Buñuel, Luis: Mon dernier soupir. Paris: Editions Robert Laffont 1982.

Buñuel, Luis: Mi último suspiro. Esplugues de Llobregat (Barcelona): Plaza & Janes 1982.

Buñuel, Luis: Mein letzter Seufzer. Erinnerungen. Königstein: Athenäum 1983.

Buñuel, Luis et al.: Luis Buñuel. München: Hanser 1980 (= Reihe Film 6).

Buñuel, 100 Years: it's dangerous to look inside = Buñuel, 100 años: es peligroso asomarse al interior. New York: Instituto Cervantes, Museum of Modern Art 2001.

Cattini, Alberto: Luis Buñuel. Florenz 1979.

---

18) vgl. Luis Buñuel: Mi último suspiro, S. 138.

Cesarman, Fernando C.: El ojo de Buñuel. Psicoanálisis desde una butaca. Barcelona: Anagrama 1976.

Cieslar, Jirí: Luis Buñuel. Prag 1987.

Ciclo Luis Buñuel. Apresentado por Embaixada de Espanha, Cinemateca Portuguesa e Fundação Calouste Gulbenkian com o alto Patrocínio das Embaixadas do México e da França. Lisboa 1982.

Cremonini, Giorgio: Buñuel. Rom 1973.

Dada and surrealist film. Edited by Rudolf E. Kuenzli. Cambridge, Mass. 1996.

Drummond, Phillip: "Textual Space in Un chien andalou". In: Screen 18:3 (1977), 55-120.

Durgnat, Raymond: Luis Buñuel. Madrid: Fundamentos 1973.

Edwards, Gwynne: A Companion to Luis Buñuel. Rochester/NY: Boydell & Brewer 2005.

Edwards, Gwynne: The Discreet Art of Luis Buñuel: A Reading of His Films. London; Boston: M. Boyars 1982.

Edwards, Gwynne: Indecent exposures: Buñuel, Saura, Erice & Almodóvar. London; New York: M. Boyars 1995.

Evans, Peter William: The Films of Luis Buñuel. Subjectivity and Desire. Oxford 1995.

Evans, Peter William/Santaolalla, Isabel (eds.): Luis Buñuel. New Readings. London 2004.

Farber, Manny: Negative Space: Luis Buñuel. London 1971.

Fuentes, Víctor: Buñuel: cine y literatura. Barcelona 1989.

Galvez, Antonio: Luis Buñuel. (Texte de Robert Benayoun, Lettre-préface de Luis Buñuel). Paris: E. Losfeld 1970.

Gutiérrez Vega, Hugo: Luis Buñuel, obsesciones de un espectador. Salamanca: Colegio de España 1982.

Hammond, Paul: L'Âge d'or. London 1997.

Higginbotham, Virginia: Luis Buñuel. Boston: Twayne Publishers 1979.

Homenaje Póstumo a Luis Buñuel: Selección de textos, Vicente Baca Lagos. Managua, Nicaragua: Cinemateca de Nicaragua 1983.

Kuchenbuch, Thomas: "Künstlerische Avantgarde und der Film: Ein andalusischer Hund (Un Chien andalou, 1928 [sic!])". In: Fischer Filmgeschichte, Bd. 2, hg.v. W. Faulstich u. H. Korte, Frankfurt/M 1991, 92-109.

Kyrou, Ado: Luis Buñuel. Paris: Seghers 1962.

Kyrou, Adonis: Luis Buñuel. Présentation par Ado Kyrou. Textes et propos de Luis Buñuel, Bibliographie. Paris: Seghers 1970.

Kyrou, Adonis: Luis Buñuel. An Introduction. Translated by Adrienne Foulke. New York: Simon and Schuster 1963.

Lara, Antonio (ed.): La imaginación en libertad (Homenaje a Luis Buñuel). Madrid: Universidad Complutense 1981.

Larrea, Juan: El Surrealismo en el Viejo y Nuevo Mundo. Mexiko 1944.

Lefevre, Raymond: Luis Buñuel. Paris: Edilig 1984.

Link-Heer, Ursula/Roloff, Volker (eds.): Luis Buñuel. Film – Literatur – Intermedialität. Darmstadt: Wissenschaftliche Buchgesellschaft 1994.

Lundkvist, Artur: Buñuel. En bok i Samarbete med Svenska Film Institutet. Stockholm: PAN/Nordstedt 1967.

Malmkjaer, Poul: Buñuel statements og anti-statements. Kopenhagen 1968.

Mellen, Joan (ed.): The World of Luis Buñuel. Essays in Criticism. New York 1978.

Mertens, Mathias: Buñuel, Bachtin und der karnevaleske Film. Weimar 1999.

Monegal, Antonio: Luis Buñuel: De la literatura al cine: Una poética del objeto. Barcelona: Anthropos 1993.

Nau, Peter: "Das goldene Zeitalter des Tonfilms." In: Filmkritik 174 (Juni 1971), 293-308.

Oms, Marcel: Don Luis Buñuel. Paris: Editions du Cerf 1985.

Patrizi Zingarini, Francesco Luigi: Luis Buñuel: dalla poesia al cinema. Firenze: Firenze Atheneum 2001.

Pérez Turrent, Tomás: Buñuel por Buñuel. Madrid: Plot 1993.

Renan, Sheldon: An Introduction to the Underground Film. London 1967.

Rubinstein, E.: Visit to a Familiar Planet: Buñuel Among the Hurdanos. In: Cinema Journal 22:4 (1983), S. 3-17.

Rucar de Buñuel, Jeanne: Memorias de una mujer sin piano. Mexiko 1990.

Sánchez Vidal, Agustín: Luis Buñuel. Madrid 1991.

Sánchez Vidal, Agustín: Luis Buñuel, obra cinematográfica. Madrid 1984.

Schwarze, Michael: Luis Buñuel in Selbstzeugnissen und Bilddokumenten. Reinbek bei Hamburg: Rowohlt 1981.

Sobchack, Vivian: "Synthetic Vision. The Dialectical Imperative of Luis Buñuel's *Las Hurdes*." In: Documenting the Documentary ed. V. B. K. Grant u. J. Sloniowski, Detroit 1998, 70-82.

Taranger, Marie-Claude: Luis Buñuel: Le Jeu et la Loi. Saint-Denis: Presses univeritaires de Vincennes, Paris: Diffusion CID 1990.

Tinazzi, Giorgio: Buñuel. Rom 1973.

Tinazzi, Giorgio: Il cinema di Luis Buñuel. Palermo 1973.

Troiano, Felice: Surrealismo e Psicanilisi Nelle Prime Opere de Buñuel. Parma: Universita di Parma, Centro studi e archivio della comunicazione 1983.

Vogel, Amos: Film as a subversive Art. London 1974.

Williams, Linda: Figures of Desire: A Theory and Analysis of Surrealist Film. Urbana: University of Illinois Press 1981.

Bildnachweis:

Bilder 1, 3, 4, 5, 6, 7, 8, 9, 10, 11 aus *Ciclo Luis Buñuel*, Apresentado por Embaixada de Espanha, Cinemateca Portuguesa e Fundação Calouste Gulbenkian com o alto Patrocínio das Embaixadas do México e da França. Lisboa 1982.

Bild 2: Reproduktion einer Postkarte ohne Nachweis.

Bild 12 aus Raymond Durgnat: *Luis Buñuel*. Madrid: Fundamentos 1973.

Max Ernst
Die Mutter Gottes schlägt das Jesuskind, 1928

vgl. oben Bild 5

Eberhard Schlotter
„*Ein Gruß an meinen Freund Max Ernst*",
Blatt 46 der Kolumbus-Radierfolge (1984-88)
Aquatinta, Kaltnadel, WV 2817

Jörg Drews

KREUZ- UND QUERZÜGE DURCH MEINE BIBLIOTHEK: FRAGMENTARISCHES SOMMERGESCHENK FÜR EINEN FREUND DES LICHTS

The Beatles Ein ganzer Meter mit Katalogen, Büchern, Platten und CDs. Susan Wilcox, meine englische Freundin im Sommer 1963, fragte ich damals einmal nach dieser Band aus Liverpool, von der man in England in letzter Zeit so viel Wesens mache ... "Are they any good?" "Oh, they are a horrible lot ... uncouth ... disgusting". Ich zog den Kopf ein: Also, wenn sie das sagt ... obwohl ihr Geschmack ja eigentlich auch ziemlich middle-class-brav ist ... Aber ein paar Jahre später war dann in London die Premiere von "Help!", ich stand mit Spalier vorm Kino, John Lennon ging in 1 Meter Entfernung an mir vorbei, ich sah den Film, und das machte in meinem Leben "Epoche", wie Großvater Goethe pompös gesagt hätte, obwohl "Help!" ja vergleichsweise 'clean fun' war; bei den späteren Schmuddelkindern und wilden Kerlen wie den *Stones* und den *Doors* wurde ja ganz anders auf den Putz gehauen. Als ich nach München zurückkam, sagte ich zu meinen Freunden: "Ich muß euch was gestehen. Ich bin *Beatles*-Fan." Ihr Entsetzen ist kaum zu beschreiben – schließlich waren wir alle strenge und eifrige Besucher der Musica viva-Konzerte in München. Allerdings waren besagte Spezis ein paar Monate später ebenfalls *Beatles*-Fans und in der Dichtung auch John Lennon-Bewunderer.

Walter Benjamin In der deutschen Sprache haben für mich zwei Autoren eine Sonderstellung, Friedrich Hölderlin und Walter Benjamin, wahrscheinlich deshalb, weil in ihre Sprache Zärtlichkeit in einer Weise eingegangen ist, die ganz einmalig ist; höchstens den schwäbischen Bauerndichter Christian Wagner könnte man ihnen zur Seite stellen. Was aber inzwischen gänzlich unlesbar geworden ist, das ist die sog. Sekundärliteratur zu Benjamin; sie ist unerträglich. Zugleich hat mir keiner je erklären können, was in der berühmten Vorrede zum „Ursprung des deutschen Trauerspiels" eigentlich gemeint ist; auch finde ich die Argumente in dem Aufsatz über die "Aufgabe des Übersetzers" keineswegs triftig, soweit ich sie überhaupt zu verstehen glaube, und warum auch Benjamin so grotesken Unsinn schreiben konnte wie über den Brief Johann Gottfried Seumes an den Mann seiner ehemaligen Freundin (vielleicht sogar Verlobten), in seiner Briefauswahl "Deutsche Menschen" von 1936. Deren zweite Auflage (broschiert) konnte man übrigens noch in den siebziger Jahren beim Verlag Vita Nova in Luzern ganz normal für 14,80 Sfr kaufen. Und ich Idiot kaufte nur drei Exemplare, statt die ganzen 140 Exemplare aufzukaufen; außerdem verriet ich meinen Fund, und in zwei Wochen waren alle Exemplare verkauft.

Rudolf Borchardt Dieser bedeutende Mann war ja zugleich ein Hochstapler. Es schaudert einen, das hinzuschreiben. Und er schrieb die wohl männlichste, aber auch die Talmifeierlichste Prosa der deutschen Literatur des 20. Jahrhunderts – siehe z.B. seinen Nachruf auf Hugo von Hofmannsthal. Aber er hat in seinem Buch "Der leidenschaftliche Gärtner", geschrieben in seiner tiefsten Einsamkeit in Italien während der Nazizeit, so zärtlich über Gärten und Pflanzen geschrieben wie sonst nur Goethe sie gezeichnet und bedichtet hat, und er hat in seiner angeblich skandalösen "Aufzeichnung Stefan George betreffend" auf eine fatale Weise Unrecht und zugleich in der Tiefe eine so scharfsichtige Analyse eines bestimmten Stratums deutscher Geschichte und deutscher Mentalitäten geliefert, daß es egal ist, ob man das Geschriebene wissenschaftlich 'beweisen' kann. Und Borchardt hat sich 1907 in einem Brief an seine Mutter erinnert an einen einsamen Gang in Florenz im Frühjahr 1903, wo ihm die ganze Schwere seines Dichterschicksals und seiner kommenden Aufgaben aufging und dies inmitten der blühenden Gärten von Florenz, und da ich diesen Brief hier nicht abdrucken kann, fordere ich Sie auf, ihn zu lesen in dem Band mit Borchardts "Briefen 1907 bis 1914", München 1995, S. 35 ff., vor allem S. 42 bis 44. Er war es ja auch, der 1943 über den "Untergang der deutschen Nation" schrieb und als erster konstatierte, daß wir als deutsche Nation in irgendeinem gewichtigen Sinne aufgehört haben zu existieren, auch wenn das jetzige Deutschland, ein recht anständig gewordenes, etwas langweiliges Ländchen, immer noch diesen Namen Deutschland trägt.

Julio Cortázar Am liebsten würde ich schreiben über die beiden Bände "Reise um den Tag in 80 Welten" und "Ultimo round", diese auf große Weise groß gelaunten Bücher. Aber ich will hier was anderes sagen: Es gibt einige Autoren, die ich noch hätte kennenlernen können, aber weil ich dachte, es hat noch Zeit oder weil ich zu schüchtern war oder mir zu albern vorkam, habe ich sie nicht kennengelernt. Dazu gehört Julio Cortázar. Und dazu gehört auch Guillermo Cabrera Infante, gehört der große Kritiker Albrecht Fabri, dazu gehört Henry Miller, und dazu gehörte auch Thomas Mann, den ich noch 1955 in Zürich anzusprechen plante (sich anschleichen in Kilchberg und ihn bei seinem Spaziergang abpassen und dann fragen, wie er ...). Er starb, als ich auf dem Weg nach Zürich war, zu diesem – wie ich damals dachte – größten deutschen Prosateur (heute denke ich darüber erheblich anders). Samuel Beckett habe ich wenigstens einmal gesehen. Er saß einmal im selben Bus wie ich auf dem Weg vom Dubliner Flughafen in die Innenstadt. Für drei Sekunden war ich ganz erstarrt und überlegte, ob ... Aber was hätte ich sagen sollen: "Excuse me, Mr. Beckett, please allow me to say that I admire your books very much"?

Alfred Döblin Im November 1980 – kann das sein? ich glaube, so war's – stand ich im German House in New York in einer kleinen Gesellschaft, welche die Publikation von John E. Woods Übersetzung von Arno Schmidts "Abend mit Goldrand" – "Evening Edged in Gold" feierte. Die wunderbare Helen Wolff war da, und neben mir stand Alfred Döblin, und ich dachte zwei Sekunden lang: Das ist ja wunderbar, daß er auch da ist! Es war aber sein Sohn Peter Döblin, der absolut genau so aussah wie der ungefähr 50jährige Alfred Döblin; er sah ihm, wie man bayrisch sagt, "runtergerissen" ähnlich. Der Eindruck war so intensiv und selbstverständlich, daß ich bis heute denke, ich habe wirklich Alfred Döblin gesehen, dessen frühe Prosa – zusammen mit Carl Einsteins "Bebuquin", Georg Heyms "Dieb", Albert Ehrensteins "Tubutsch" und Gottfried Benns "Rönne"-Prosa den (hier streiche ich einige Adjektive) "Tod in Venedig" so unendlich weit übertrifft. *Deren* Prosa eröffnete das neue Jahrhundert! Die stießen die Tore auf! Damit begann das neue Leben!

Heinrich Heine Ungemischt ist die Freude an ihm nicht, mir noch nie gewesen, noch nicht einmal bei der Lektüre seiner hinreißenden Beschreibung des saufenden und grölenden Touristen- und Studentenvolks auf dem Brocken in der "Harzreise". Aber wenn Heine dann gar nicht anders mehr kann als ernst sein, dann ist er ein Dichter von metaphysischen Gnaden und mit einem vernichtenden anthropologischen Tiefblick; man höre:

> Gott gab uns nur einen Mund,
> Weil zwei Mäuler ungesund.
> Mit dem einen Maule schon
> Schwätzt zu viel der Erdensohn.
> Wenn er doppeltmäulig wär,
> Fräß und lög er auch noch mehr.
> Hat er jetzt das Maul voll Brei,
> Muß er schweigen unterdessen,
> Hätt er aber Mäuler zwei,
> Löge er sogar beim Fressen.

Das Fragment aus einem geplanten Gedicht über zwei Augen, Ohren, Hände etc. aber nur einen Mund des Menschen ist eine höhnische Widerlegung der angeblichen Gelungenheit der Schöpfung, an die ja in letzter Zeit offenbar wieder eine zunehmende Zahl von Menschen vor allem in den USA zu glauben bereit ist (wahrlich, wir leben in finsteren Zeiten!); es ist ein sarkastischer Spaß auf Kosten der Physikotheologie des frühen 18. Jahrhunderts, noch gang und gäbe bei Poeten wie Brockes (na ja, der hat dafür andere großartige Qualitäten), verspottet natürlich auch schon bei Voltaire und Wezel. – Was hatte eigentlich Eduard Mörike, dies wunderbarste Beispiel des deutschen poetischen 'Sonderwegs', dessen Rang der Welt draußen wahrscheinlich nie klar zu machen sein wird, gegen Heinrich Heine? Was meinte er, als er über Heine sagte: "Er ist ein großer Dichter ganz und gar, aber net eine Viertelstund könnt' ich mit ihm leben, wegen der Lüge seines ganzen Wesens." –? Spricht aus dem Satz dann doch, wie aus einem der Bücher eines 150 Kilometer südlich lebenden Gegenwartsautors, die Stimme eines Schriftstellers, der zumindest einen Winkel seiner alemannischen Seele nicht ausgelüftet hat? Göttlich aber jedenfalls die Chuzpe, mit der Heine seine wirklichen Wünsche preisgab (und so ähnlich denken wir doch auch, zumindest hin und wieder, und ich weiß auch genau, welche drei ich mir an die von Heine imaginierten Bäume denke):

> Ich habe die friedlichste Gesinnung. Meine Wünsche sind: eine bescheidene Hütte, ein Strohdach, aber ein gutes Bett, gutes Essen, Milch und Butter, sehr frisch, vor dem Fenster Blumen, vor der Tür einige schöne Bäume, und wenn der liebe Gott mich ganz glücklich machen will, läßt er mich die Freude erleben, daß an diesen Bäumen etwa sechs bis sieben meiner Feinde aufgehängt werden. Mit gerührtem Herzen werde ich ihnen vor ihrem Tode alle Unbill verzeihen, die sie mir im Leben zugefügt – ja man muß seinen Feinden verzeihen, aber nicht früher, als bis sie gehenkt worden.

Hugo von Hofmannsthal Nie werde ich verstehen, wie Werner Kraft oder Rudolf Goldschmidt diesen Mann so sehr schätzen konnten. Man höre sich nur einmal an, wie er – auf einer der frühesten erhaltenen Tonaufnahmen einer Dichterlesung, nämlich von 1907 – sein Gedicht "Manche freilich müssen drunten sterben" spricht: es ist der Gipfel des snobistischen Säuselns, es ist der Inbegriff der Verlogenheit, zugleich ein tiefsinniges Beispiel für *objektive* Verlogenheit in einem bestimmten Typus von Dichtung zwischen ca. 1890 und ca. 1910, Dichtung als parfümierte Ideologie, als gepflegte Moderne-Verweigerung – aber das führt hier ab; wer mir allein nicht glaubt, der lese nach, was Franz Kafka im Februar 1912 über eine Hofmannsthal-Lesung in Prag schreibt. Wobei ich immer noch zugebe, daß nicht alles so falsch und kitschig bei ihm ist wie "Manche freilich . . ." oder das Gedicht "Die Beiden", sondern daß es da auch das Prosafragment "Andreas oder die Vereinigten" gibt, und die Komödie "Der Schwierige" besticht mich noch immer, ein bißchen wenigstens. Ulrich Weinzierl hat neulich ein sehr kritisches, bisweilen im blanken Hohn landendes Buch über Hofmannsthal und seine Umgebung geschrieben, das sich aber immer noch im Ton zurückhält, wenn etwa Hofmannsthals Haß auf die Arbeiter zur Sprache kommt und seine Drückebergerei im Krieg (bei gleichzeitiger öffentlicher Begeisterung für die Männer an der Front, versteht sich). Eigentlich hätte Weinzierl sogar seinen eigenen Text weglassen können und hätte nur die Hofmannsthal-Zitate, vor allem aus den Briefen des Dichters, hintereinander zu hängen brauchen – das hätte schon gereicht, um das Buch zu der Hinrichtung zu machen, die es ist.

Uwe Johnson Als ihm in Darmstadt der Büchner-Preis verliehen wurde, sollte ich nach der Feierlichkeit den Text seiner Rede bei ihm abholen; den würde am folgenden Wochenende die *Süddeutsche* bringen. Johnson sah mich stehen, und als ich dann auf ihn zutrat, nahm er die Pfeife aus dem Mund und sagte: "Aha, Sie sind der angekündigte Journalissimus!" und gab mir das Typoskript seiner Rede. Was heißt, daß der Mann seinen Arno Schmidt kannte: Der Satz war nämlich ein Zitat aus Arno Schmidts "Gelehrtenrepublik", und er wußte, daß ich wußte, daß er ein Schmidt-aficionado war, der zum Beispiel mit einem anderen Schmidt-Leser einen Briefwechsel über Eisenbahnerisches bei Schmidt führte; Jahre vorher hatte ich ihn einmal in München im Anschluß an seine Lesung aus den "Mutmaßungen über Jakob" nach seiner Einschätzung Arno Schmidts gefragt, und er antwortete: "Ich schätze Arno Schmidt sehr, aber man kann nichts von ihm lernen." Ich war baff über den zweiten Teil des Satzes, glaube aber heute, daß Johnson recht hatte: Von Schmidt glauben lernen zu können, führt in die Epigonalität. Der Ausnahmen sind wenige.

James Joyce "Ulysses". 1960 kaufte ich in einem etwas schmuddeligen Billig-Bookshop in der Charing Cross Road in London meinen "Ulysses" in der wunderbar grobgrünen Bodley Head-Ausgabe. Das Buch hatte im Fenster gestanden neben einem Exemplar von "A History of Flogging in the Army and Navy" eines mir entfallenen Autors. Das war die Position des "Ulysses" in England in den frühen sechziger Jahren. Übrigens, Joyce war Ire, der allerdings nie seinen British passport aufgab, also als Brite starb. Der "Oxford Companion to English Literature" sagte in seiner 1958er Auflage, "Ulysses" sei "by some intellectuals considered to be one of the greatest novels of the century". "... by some intellectuals": halt so perverse, abwegige verächtliche Kerle, wie Iren.

Wolfgang Koeppen Viele Jahre wartete die deutsche Welt auf – endlich mal wieder – einen neuen Roman von Wolfgang Koeppen. Ein tragischer Fall von *writer's block,* Sie verstehen ... Eines Abends waren wir in Schwabing zu Besuch bei Carl Werner, merkwürdiger Mann, bei dem ich auch ein oder zwei Mal Koeppen sah; dichtete selbst, spielte sich auf als geheimnisvoller Mäzen, sollte unehelicher Sohn (einer der letzten) Wilhelms II. gewesen sein, und im Nebenzimmer tippte es; die Tür war geschlossen. Was war das? Wir schauten Carl Werner fragend an. Er: "Mhm. Der neue Roman von Wolfgang Koeppen ist fertig, er wird gerade abgetippt. 'In Staub mit allen Feinden Brandenburgs'. Kommt im Herbst." Er kam nie. Wer hat da wen angelogen? Koeppen nicht nur Unseld, sondern auch Werner? Oder nur der uns? Oder glaubte Werner selbst an die Chose? Oder ließ er irgendwas abtippen und verschaffte damit nur Koeppen Aufschub? Später stellte sich heraus: Carl Werner war so arm wie eine Kirchenmaus und ganz einfach der Sohn eines Münchner Metzgermeisters. Und wie voller Ehrfurcht waren wir im Moment der Koeppen betreffenden Offenbarung!

Thomas Mann Bis heute weiß ich nicht recht, ob mir bei Nennung seines Namens gleich übel werden soll oder ob er doch noch immer irgendwie der in unserer Familie verehrte "Meister Thomas von der Trave" ist. Er nimmt, sagt zum Beispiel sein gerühmtes Tagebuch, ein Wannensitzbad, "mit Katjas Hilfe", in der Turnhose, und er höhnt sehr von oben und leicht angeekelt über den Tod Theodor Lessings, den die Nazis im Sommer 1933 in Karlsbad ermorden ließen: das sei wohl Lessing angemessen, aber nicht ihm. Es ist ganz unerträglich. Edel sei der Mensch, hilfreich und gut, vor allem aber – so ist das bei Thomas Mann zu verstehen – manierlich und immer korrekt angezogen. Ob wohl die Dauer-Verleugnung bzw. Nicht-Betätigung seiner Homosexualität auf die Falschheit, das Fassadäre seines Stils durchschlug? Wenn ein Kritiker in jungen Jahren schon ein unwandelbarer Thomas-Mann-Liebhaber ist, besteht der Verdacht, daß er von feinsinniger Frühvergreisung befallen ist. Zugleich muß ich zugeben, daß "Buddenbrooks", "Mario und der Zauberer", die Josephs-Romane und vor allem der Essay "Bruder Hitler" doch bedeutende Opera sind: "Bruder Hitler" ist Hitler so auf der Spur wie Borchardt George in der "Aufzeichnung Stefan George betreffend". Aber haben Sie in letzter Zeit mal das berühmte "Schnee-Kapitel" aus dem "Zauberberg" wieder gelesen? Es ist von unfaßbarer Geschwätzigkeit und Leere, und weil er von seiner Bedeutsamkeit tief durchdrungen ist, gerät ihm das Kapitel viel zu lang. Die Germanisten-Kollegen aber lassen die 583. Dissertation über ihn schreiben.

Heinrich Meyer Dieser 1904 geborene und 1977 gestorbene Mann hat, vom Dienst suspendiert, 1946 ff. ein Buch über Goethe geschrieben, 1949 veröffentlicht, in dritter Auflage 1967 erschienen, erneut veröffentlicht 1991, das ich für eines der klügsten über Goethe in den letzten 50 Jahren halte; es hat den rätselhaften Titel "Goethe. Das Leben im Werk", den man erst entwirren muß, er ist nicht biographistisch gemeint. Bei der Neuauflage 1991 erhielt das Buch nicht eine einzige Besprechung. Das kommt u.a. daher, daß die meisten Germanistenkollegen jenem Typus von Gelehrten angehören, der hauptsächlich mit dem Abfassen oder der Lektüre von DFG-Gutachten beschäftigt ist oder in Gremien Zeit verbringt, weil er Macht ausüben möchte – was ihn viel mehr interessiert als Goethe zu lesen oder über Goethe zu lesen. Besagter Heinrich Meyer lehrte in den USA und geriet in den vierziger Jahren – verständlich aber dennoch völlig blödsinnigerweise – in den Nazi-Verdacht, wurde wie gesagt, zwangspensioniert, las in dieser Zeit die 144 Bände der Weimarer Ausgabe und schrieb besagtes Buch, das ich für erfrischend klug halte. Seine dritte Frau, die ihn, den 1977 Gestorbenen, um viele Jahre überlebte, sagte nachdenklich und bewundernd über ihn: "The man was a genius." Ich stimme ihr zu. Er schrieb noch ein zweites umfangreiches Buch: "Was bleibt! Bemerkungen über Literatur und Leben, Schein und Wirklichkeit", 1966 erschienen, worin er auf eigenwillige, um nicht zu sagen: haltlose Weise mäandrierend durchdiskutiert, was von der deutschen Literatur der Vergangenheit bleiben werde, was natürlich vor allem heißt: was er wünsche, daß es bleiben werde, aber leider sind ja die Leute so blöde, und alles ist vergänglich, oder jedenfalls sind wir – und vielleicht eben auch unsere Urteile – alle sterblich. "Was bleibt" ist auf jeden Fall eine Fundgrube, egal was die Zunft oder eine größere Öffentlichkeit sagt. In geistigen Dingen hat noch nie die Majorität entschieden.

Erica Pedretti Von ihr stehen nur vier Bändchen in meiner Bibliothek. Ich bin erst spät auf sie aufmerksam geworden, Peter Hamm hat mir immer wieder ihre Bücher ans Herz gelegt, aber ich habe nicht zugehört. Es gibt von ihr ein Buch mit dem Namen "Engste Heimat", Frankfurt / Main 1995, Taschenbuchausgabe 2002, und daraus zitiere ich den Abschnitt "Der Wurm", um Sie anzufixen:

Mir eine Zahnlücke geträumt, aus der windet sich ein Wurm, um wieder drin zu verschwinden. Heiliger Nepomuk, warum fehlt mir ausgerechnet vorn ein Zahn? Oben vor der Roulotte erwisch ich ihn, ein kurzes Wurmende, ziehe und ziehe am kleinfingerdicken, schönen Regenwurm, wie eine Gärtnerin ihn sich wünscht, mit gieriger Hand nach Schätzen gräbt und froh ist, wenn sie Regenwürmer findet, ja, wenn auch nicht gerade in ihrem Mund, in ihrem Hals oder ihrem Bauch, versuche, ihn aus mir herauszuziehn, aber er entzieht sich, sobald ich im geringsten lockerlasse, so faß ich fest und ziehe, ohne ihn zu zerdrücken oder gar zu zerreißen, ziehe, was nun stückweise gelingt, siehe da, dieser hellrosa, hautfarbene Regenwurm hängt schon ein Stück vor mir herunter, rutscht allerdings gerade so schnell wieder zurück, in mich hinein, ich ziehe, was ich kann, nein, darf ihn nicht zerreißen, jedes Stück Wurm bleibt lebensfähig, ergänzt sich selbst das Fehlende und wächst als ganzer Wurm weiter, auch in mir würde das abgerissene Ende sich zu einem neuen Wurm entwickeln und weiter gedeihen, Nepomuk weiß, wozu, also zieh ich an dem nun bald meterlangen Wurm, es würgt mich der Ekel, würgt mehr als den Wurm aus mir heraus, ich halte ihn fest vor meinen Lippen, ziehe, aber jetzt geht es nicht weiter, wie nur dem Kopf nicht alle Hoffnung schwindet, keinen Millimeter mehr, blockiert, ich reiße, doch nützt das nichts, der Wurm hat sich festgebissen.

> *'Wie nur dem Kopf nicht alle Hoffnung schwindet,*
> *Der immerfort an schalem Zeuge klebt,'*
> *"Hattest du das vergessen?" fragt der Großvater:*
> *'Mit gier'ger Hand nach Schätzen gräbt,*
> *Und froh ist, wenn er Regenwürmer findet.'*

Was ist das? Ist das nicht bewundernswert unheimlich? Braucht man dazu Psychoanalyse? Stammt das Zitat in den Vers-Partien nicht aus dem "Faust"? Was für ein Roman! Was für ein Tagebuch! Ich bin außerordentlich gespannt auf das nächste Buch der Autorin. Sie scheint mir nicht so offenbar 'modern' oder 'avantgardistisch' oder 'laut' zu sein wie vieles andere an gegenwärtiger Literatur, aber was sagt das schon, etwa auch angesichts solcher Bücher wie – um Beispiele aus der Vergangenheit zu nennen – Ernst Penzoldts "Korporal Mombour" oder "Die Powenzbande" oder "Süße Bitternis"?!

Dieter Roth Was mich immer grämen wird, ist die Schematik, die Phantasielosigkeit, das Einfallslose, das Mit-dem-Strom-Schwimmen, die Konventionalität der Lektüre der Literaturwissenschaftler, des allgemeinen Publikums, ja sogar der Kritiker. Ich schau mir die ganze Breite der Themen und Formen und Verlage an, die 'belletristische' Bücher publizieren, und finde immer wieder dieselben Titel überall: in den Literaturbeilagen, in den Literaturgeschichten, in den Empfehlungen zu einem 'Kanon' der deutschen Literatur. Wie wenige Leute probieren, ein bißchen nebenhinaus, nicht bloß im *main stream* Titel zu finden? Wie schnell sind alle zufrieden mit dem gängigen Gebotenen? Macht man eine Vorschlagsliste derer, die bei einem Literaturfestival lesen sollen, schlägt der germanistische Kollege doch glatt wieder Durs Grünbein für eine Lesung in der Sparte Lyrik vor, und danach gleich den Langweiler und Dünnbrettbohrer Dirk von Petersdorff. Man kann, man muß ja wohl auch diese beiden irgendwann zur Kenntnis nehmen, aber wenn man selbst mal was vorschlagen darf, müssen es doch nicht Autoren sein, die von Flensburg bis Lindau ohnehin alle Volkshochschulen vorschlagen. Es ist zum Verzweifeln. Alle sind so brav und nett geworden und sind überglücklich, wenn endlich mal ein elegantes und intelligentes Buch erscheint, das klar aufgebaut ist, das man gleich versteht und mit den richtigen Termini belegen kann: Daniel Kehlmanns "Vermessung der Welt", dessen 450 000er Erfolg – Stand: Februar 2006 – doch niemand rechtfertigen kann, wenn gleich daneben ein wirklich unheimliches und aufwühlendes Buch steht, das im selben Zeitraum spielt, Thomas Stangls " Der einzige Ort" (2004 bei Droschl in Graz), das nun wirklich ins Herz der Finsternis in Afrika führt und nicht so rasch auf den Begriff zu bringen ist wie Kehlmanns wünschenswert überschaubar gegliedertes Büchlein. Und was hat das mit Dieter Roth zu tun? Daß er immer noch nicht wahrgenommen ist als großer Schriftsteller, sondern immer noch nur als bildender Künstler rubriziert wird (und im Kunst-Business hoch gehandelt ist, da schon), als Autor aber, als Sonettist, als Autobiograph, als entwaffnender Vertreter einer Kalauer- und Murks- und Verstörungs-Ästhetik, als Vertreter auch einer Ästhetik des pathetischen, gezielt 'schlechten Gedichts' einfach nicht angekommen ist: Da ist das Kunst-Publikum und die Kunst-Kritik vielleicht wirklich weiter als das literarische Publikum! Jedenfalls ist da die Reihe der Dieter Roth-Bände bei Hansjörg Meyer in Stuttgart und London, und da ist als letztes der kleine Band "Da drinnen vor dem Auge" in der edition suhrkamp, der wieder die Möglichkeit bietet, einen bizarren und einmaligen *Autor* kennenzulernen, wenn man schon weiß, daß Dieter Roth ein großer bildender Künstler war. Es gibt eben Maler und bildende Künstler, bei denen man spät und in verschiedenstem Sinne, aber wirklich umso überraschter erkennt: Der kann ja schreiben! und wie! Was Dieter Roth angeht: Es mag ja von der jeweiligen Ästhetik abhängen, aber: Es gibt bei ihm ein paar Sonette, ein paar Gedichte, ein paar verknorzelte Prosastücke – ein irres Stück Autobiographie auch! –, die so koboldartig übers Blatt sausen und dann auf dem Blatt stehen wie einst im Mai die Sachen von Kurt Schwitters. Laßt Euch doch nicht mit billigerem Kram abspeisen, wenn Ihr's teuer haben könnt, adäquater, Euch gemäßer, näher am *state of the art*!

Harry Rowohlt Irgendwann in den neunziger Jahren las er in der Kreisbibliothek in Eutin/Holstein bis drei Uhr morgens. Am Ende hockten da nur noch zwei Leute vor ihm, die beiden total müde und er total voll, und der Witz des Abends war natürlich seine Maßlosigkeit, aber das war nicht der einzige Witz, Gott sei Dank. Jetzt, nach seinem 60. Geburtstag, stehen immer mehr Bücher und CDs auf meinem Regal mit Sachen von ihm, und neulich bekam er auch den Deutschen Hörbuchpreis in der Kategorie "Best of All" (na ja, indirekt) für seine Sprecherrolle in dem Hörspiel "Unterm Milchwald" von Dylan Thomas, gesendet im MDR 2005. Aber vor Eutin damals, war doch noch was im Hamburger Literaturhaus? Irgend jemand las, Harry Rowohlt war wohl auch da, las aber nicht an dem Abend, und dann war da noch jemand, ein Mann, dessen Namen ich vergessen habe, und ich, und die Millionärin, jedenfalls eine reiche Frau, die bisweilen auch großzügig das Hamburger Literaturhaus unterstützte. Dann fuhren wir noch zu viert in eine Kneipe, die Millionärin am Steuer ihres knallroten teuren Sportwagens mit vorne zwei körperformangepaßten Sitzen, die man aus der Ferne schon 10 Minuten vorm Einsteigen beheizen konnte mit der Fernbedienung, damit der Hintern nicht so fror beim Einsteigen, wenn der Wagen lange geparkt gewesen war (nur wer im Wohlstand lebt, lebt angenehm). Harry Rowohlt machte es sich auf der engen Rückbank quer bequem (na ja, bequem; längs hätte er gleich gar nicht 'rein gepaßt), ich saß neben der Fahrerin, und dann setzte sich der Mann, dessen Namen ich vergessen habe, auf meinen Schoß, lieber hätte *er* doch fahren sollen und die Millionärin sich auf meinen Schoß gesetzt, aber nein. In der Kneipe wandte sich Harry Rowohlt dann von uns ab, die Millionärin ging ihm irgendwie auf die Nerven; sie war zwar naiv und branchenfremd, aber eigentlich patent. Sie ist dann später verarmt, weil ihr Mann, ein Bänker, fallierte oder sich irgendwann verpißte, kaufte sich eine neue Identität und war weg, und sie hat ganz tapfer ihren Sohn großgezogen. Sie hatte eine Pilotenausbildung und machte dann Lufttaxiflüge, um Geld zu verdienen, sie flog drei Leute zu einem Urlaub nach Spanien und erlitt mit denen den Fliegertod: herunter kommen sie alle. Ich bewunderte sie sehr, weil ich mich selbst nicht traute, die Pilotenlizenz zu machen, weil ich dachte: Ich bin einfach zu nervös, am Steuer gefährde ich die Menschheit, also lieber sein lassen. Einmal nahm sie mich mit in ihr Haus irgendwo am Seevetal, südlich von HH, ich übernachtete bei ihr (nein, nicht was Sie denken). Ich konnte aber kaum schlafen, denn was sah ich in ihrem Haus? "Was ich nun sah, war über alle Beschreibunk!" (Friedrich von Meyer(n)): Sie war Sammlerin, und in ihrem Haus standen überall Hunderte und Hunderte von – Kerzen, Kerzen in sämtlichen Farben, alle noch nie angezündet und alle in einer Länge von ca. 25 Zentimetern. Bücher waren fast gar keine im Haus. Ich sagte zu ihr: "Was tust Du eigentlich unter den Literaten, Du bewegst Dich doch sonst unter ganz anderen Leuten?" "Die passen mir nicht, ich wollte mal die Literaten ausprobieren." Offenbar hat sie sich dann aber doch nicht recht getraut. Ich glaube, sie hat auch immer befürchtet, am Ende doch nur als reiche durchgeknallte Frau geoutet und das heißt: verachtet zu werden. Wie gesagt: Harry Rowohlt ging sie auf die Nerven. Was verständlich war. Aber ungerecht.

Eberhard Schlotter Eine ganz schöne Menge Kataloge und Bücher stehen auf dem Brett, von dem rührenden kleinen Katalog zur Aachener Schlotter-Ausstellung von 1957 mit drei Texten von Arno Schmidt, schon etwas ramponiert – Wie bescheiden waren wir damals! – über den großformatigen Band mit dem "Zweiten Programm", 1989 bei Haffmans – Yes, it's Adenauer-time 1957, und ich mag den Text und das Triptychon, die nach bundesdeutschen Fifties riechen, immer noch, und Arno Schmidt hätte mehr solcher Texte schreiben sollen –, bis zu dem Band von 1987: Eberhard Schlotter: Malerei 1941–1986: prächtig! Mein Lieblingskatalog aber ist "Auf schwarzem Grund / Al fondo negro. Aus dem Radierwerk 1945–1984", 1985 mit Texten von Günther Flemming bei der Galerie Stübler erschienen. Das ist schwarzes Gold! Und sieben der Blätter besitze ich selbst ...

Zu meiner Schande muß ich am Ende gestehen, daß ich heute schon nicht mehr weiß, wann ich Eberhard Schlotter zum ersten Mal besuchte – etwa 1967? –, und auch nicht mehr rekonstruieren kann, wann mir zum ersten Mal aufging – 1971? –, daß Schlotter nicht nur eine schöne Schrift hat und schöne Briefe schreibt, sondern: daß der Mann schreiben kann! Der hätte auch Schriftsteller werden können! Es ist das große Verdienst Günther Flemmings, daß er die Serie "Geschichten hinter Bildern" samt den Sonderbänden herausgegeben und das Bücherhaus in Bargfeld sie publiziert hat. Was für eine gelassene, witzige, unverkrampft atmende Prosa! Wie könnte man es anstellen, davon eine Taschenbuchausgabe zu machen und die unters Volk zu bringen? Warum diese Prosa aber so gut ist, ohne auf Kunst zu prätendieren, beschreibe ich dann zu Eberhard Schlotters 90. Geburtstag.

Hans-Henning Teich Der ist gar kein Schriftsteller, er wurde nur einer dadurch, daß Walter Kempowski Aufzeichnungen von ihm wie von so vielen anderen, die durch ihn zu Autoren wurden, in seine große Montage "Das Echolot" hineinnahm. Teich also trägt frühmorgens am 1. Januar 1943 – es sind die letzten Tage vor dem Untergang der 6. Armee in Stalingrad – in seiner Münchner Kaserne in sein Tagebuch ein: "Ja, nun kann ich schlafen gehen, denn ich habe ja die 9. Symphonie gehört." So hing einst die Bereitschaft zu sterben mit dem Sylvesterritual des Bürgertums und mit Bildung als stellvertretender Metaphysik zusammen. Es ist tränentreibend, und es stammt aus einem Deutschland, das es schon lange nicht mehr gibt.

(Kann und muß fortgesetzt werden.)

Eberhard Schlotter
Stilleben, Mischtechnik, 1993
41 x 50,5 cm
Privatbesitz, Bad Bevensen

Anita Shah

ALTEA, IM FEBRUAR 2006

Vom Hotel aus flaniere ich die Promenade entlang Richtung Altstadt. Eine frische Brise zieht landeinwärts, aber erste Sonnenstrahlen spenden Wärme. Die Luft ist klar und schmeckt salzig, das Licht, gleißend hell, schmerzt ein wenig. Das Meer liegt ruhig da, in sattem Blau, bis zum lichten Horizont in der Ferne. Nun die kleine Gasse hinauf, über enge Treppen, dicht vorbei an weiß getünchten Fassaden, dunklen Türen und verriegelten Fensteröffnungen, an einsamen Winkeln und schmalen Durchgängen, bis zur hoch gelegenen Kirche mit der blauen Kuppel. Von hier aus sind es nur noch ein paar Schritte.

Stunden später sitze ich im Garten vor den Stufen zum Atelier. Um mich herum eine Vielzahl dicht an dicht gestaffelter Bildformate in unterschiedlichen Größen. Knapp einhundert ausgewählte Arbeiten, entstanden in den vergangenen acht Jahren bis heute. Sie zeigen menschenleere Architekturlandschaften, Darstellungen von Bauwerken, die keinen Raum umgrenzen, triviale, angeschnittene Motive, die wie scheinbar zufällige Momentaufnahmen anmuten. Häuserfronten in heiteren Pastelltönen, einfache Steinkuben und bunte Holzbaracken inmitten südamerikanischer Landschaften, die die Sensibilität des Künstlers für Formen und Strukturen wie für die sozialen Realitäten bezeugen. Morbides Gemäuer unter hellem Horizont, farbige Mauerstücke in öder Vegetation, bröckelige Wandflächen in flirrender Hitze, Kanten und Ecken verwitterter Gebäude, vermodernde Türen und dunkle Fensteröffnungen. Streng reduzierte Architektur, ausgerichtet auf das Flächenhafte. Banale Bruchstücke der Außenwelt, außerordentlich abstrahierend festgehalten, Spiele von Flächen und Farben, horizontalen Zonen und vertikalen Elementen, Licht- und Schattenpartien. Wie bei den Motiven der frühen spanischen Jahre, wird auch hier die Vorliebe des Künstlers für einen klaren, geometrisierenden Bildaufbau deutlich. Insbesondere auch bei dem vordersten Bild in der Reihe der mittleren Formate, *Das bisschen Schatten* von 2005.

Hier werden die grauen Wandflächen zweier aneinandergrenzender Gebäudeteile jeweils von einer Dachziegelreihe gefasst, hinterfangen von einem kräftigen Himmelsblau. Ein eingefrorener Augenblick, der die Spuren der Zeit, die allmähliche Zersetzung der Mauersubstanz sowie die flüchtigen Schatten fixiert. Indem sich der Künstler auf die Darstellung eines Winkels oder Übergangs konzentriert und als Blickwinkel die Diagonale wählt, erzielt er einen flach machenden Effekt. Das Flächenhafte wird dabei so weit abstrahiert, dass das Motiv ebenso an konstruktivistische Bildkompositionen erinnert wie an fotografische Schnitte. Dieses Bild belegt erneut die inzwischen vertraute Fokussierung auf unspektakuläre architektonische Details, mit der der Künstler seine Freude ausdrückt, in einem Bauwerk Momente einer abstrakten Flächigkeit zu entdecken.

Es ist spät geworden. Die hell erleuchtete Altstadt durchquerend, steige ich die langen, steilen und engen Treppen zur Promenade hinab. Wieder überraschende Durchblicke und wechselnde Perspektiven. Aber anders als heute morgen erscheint nun alles seltsam vertraut. Ist das nicht die Tür mit den paar Stufen aus dem Hochformat? Oder dort, die beige Hausecke mit dem fluchtenden Seitenflügel ... davon habe ich doch einige Variationen gesehen? Oder hier, die rechtwinkelige, vergitterte Fensteröffnung ... stand die nicht vorne links? ...

Eberhard Schlotter
„Das bisschen Schatten", 2005
Mischtechnik auf Nessel, 560 x 680 mm

Helmut Luft

FÜR EBERHARD, DEN KÜNSTLER UND DEN FREUND

Zu Deinem 85. Geburtstag soll ich etwas schreiben – mit Licht und Schatten soll es zu tun haben und aus dem Aspekt des Analytikers soll es auch sein. Das tue ich sehr gerne, denn beides gehört zusammen. Licht in das Dunkel des Unbewussten zu bringen, ist die Aufgabe der Psychoanalyse, und Schatten hat für sie noch eine besondere Bedeutung: CG Jung bezeichnet als Schatten jedes Menschen den dunklen bis finsteren, abgelehnten Teil der Person, den man selbst nicht wahrhaben will und am besten ignoriert – und über den die andern sich lustvoll die Mäuler zerreißen. Don Quijote schaffte sich und andern enorme Probleme mit seinen ach so nobel motivierten Selbsttäuschungen, für die er erst im subfinalen lichten Moment Einsicht gewann. Solange will die Psychoanalyse nicht warten mit ihrem Bemühen um Luzidität. Ebenso wie Du als Künstler keinen Tag verwehen lässt, ohne Verborgenes sichtbar zu machen. Der geheime Zusammenhang ist, dass man draußen nur das sehen kann, wofür man zuvor die Fähigkeit in sich entdeckt und entwickelt hat. Jeder kreative Akt setzt Befreiung aus der Selbstverborgenheit voraus.

Gestatte mir jetzt etwas Persönliches zu Dir als Künstler zu sagen: In Deinen 85 Jahren bist Du ganz überwiegend in Arkadien und auf den lichten Höhen des Seins gewandelt, aber Du hast uns Sterbliche daran teilnehmen lassen. Das uns Verborgene aus dem Schatten ins Licht zu heben, ist die Passion Deines Lebens. Die tägliche sorgfältige Arbeit des Hinsehens, Zeichnens und Aquarellierens enthüllt Umrisse und Formen, dann Farben und Gestalten bis uns schließlich hinreißende Bilder vor Augen stehen. Ihre Herkunft ist erkennbar, es mögen Blumen sein, die ihre Schatten auf die kalkweiß gleißende Wand werfen oder Don Quijote mit seinem Pferd, deren fast schmerzhaft verzerrte Silhouetten sich in den glühenden Staub brennen. Es ist schon wahr, dass Du 10.000 mal mehr siehst als wir, die wir doch glaubten, im geliebten Spanien oder auf den gemeinsamen Reisen dasselbe gesehen zu haben. Nur Du vermagst das Verborgene heraufzuheben, wie der Taucher, der uns nie gesehene Korallen zeigt, aber bei Dir ist es ein schöpferischer Akt: das real Gefundene wird in Chiffren einer höheren magischen Wirklichkeit verwandelt. „Am farbigen Abglanz haben wir das Leben", sagt der allerfahrene Goethe.

Es ist auch ein Schöpfungsakt, sich selbst, seine Person, seine Identität als Künstler aus den Dunkelheiten von Herkunft und Biographie zu so weitreichender Strahlungskraft zu entwickeln, wie es Dir gelungen ist. Die Götter überreichen zwar die Fackel des Genies, aber die Umsetzung in für andere sichtbare Werke muss sich der Künstler selbst erarbeiten. „Denn man sieht nur die im Lichte, die im Dunkeln sieht man nicht", sagt der leidgeprüfte Brecht.

Es war nur konsequent, der dunklen Nebel- und Lemurenwelt des Nordens zu entkommen, das Licht des Südens zu suchen und in Spanien neue Heimat zu finden. Gem(einsame) Wege weisend war Arno Schmidt, der das Licht der Aufklärung, das Denken der Psychoanalyse, die künstlerische Methode der freien Assoziation, die Ironie, die Angriffslust und die Provokation vorlebte. (1 passENDEs Motto, das der assozia*tief gründelnde* Wort & Ethym-Zauberer A. S. hier zu sagen hätte, will mihr LEIDer n'ch 1 PHALLen).

Wer dann endlich im Licht steht, wirft viel Schatten, und das muss auch so sein. Peter Schlemihl, der Mann, und bei Richard Strauss die Frau ohne Schatten sind keine Wesen von Fleisch und Blut, fühlen nicht die Leidenschaft, aus der allein die Kunst entsteht. „Alle Freuden, die unendlichen, alle Schmerzen, die unendlichen geben die Götter Ihren Lieblingen ganz", sagt wiederum Goethe. „Hace sol" und „¡Qué calor!" war das Motto für die heißen spanischen Tage und „Gönn mir die Lust in schattenreicher Nacht" für die ebenso heißen spanischen Nächte. Und nebenbei entstanden zu unserem Entzücken viele Bilder von flirrendem Licht und nuancierten schattigen Valeurs.

Auch reichlich Schmerzen gaben Dir die Götter. Enttäuschungen mit Galeristen und Angehörigen, Turbulenzen der Liebe, der Tod eines Kindes, das Schicksal Dorotheas und schließlich der Untergang Alteas (¿Quién ganará?) und die Bedrängnisse des Alterns werfen Schatten auf Deine Biographie. Ein Bild, das heute noch im Haus am Cap Negret hängt, eine Ansicht des Peñon, gibt diese Stimmung wieder: Meer und Fels dunkel und wie eingefroren, der Himmel fast schwarz, tief depressiv. Es gab eine ganze Serie schwarzer Bilder, auf denen Gegenstände, Blumen und Menschen nur als Reliefs erschienen. Und als Dorothea zum Tode krank war, entstanden Grisaillen, auf denen Urnen, Brüste, weibliche Torsen noch zögernd hinter Wänden in die Unterwelt zu verschwinden drohten, ergeifende Versuche des trauernden Orpheus, kraft seiner Kreativität seine Eurydike aus dem Schattenreich wieder ins Licht des Lebens zu holen.

„Der Schatten des Objekts ist auf das Ich gefallen!" konstatierte der alles durchschauende Freud zum Wesen der Trauer. Von Freuds Lehren hast Du nicht nur die Dialektik zwischen unbewusst und bewusst sowie die Verwandlung vom Primärprozess des Träumens in den Sekundärprozess der kommunizierbaren Welt von Bildern und Worten entdeckt, sondern auch die Strukturtheorie, wonach das bedauernswerte Ich sich zwischen Über-Ich und den Triebforderungen des Es hindurchlavieren muss. Das hast Du meisterhaft in Bildern gezeigt, und Dein Schaffen wurzelt weiterhin in Träumen, auch wenn die postmodern-positivistisch verarmte Wissenschaft nur noch das zu begreifen vermag und gelten lassen will, was man direkt sehen, messen und zählen kann.

Am liebsten aber schreibe ich darüber, dass wir seit gut einem halben Jahrhundert gem(einsame) Wege gegangen sind und dabei vieles miteinander erlebt, und gegenseitig (fast) alle Geheimnisse vom andern, die guten und die eher peinlichen, kennengelernt haben. Freundschaft ist, davon nie, nie gegenüber Unbefugten Gebrauch zu machen, und Du warst immer ein verlässlicher Freund. „Wo Licht ist, ist immer auch Schatten, aber wo Schatten ist, ist Gott sei Dank nie Licht", sagt die alles verzeihende Donna Leon.

Wir waren Rebellen, Sezessionisten und dann lange modern und hochgeachtet. Die Universität holte uns als Lehrer und ernannte Dich zum Professor. Inzwischen ist man postmodern geworden, und der Jubel unseres Publikums klingt respektvoll aber verhaltener als früher – was auch an unserer Altersschwerhörigkeit liegen kann. Der Körper, früher ein stets gehorsamer Diener, ist eigensinnig geworden, erfüllt seine Pflichten nur widerwillig und nimmt uns immer öfter den Pinsel aus der Hand, um eigene schrille Kreationen auf seine Art zu schaffen: Beschwerden, Krankheiten, Behinderungen – befremdend, unangenehm und schmerzhaft wie alles Postmoderne. Als Arzt und Freund kann ich nur sagen: so geht es allen und wir müssen es gem(einsam) tragen.

Mit unserem nunmehr 85 (und 81) Jahre langen Lebens-Marathon sind wir jetzt wohl schon in der Zielgeraden, wie Georg Hensel es zu formulieren pflegte. Einige Ehrenrunden sind uns aber sicher noch vergönnt. Bleib noch einige Jahre im Licht und lass Dich von den Schatten nicht so sehr beirren. „Es ist der Geist, der sich den Körper baut" und „Ernst ist das Leben, heiter ist die Kunst", sagt Schiller – der andere Götterliebling.

DER SCHATTENVERKAUF

Adolf Schrödter, in: Adelbert von Chamisso's Werke, Bd. 4, Leipzig 1836

Zu Schrödters Kupferstich siehe Philipp Rath, Biblioteca Schlemihliana, Berlin 1919, S.44-57; Ruth Lehmann, Der Mann ohne Schatten in Wort und Bild / Illustrationen zu Chamissos "Peter Schlemihl" im 19. und 20. Jahrhundert, Frankfurt/M 1995, S.78ff; Ute Willer, Adelbert von Chamissos "Schlemihl" – Ein "dankbarer Stoff" für die Buchkünstler?, in Marginalien (1989), H.115, S.33-46; Victor I. Stoichita, Eine kurze Geschichte des Schattens, München 1999, S.170ff.

Vgl. dazu:

"Es ist eine Selbstverständlichkeit, dem Werk eines so bedeutenden Künstlers nachzuspüren, wenn auch leider davon ausgegangen werden muß, daß die Wandmalerei schon relativ früh zerstört worden sein muß. Ich habe die Fotokopie des Entwurfkartons dem Vorstand des hiesigen Heimatvereins übergeben, dessen Forschergruppe sich an den Nachforschungen beteiligen wird."

(Kunsthistoriker Dr. Roger M. Gorenflo an H.R, 21.11.1990)

"Wie ich Ihnen in meinem letzten Brief mitteilte, hatte ich Ihre Farbfotokopie des Entwurfkartons an Kollegen des hiesigen Heimatvereins weitergegeben. Vor wenigen Tagen erhielt ich nun das negative Ergebnis der Nachforschungen. Herr Seibt, seit 1946 ununterbrochen als Kunstlehrer in der Parkschule tätig, kennt das Wandgemälde von E. Schlotter nicht. Aus diesem Grund kommt die Parkschule m. E. auch nicht in Frage."

(Ders. an H.R., 2.4.1991)

Eberhard Schlotter, 'Peter Schlemihl' [nach einem Kupferstich von Adolf Schrödter], Ausschnitt aus einem Karton [20 x 45 cm, Msst 1: 10] für ein Wandbild in der Parkschule Rüsselsheim, Tempera, lavierend, 1952, ausgestellt im Jahr 2005 im Bomann-Museum, Celle, Besitz des Künstlers. Vgl. H. Reinhardt, Eberhard Schlotter – Kunst am Bau / 1950-1958, Wilhelmshaven 1991, S. 161f.

Hans Ulrich Engelmann

VERLORENER SCHATTEN

Lieber Eberhard –

wir haben den gemeinsamen Jahrgang 1921! – noch im vergangenen Jahrhundert
– mit viel Licht und Schatten in unserm subjektiven wie auch objektiven Leben
durchstanden.
Unsere Zukunft hat sich verkürzt –
Licht und Schatten werden uns bis zuletzt umfangen –
die Schatten aber werden immer länger –
Ich umarme Dich

Dein Hans Ulrich

*Partiturseite aus Hans Ulrich Engelmanns lyrischer Oper „Verlorener Schatten"
(nach Adelbert von Chamissos „Peter Schlemihl"), 1960/61*

*Es liegt der spukhafte Schauplatz der Oper zunächst im Süden, wo erst am Abend
man auflebt, wenn die Sonne untergeht und ein runder Theatermond über den
Träumen einer nächtlichen Parkszene leuchtet.*

*Kein Zufall, daß die Entstehung des größten Teiles der Opernpartitur zusammen-
fiel mit meinem römischen Refugium im Zypressenhain der Villa Massimo, da im
italienischen Nachtlicht so manches ins Märchenhafte sich verwandeln mochte
und die reale Zeit des Alltags stille zu stehen schien.*

*(H.U. Engelmann, Vergangenheitsgegenwart / Erinnerungen und Gedanken eines Komponisten, Darm-
stadt (Justus von Liebig Verlag) 2001, S.178.)*

125

Bernd Krimmel

DIE WUNDERSAME GESCHICHTE DES EBERHARD SCHLEMIHL ALIAS DON QUISCHLOTT

Mit einem Lachen schüttelreimte Eberhard: *„Ein Maler saß am Mittelmeer und hatte keine Mittel mehr"*. Das war Anfang der fünziger Jahre, als er mir Aquarelle aus dem Mediterraneum zeigte. Aber er war nicht auf Schusters Rappen in den Süden gezogen, wie die Darmstädter Romantiker anderthalb Jahrhunderte zuvor. Er kutschierte mit einer weißen Borgward Isabella, dem schicksten Automobil, das es damals gab. Der junge Maler war in der Tristesse der Nachkriegszeit vom Glück besonnt, so wie es nur dem Tüchtigen zukommt. Seit 1950 begann er als einer der ersten, ein Programm für die Integration der bildenden Kunst in die Architektur zu entwerfen. Er gewann zahlreiche Wettbewerbe und führte allenthalben Wandbilder, Sgraffiti und Mosaiken aus. Besonderes Aufsehen fanden seine beiden „Fresken" (tatsächlich waren es Secco-Malereien) in der Darmstädter Viktoriaschule. *„Ihre Bedeutung ... liegt nicht darin, daß es die größten Wandbilder sind, die seit dem Krieg bei uns geschaffen wurden. Das Besondere an ihnen ist vielmehr, daß sie ein neues Kunstbewußtsein nicht in der Form eines avantgardistischen Versuches, sondern in Form einer gekonnten Meisterschaft zum Ausdruck bringen. Darum hat man Schlotter Ferdinand Hodler zur Seite gestellt"* (Christ und Welt. 5.2.53).

Diese *Fresken* sind paradigmatisch für die damalige Schaffensphase Schlotters. Der aus der Fläche entwickelte Bildraum erscheint in einem schattenlosen Licht, in dem die Tiefenbewegungen der Farben schwebend pulsieren. Junge Frauen bewegen sich in der bukolischen Stimmung eines zeitlosen Arkadiens, und ihr friedvolles Beieinander vermittelt – auch über ihre instrumentalen Attribute hinaus – eine konzertierte melodiöse Harmonie. Das bestimmende Element der Malerei Schlotters wurde das luzide Licht, das der Norddeutsche aus dem Süden, dem Sehnsuchtsland deutscher Maler seit alters her, heimgeholt und in seiner Bilderwelt heimisch gemacht hat.

Schlotter wurde mit Preisen ausgezeichnet, war mit Aufträgen gesegnet, ließ seiner schönen Frau Dorothea, seiner Tochter Sibylle und sich ein zweites Haus von einem renommierten Architekten bauen, in dem sich Musiker, Dichter, Theaterleute, Maler, Bildhauer und Kunstfreunde gerne einfanden. Im spanischen Altea hatte er bereits 1954 ein pied-à-terre. 1955 wurde er als Vorsitzender der Neuen Darmstädter Sezession gewählt. Vom Sezessionsmitglied Ernst Kreuder erfuhr er, daß dessen Dichterkollege Arno Schmidt im trierischen Hinterland wegen angeblicher Gotteslästerung und Pornographie in arge Bedrängnis geraten war. Kurz entschlossen besorgte er eine Wohnung in Darmstadt, organisierte einen Lastwagen und bewältigte den Umzug. Indessen wurde Schmidt alles andere als heimisch. Ihm mißfiel alles: die Behausung, die Leute, das gesellschaftliche Leben und gar das notorisch schöne Wetter. Darmstadt war für ihn ein Ort *„in der Barbarei"*, und er gefiel sich darin, die Assoziationen *„Darmstadt/Pforzheim"* ins Fäkalische auszuwalzen.

Schmidt mied jeglichen Umgang, nur Eberhard Schlotter war meist zweimal in der Woche sein Gesprächspartner. Der Maler, seit jeher literarisch interessiert, schätzte den privilegierten Umgang mit dem berühmten Dichter. Nun liegt es in der Natur psychischer Dispositionen, daß ein eingefleischter Misanthrop gegen die wohlmeinendste Menschenfreundlichkeit immun ist, während der Philanthrop gerade wegen seiner warmherzigen Offenheit gegen Infiltrationen des Misanthropen keine Abwehr besitzt. Und so wurde eine schleichende *ArnoSchmidtisierung* in manchen Bereichen von Leben und Werk Schlotters erkennbar – freilich umgemünzt in Ironie und Satire.

Der Optimismus, mit dem die jungen Künstler sich voller Elan am Wiederaufbau der zerstörten Städte beteiligten, wich einer Verbitterung angesichts des Unverständnisses und der Animosität in weiten Kreisen der Bevölkerung. In Darmstadt kam es im Frühjahr 1955 zu einem regelrechten *„Kunstkrieg"*, auf dessen Höhepunkt der Regierungsvizepräsident Ahl mit Entschlossenheit verkündete, er werde die „Monopolherrschaft der Abstrakten und ihrer Fördererclique brechen". Als er sich nicht entblödete, von *„seelisch Gestörten, reif für Psychiater"* zu keifen, kam mir in Erinnerung, daß ich als Kind in der Darmstädter Kunsthalle die Ausstellung „Entartete Kunst" gesehen hatte. Das war 1936, also ein Jahr bevor die Verhöhnung der Modernen Kunst von den Nationalsozialisten in München mit Aplomb eröffnet wurde. Vorauseilender Gehorsam war hierorts damals angesagt. Als Vorsitzender der Sezession verwahrte sich Schlotter mit scharfen Formulierungen gegen die amtsmißbräuchlichen Angriffe des hohen Regierungsbeamten und dessen Absicht, das *„gesunde Volksempfinden"* zu mobilisieren. Mit Vehemenz verteidigte Schlotter die „Abstrakten", wiewohl er selbst als „Gegenständlicher" in die innerkünstlerischen bundesweiten Auseinandersetzungen geraten war. Im Künstlerbund ging es mit harten Bandagen zur Sache, und so hervorragende Künstler wie der Maler Karl Hofer und der Bildhauer Gustav Seitz mußten resignieren.

Resignation ergriff auch Eberhard Schlotter. Arno Schmidt, auf dessen Meinung er viel gab, forderte ihn auf: *„Hau ab! Es ist der Wahnsinn"*. Und so räumte er das Feld und zog nach Spanien, nach Altea, wo er unter glücklichen Umständen Fuß gefaßt hatte. Nur, er war nicht mehr der staunende Maler auf Entdeckungsreise, er war Emigrant geworden. Damals verstand er noch kein Wort Spanisch, und so wurde auch das einfache Leben von Sprachmauern eingeengt. Hinter ihnen war zu vermuten, daß dort die Franco-Diktatur herrschte. Der an ständigen Gedankenaustausch und Geselligkeit auf hohem Niveau Gewöhnte, litt zunehmend unter der hermetischen Isolation. *„Im Inneren führte ich regelrechte Veitstänze auf"*, erinnerte er sich später. *„Ich verzichtete fast über das ganze Jahrzehnt auf das Abbilden des Menschen. Vielleicht war das meine Anwort auf die fünziger Jahre"*.

Im gleißenden Licht aufgetürmte Hauswände, verlassene Strände, trockenliegende Boote ohne Fischer wurden vordergründig Gestaltungselemente seiner im Grunde melancholischen Bildwelten. Dann wandte er sich den einfachen Dingen zu, dem Strandgut des vorbeiziehenden Lebens: bescheidene Gegenstände, von Menschen gemacht, von Menschen benutzt, von Menschen achtlos weggeworfen. Aber in ihrem Menschverlassensein werden sie vom Maler zusammengebracht, nehmen unhörbar einen Dialog auf, in dem die menschliche Idee ihrer materiellen Existenz anklingt. Im Abfall bleibt das Anthropogene der Dinge als ein nicht mit untergehendes Element erhalten.

Bald verfinstert sich die Szenerie. Architekturen und Plätze sind in ein geheimnisvolles, lunares Licht getaucht. In lauernder Lautlosigkeit versammeln sich Fische, Muscheln, Flaschen und Vasen zu einem gespenstisch stillen Leben. Im nächtlichen Schauspiel beginnen die Schatten der Protagonisten sich zu regen. Manche fangen an, zu phosphoreszieren und legen sich wie Aureolen um ihre Gegenstände. Eine bauchige Vase hat einen Fisch verschlungen, das Paradoxon eines leuchtenden Schattens macht sie zu einem Fruchtbarkeitsidol. Und es kommt dazu, daß Schatten sich von ihren Gegenständen trennen, selbst Gestalt annehmen als ihre Wiedergänger.

Im nokturnen Drama erobern die Schatten schließlich den gesamten bildnerischen Erscheinungsort. Die Bildfläche wird zu einem schwarzen Spiegel, in dessen Düsternis Menschen verdämmern. Man sagt, daß der Feuerschein des Vesuvausbruches von Pompeji und das Blitzlicht der Atombombe über Hiroshima von Menschen nur noch ihre Schatten hinterlassen hätten. Die apokalyptischen Bildnisse der sechziger Jahre erscheinen als Paraphrasen zu dem Roman „Schwarze Spiegel" aus der Trilogie „Nobodady's children" von Arno Schmidt, der nach einem Atomkrieg in der Lüneburger Heide spielt. Die norddeutsche Heimat Schlotters ist verkohlt, und verkohlt sind in seinen Gemälden die Bildnisse verstorbener Verwandter.

Schlotters biographische Situation in den fünfziger und sechziger Jahren erinnert mich an diejenige von Adelbert von Chamisso, der in napoleonischer Zeit als französischer Emigrant in Berlin lebte. Mit dem Verstand fühlte er sich ganz einig mit der deutschen Kultur und der Sehnsucht nach Freiheit, mit Herzblut war er zugleich seiner Heimat verbunden. Als 1813 die Bewegung losbrach, die zum Ende der französischen Vorherrschaft und der Befreiung Deutschlands führen sollte, war er in seiner Begeisterung für die deutsche Sache doch zugleich auch Hohn und Haß gegen seine eigenen Landsleute ausgesetzt. Wohlmeinende Freunde gewährten ihm Asyl auf dem Gut Cunersdorf, wo er zwar unbehelligt, aber in schmerzlich empfundener Isolierung leben konnte. Dort schrieb er *„Die wundersame Geschichte des Peter Schlemihl"*. In dieser mysteriösen Erzählung drückt sich die Verlassenheit von Menschen und beiden Vaterländern im verwundeten Ichgefühl des Dichters aus. Der lebensfrohe, aber mittellose Schlemihl tauscht von einem *„Grauen Mann"* seinen Schatten gegen einen Beutel ein, der eine unerschöpliche Geldquelle birgt. Er glaubt, er habe alles gewonnen, aber zu seinem Schrecken erfährt er, daß die Menschen ihn hinfort meiden, wo er auch hinkommt. Die Schattenlosigkeit wird sein Kainszeichen. Nun meidet er selbst die Menschen und widmet sich ganz der Natur. Auf einer Kirmes ersteht er *Siebenmeilenstiefel*, mit denen er die Welt kreuz und quer bereist und die Ernte seiner Forschungsreisen in einer unermeßlichen Botanisierbüchse nach Hause trägt, um in einem gewaltigen Kompendium von Naturalien die Welt zu erklären. *„Willst Du unter den Menschen leben"*, heißt es am Ende der Erzählung, *„so lerne verehren zuvörderst den Schatten"*.

Wundersame Siebenmeilenstiefel brauchte Schlotter nicht. Schiffe, Düsenflugzeuge, Automobile, wenn es sein mußte geländegängige, auch die Eisenbahn brachten ihn in alle Kontinente, mit Ausnahme Australiens und der Polarregionen. Immer dabei hatte er Skizzenbücher und Bleistifte, spitzig harte und breite weiche, Aquarellfarben der Marke Windsor & Newston und dazu handgeschöpfte Papiere vornehmlich von Arches. Innerlich frei von den erlittenen Verwundungen richtete er seine Augen mit der Unbefangenheit und Frische seines bildnerischen Beginnens auf das Schöne und Schreckliche der sichtbaren Welt. Mit der Intensität, die auch Schlemihl antrieb, sammelte Schlotter die Beute seiner Sehlust und breitete mit tausendfachen Facetten ein Panorama seiner Weltsicht aus. Ich meine, daß Eberhard, je ferner er reiste, desto tiefer zu sich selbst fand.

In der Klausur seines Ateliers unternahm Schlotter ganz andere Reisen, deren Ziele seine weitschweifende Vorstellungskraft setzte. Vor allem in seinem gigantischen Radierwerk imaginierte er Träume und Albträume, vermischte Realität mit Fiktion zu poetischen Phantasmagorien. Dabei waren seine Belesenheit und sein literarisches Talent höchst förderlich. Er unterzog sich der Sisyphusarbeit, das enigmatische Riesenwerk Arno Schmidts zu studieren. Davon angeregt, schuf er zahlreiche Radierungen und Gemälde, vorzüglich spezielle Radierzyklen zu Texten von Schmidt: "Schwarze Spiegel" 1964, "Tina oder über die Unsterblichkeit" 1965, "Erzähle mir alles über Anna Livia Plurabelle" 1972, "Orpheus" 1972. Arno Schmidt war begeistert und bezeichnete seinen Freund als den *"größten Illustrator des Jahrhunderts"*. Ich bezweifle, daß der Dichter in seiner Egozentrik einen kompetenten Überblick über die bildnerische Kunst des Jahrhunderts hat erwerben können. Zumindest die Titulierung Schlotters als *"Illustrator"* traf daneben. Der klassische Illustrator nämlich macht Literatur, wie das Wort sagt, *"illuster"*, was Schmidt wohl gefallen haben mag. Die bloße Illustration ist schmückendes Beiwerk; Bilder, die Textstellen nur optisch wiederholen, hinken der Erzählung notwendigerweise hinterher. Schlotter dagegen hat sich von den Texten inspirieren lassen zu ganz selbständigen Schöpfungen, die kongenial auf der Höhe der Schmidtschen Texte stehen.

Literatur ist für Schlotter ein Stimulanz seiner Imaginationskraft. Sie inseminiert Vorstellungskerne, aus denen Bilder keimen, wundersam austreiben, sich verästeln und reiche Früchte tragen. Dies gilt im besonderen Maße für sein Opus magnum: den Don Quijote von Cervantes mit 169 ganzseitigen Farbradierungen und 180 Vignetten, entstanden 1977-1981. Über den Beginn berichtete er: *"Als ich mich vor 25 Jahren, ein wenig müde von den Strapazen beim Wiederaufbau einen Platz an der Sonne zu erwischen, kurzerhand entschloß, nach Spanien zu gehen, stand dort unter Oliven und Limonen das Roß Clavileño für mich bereit. Ich vertraute mich ihm an und flog durch die Lüfte. Träume durchsichtig und schwebend wie Libellenflügel. Von einer Seite zur anderen durchsegelte ich die Letternwälder, die uns so fruchtbar von Cervantes gepflanzt wurden ..."*. Ein treffendes Bild, das Schlotter entwirft, denn wie im Libellenflug nähert er sich dem Heldenepos vom Ritter mit der traurigen Gestalt, umschwirrt Passagen, hält inne bei Episoden, taumelt rückwärts, steigt auf und ab, um Überblick und Einsicht vom Geschehen zu gewinnen. In genauer Fokussierung des Tatbestandes entstehen hunderte Zeichnungen, deren Genauigkeit an die realistische Zeichenkunst Menzels erinnert. Das ist aber erst das Arsenal traditioneller Mittel, mit denen er sich für die Abenteuer der Bildfindungen rüstet, so wie der Landedelmann Alonso Quichano sich mit dem alten verrosteten Harnisch seiner Vorväter wappnet, um als Don Quijote für Gerechtigkeit und Frieden, für Liebe und Schönheit zu Felde zu ziehen.

Schlotter begleitet seinen Helden in den aussichtslosen Kampf mit der harten Wirklichkeit, indem er als Bundesgenosse mit ihm eintaucht in die tieferen Wirklichkeiten der Phantasie. Der Augenschein ist nur noch Blendwerk, die Dinglichkeit nur Trugbild böser Zauberer. *"Ich denke so, und so ist es"*, verkündet Don Quijote, unbeirrt von den grotesken und schmerzhaften Kollisionen mit der Solidität des Tatsächlichen. In einer feierlichen Groteske verschränken sich die Realitätsebenen von Traum und Wirklichkeit zu einem dichterischen Universum. Schlotter hat das Oszillieren poetischer Bedeutungsdivergenzen zum Gestaltungsprinzip seiner Radierungen gemacht. Indem er realistische Fragmente schattenhaft übereinander legt und zur Ganzheit der Bilder fügt, legitimiert er den Traum als Wirklichkeit.

Jede Blessur seines Traumes, die er im Kampf mit vermeintlichen Riesen, Zauberern, ja ganzen feindlichen Heerscharen davontrug, heilte Don Quijote unverzüglich, indem er seine Traumidentität in immer höhere Abstrusitäten steigert. Er spintisiert sich in seinem selbst gegebenen Sendungsauftrag zur Chimäre vom unbesiegbaren Paladin des *goldenen Zeitalters*. Als sein treu ergebener Knappe Sancho Pansa, ein einfältiger, aber mit praktischer Vernunft gesegneter Bauer – von Schlotter immer realistisch gezeichnet – vom Wein berauscht unvorsichtigerweise vom *Ritter mit der traurigen Gestalt* faselt, besteigt Don Quijote sein Roß Rosinante und legt die Lanze auf seinen Gegner an. Und Schlotter läßt den Schatten mit seinem Schatten kämpfen. Ein kunstvolles Turnier der Grotesken!

Cervantes wollte anfangs mit seiner Geschichte des *"Ingenioso Caballero Don Quixote de la Mancha"* dem damals immer noch volkstümlichen Ritterroman durch eine künstlerisch stilisierte Parodie den Garaus machen. In der dichterischen Überhöhung jedoch gehört Don Quijote wie Don Juan, Hamlet und Faust zu den großen Werken, in denen das leidenschaftliche Streben des Menschen nach Selbsterfüllung unvergängliche Gestalt gewonnen hat. Kurz nach Erscheinen des ersten Bandes veröffentlichte ein gewisser Alonso Fernández de Avellaneda eine plumpe Parodie der höchst geistreichen Parodie des Cervantes, in der er den Helden und seinen Erfinder als Narren lächerlich macht. Von Fernández kennt man nur noch den Namen, während Cervantes zu den Großen der Weltliteratur geworden ist.

In seinem zweiten Buch rehabilitiert Cervantes die Ehre seines Ritters und rechnet mit dem plumpen Imitator ab. Er läßt im Dunkel einer Spelunke Don Quijote, zu dessen Empörung die Verleumdung seiner gloriosen Taten gehören, auftrumpfen, um die Infamie der Verleumdungen seines Imitators bloßzustellen. Schlotter läßt in dieser Schattenszene das Antlitz des Dichters auratisch aufscheinen und macht sich als „*Don Quischlott*" zu seinem Anwalt: „*Ich lache über alle, die mich kopieren, sie kopieren nur meine Fehler*".

Das Thema dieser Radierung, nämlich die Identifikation des Darstellenden mit dem Dargestellten, ist ein Leitmotiv, das Schlotter in mehreren Zeichnungen, Graphiken umd Gemälden variiert. Mit dem in vielen Schlachten verbeulten Harnisch gerüstet und der Barbierschale als Helm auf dem Kopf, mustert er uns durch ein *Spekuliereisen* – wie man früher zu einer Sehhilfe sagte –, um zu erforschen, ob wir die Doppelbödigkeiten seiner Bildfindungen, gar die Falltüren zu noch tieferen Etagen, erkennen, und er will mit ironischer Neugier lupenrein herausfinden, auf was wir spekulieren: *Scherz, Satire, Ironie und tiefere Bedeutung*, oder was?

Adelbert von Chamisso machte sich lustig über klügelnde Fragen nach seinen Intentionen. Seine Geschichte vom verlorenen Schatten sei „*in die Hände von besonnenen Leuten gefallen, die, gewohnt nur zu ihrer Belehrung zu lesen, sich darüber beunruhigt haben, was wohl der Schatten bedeute. Mehrere haben darüber curiose Hypothesen aufgestellt; andere, indem sie mir die Ehre erweisen, mich für gelehrter zu halten als ich bin, haben sich an mich gewandt, um durch mich die Lösung ihrer Zweifel bewirkt zu sehen. Die Fragen, mit denen sie mich bestürmten, haben mich über meine Unwissenheit erröten lassen*". Um die Natur des ihm „*bis dahin fremd gebliebenen Gegenstandes*" zu ergründen, gibt sich Chamisso „*gelehrten Studien*" hin, deren Resultat darin besteht, den Übersetzungsfehler eines Wortes aus dem Französischen zu entdecken, „*den wir vorher durch den Namen Schatten bezeichneten*".

Mag sein, daß meine Deutungsversuche von *Licht* und *Schatten* in Schlotters Werk danebengingen. Wie auch immer: ich zähle darauf, daß Eberhard es hinnimmt wie vor einem halben Jahrhundert: mit einem Lachen.

Werner Fuld

NICHTS UND VIEL NEUES.

Eine kleine Korrektur

Das Ölbild „Im Schatten nichts Neues" (Maass I, 60) entstand 1955 nach einer Stipendiatenreise durch den Vorderen Orient und Griechenland. Es zeigt inmitten einer Mietshauskulisse auf einem verschatteten Platz die surreal kontrastierenden Trümmer einer antiken Statue. Der Titel knüpft an den sprichwörtlich gewordenen Remarque-Erfolgsroman „Im Westen nichts Neues" an und verweist damit auf den politischen und kunsttheoretischen Stellungskrieg in Darmstadt, dem der Reisende entfliehen wollte und den er bei seiner Rückkehr aus der Sonne des Südens unverändert vorfand. Die provinziellen Intrigen und die von Schlotter ahnungslos betretenen politischen Fettnäpfchen machten die Situation für ihn schwierig. Die Torsi im Zentrum des Bildes deuten darauf hin, dass er zudem sein bukolisch-antikisierendes Bildprogramm der Wandgestaltungen an ein Ende gekommen sah:

„Im Schatten nichts Neues", 1955

Einerseits ärgerte ihn, daß er als Künstler bei den Kunst-am-Bau-Projekten keinerlei Mitsprache bei der architektonischen Raumgestaltung hatte, so daß er sich in die Rolle des bloßen Dekorateurs gedrängt fühlte – andrerseits hatten die politischen Peinlichkeiten, in die er als Vorsitzender der „Darmstädter Sezession" geraten war, für ihn gravierende Folgen bei der Vergabe und der Honorierung öffentlicher Aufträge. All diesen Misslichkeiten entzog er sich bekanntlich durch den raschen Umzug nach Spanien.

Dieses Bild „Im Schatten nichts Neues" markierte 1955 das Ende des frühen Nachkriegswerks. In Schlotters bislang schattenloser Bildwelt ist es eines der wenigen Zeugnisse, das einen Schatten nicht nur zeigt, sondern auch im Titel nennt. Dies wäre kaum erwähnenswert, wenn Schlotter nicht 34 Jahre später darauf zurückgekommen wäre mit der Radierung „Im Schatten viel Neues" (1989). Der Titel und die bildliche Darstellung erhellen einander nicht; man ahnt allenfalls, dass es sich bei dem Blatt um eine künstlerische Selbstauskunft handelt.

Der Einzelgänger Schlotter hatte sich der seit Beginn der fünfziger Jahre drängenden Forderung der Kritiker und der Galerien nach einer abstrakten Malweise verweigert und dieser damaligen Mode ein eigenes künstlerisches Programm entgegengesetzt: In Spanien entstanden in rascher Folge die menschenleeren Bilder von Straßen, Häusern und Plätzen, ebenso zahlreiche Stillleben mit Früchten, Gläsern und Flaschen.

Von Arno Schmidt wurde Schlotter dann zu einem „zweiten Programm" gedrängt, das für ihn zunächst den Bruch mit den auch von ihm selbst schon als „Masche" (Br. v. 13.10.57) verdächtigten leeren Bildern bedeutete. Die nun folgende Hinwendung zur „literarischen" Malerei führte zu so beeindruckenden Werken wie der „Messingstadt", aber auch, stets meisterlich gemalt, zu regelrechten Exzessen des Gegenständlichen, die von der Zeitsatire bis zum Neo-Manierismus reichten und die ihn noch mehr von der zeitgenössischen Galeriekunst trennten. Auch nach Schmidts Tod dauerte es einige Jahre, bis Schlotter die intellektuelle Überfrachtung der Bilder als künstlerische Sackgasse erkannte und das literarische Programm hinter sich ließ. Die unscheinbare Radierung „Im Schatten viel Neues" markiert genau diese Situation des Übergangs, der dann im Triptychon „Die Insel" (1991) als vollzogene Entscheidung manifest wird.

Der Titel meint, es habe sich bei dem im Schatten des Kunstbetriebs stehenden Künstler viel getan – und die Darstellung deutet zumindest an, was man dann im rechten Bildteil der „Insel" als künstlerische Entscheidung sehen wird: Die Rückkehr Schlotters aus der illusionistischen Gegenständlichkeit zur Kargheit der frühen, vorliterarischen Bildsprache.

Im rechten Drittel der Radierung sieht man eine bogenförmige Wandöffnung über einem schachbrettartig angeordneten Fliesenboden. Aus dieser verschatteten Öffnung tritt halb die Figur Schlotters heraus und wirft einen die Bildmitte nach links füllenden Schatten. Vom linken Rand ragt eine offene Hand ins Bild, die (oder deren Träger) von der Figur angeblickt wir. Leider ist alles, was Wolfgang Schneider in seinem Versuch über das Spätwerk Schlotters zu diesem und verwandten Bildern schreibt, falsch und irreführend: Keineswegs „nähert" sich jene Hand „bedrohlich" und liegt auch nicht „schon schwer auf dem Schatten", noch weniger „scheint die à la Quijote kostümierte Kontur des Künstlers bereits in den Halbschatten des Durchgangs hinein zu verdunsten" – : Im Gegenteil wächst die Figur aus dem konturlosen Halbschatten des Bogens heraus. Die Richtung der Bewegung ist durch die Neigung des Schattens zur Hand deutlich vorgegeben.

Schlotter tritt auf dieser Radierung aus der illusionistischen Welt heraus und sieht eine ausgestreckte Hand als Angebot, von der ihn nur noch sein eigener Schatten, vielleicht der ihm vorauseilende Ruf als Meister der Illusionen trennt. Schneider dagegen fischt im Drüben: Er orakelt vom Tod als dem „Gravitationszentrum der Schlotterschen Kunst" und will in dem Schatten einen Hinweis sehen „auf die Sterblichkeit des Künstlers und die Vergänglichkeit seiner Kunst." Das vielfältige Verwandlungsspiel der Schatten in Schlotters Bildwelten verrät die gegenteilige Antwort: Seit der Anregung durch Chamisso führen die Schatten bei ihm ein Eigenleben, abgelöst vom Objekt und neue Identitäten schaffend. Der „Austritt der Schatten" (1959) aus der Bindung an die Objekte ist jahrelang ein beliebtes Motiv Schlotters gewesen. Keine Rede also von Tod und Vergänglichkeit – „Im Schatten viel Neues" kündete den Neubeginn an, der vom lichtgesättigten Spätwerk eingelöst wird, jener erneuten proteïschen Verwandlung des Künstlers Eberhard Schlotter.

„Im Schatten viel Neues", 1989

„Die Insel" (Triptychon, rechter Teil), 1991

Hans Wollschläger

VOM LANGSAMEN GANG

Gekritzeltes Allerlei beim Versuch, in der Dämmerung an einem Porträt weiterzumalen und sich von Eberhard Schlotter ein Bildnis oder irgendein Gleichnis zu machen

VII.

Schließlich: das Späte Werk. »Der letzte Frühling« heißt das, womit es anfängt, und der alte Orpheus hat sich noch einmal auf den Weg gemacht, um den Acheron zu movieren und das wiederzugewinnen, was er auch seinerzeit aus dem Finstern Thal zurückgebracht hatte: den farbigen Abglanz, an dem Wir das Leben haben, auch wo das Leben selber nicht mehr zu haben ist. Er ist, so scheint es, abgeglänzt und heillos erodiert, erschöpft »am Ende« – am Ende wessen?

Man sieht die Bewegung dieses Gehens allen Bildern an; in ihnen allen sitzt der Tod als Erfahrung und als Ziel. Die weiße Tafel war einst sein Manifest – die wichtigste Titelgebung überhaupt, die Arno Schmidt zu verdanken. Weiß ist das Nichts der Farbe wie ihr Alles; es bleibt der Mittelpunkt der sämtlichen Sachen, die die Welt bedeuten, der Bretter, Wände, Mauern, Türen, und die ihre Farben zeigen, als sei es zum ersten wie zum letzten Mal zugleich.

Sie beweisen, daß die Tafel noch nicht weiß wird. Das Licht, von dem sie genommen sind wie Adam von der Erde, bleibt ihnen gefährlich ohne Ende, weil es sie tödlich auch blassen läßt; die Hitze, sein sensorisches Äquivalent, gibt seinen Horror zu fassen: früh schon, immer neu, immer vollendeter als Schreckensporträt; »¡Qué calor!« hieß 1964 ein großartiges Ölbild, »¡Qué calor!« hießen noch letztes Jahr drei bedeutende neue Bilder in der Fundación.

Aber die Hölle ist gar nicht weiß und gar nicht heiß, sondern blau –: da vorn führt ihre Tür hinunter. Oder hinauf? Wo sind wir? Aus dem blauen Spiegel trat Eurydike einst: kommt sie am Ende doch wieder? Jedes Bild enthält das orpheïsche Gehen, die Bewegung der schöpferischen Arbeit der Wiederbringung, die, indem sie beginnt, unweigerlich auch wieder zum Ende bestimmt ist; das Aufhören ist in der endlichen Welt nun die Bestimmung überhaupt.

Der Moment, wo die Arbeit am Bild abgebrochen wird: es gibt bei ES Bilder, bei denen man das Gefühl hat, es fehle zum vollkommenen Selbst-Ausdruck der Kunst nur noch wenig, und man erinnert sich der alten Malerfrömmigkeit, die das Arbeiten am Bild – und alles Abbilden war ja Schöpfungsarbeit, Imitatio Dei – kurz vor der Vollendung abbrechen ließ, um nicht GOtt zu kränken, das andere Ich-bin-der-ich-bin, dem allein das Vollendete zu schaffen zustand.

Dies Aufhören ist für einen Moment wie ein Herzstillstand: eine scharfe Trennwand schiebt sich zwischen Diesseits und Jenseits und ist ein Stück Tod; im Weiterleben ist das Bild nicht mehr dasselbe. Mir scheint, die senkrechte Scheidelinie, die durch so viele späte Porträts geht, bildet diesen Moment ab. Er fällt dem Verschwinden in den Arm, läßt es innehalten, indem er die Arbeit anhält; er gehört zu ihr. Hält er es auf? Natürlich nicht; aber er verlängert die Fristen.

Das selbstausdrückliche Ich-bin-der-ich-bin geht an alle Formelemente, auch die bloß technischen, und ermächtigt sie: sie sind was sie sind, erfüllen keinem Betrachter mehr Wünsche; nur gegenseitig verleihen sie sich die »gesteigerte Gestalt«, mit Goethes Ausdruck; daß es sie gibt, ist ihr Gehalt. Was hier erreicht wird, ist nicht die »abstrakte«, sondern die Absolute Malerei, der Musik entsprechend: weiteste Entfernung nun zu den einstigen literarischen Programmen.

»Reste« heißt schließlich, was einmal auch »die Messingstadt« hätte heißen können. Nicht nur das Vergehende hat unendlich reiche Gestalten, auch das Vergehen selbst. Sie werden noch wieder handgreiflich als seine Bewegung und Sprache. Die Altersbilder grübeln darüber nach, wie die Neuen den Tod gebildet: der vom Feuer im Beton nachgezeichnete Schatten von Hiroshima wiederholte den Ursprung der Malerei – und entwarf ihr Ende.

Das kommt unfehlbar, und zwar immerneu. Es hat den Klimbim beseitigt, den Flitter und Firlefanz, das stolze Kinkerlitzchen, und macht es als Vergängliches sogar tröstend. Ganz herrlich, diese »Reste«; das hängt mit Recht bei ihm selbst, und jedem Anderen würde ich's neiden. Wer so am Untergang arbeitet, bezwingt ihn ein letztesmal. Er hat keine Zwecke mehr, die Eurydike heißen könnten oder menschlich sonstwie; er ist ganz bei sich wie beim Alles.

Menschen? – verschwunden, ›aus der Welt‹, in deren Nebenzimmer gegangen, wo die Charaktermasken hängen; hinter ihnen nehmen sie ihren Platz, abgetreten von der Bühne, auf der allein die Kulissen bleiben. Wände, Türen, Zugänge – es sind Abgänge alle, was sie bezeugen, aber immer für immer, end-gültig – nicht jene, die nach dem alten dramaturgischen Muster die Spannung mit sich von der Szene nehmen, um sie in die nächste zu tragen.

Anfangs wohl einfach die Überlegung, daß ins Stilleben der laute Mensch nicht gehört; er wurde exiliert ins Porträt und dort zum Schweigen gebracht. Wenn ein Meister der Menschendarstellung das tat, hatte es doppelte Bedeutung – eine Doppelbedeutung jedenfalls weit über bloße Misanthropie hinaus. Jetzt ist diese Bedeutung umfassend und allgemein und unabänderlich gültig. Das eigentliche Still-Leben kommt als möglich in Sicht: die Natura morta.

»Der letzte Frühling«: es sind allein die Farben, die in Harmonie-Einheiten zu einem Bild zusammentreten. Sie sind es, um die alles ›geht‹: sie leuchten, sie werfen Schatten, sie leben vor sich hin; die Gestalten, in denen sie das tun, sind bereits verwandelt: Vasen wie ehedem, Flaschen, »Reste«-Gestalten eben: Porträts, aber solche des Porträts selber. Das Spätwerk gibt sie allesamt preis und komponiert nur noch ihren Abglanz, für den Eurydike stand als Pseudonym.

Dabei leuchten die Bilder wie nie noch und nimmermehr –: es ist eine Meisterschaft des Farbendialogs erreicht, die in der Gegenwart nicht ihresgleichen hat. Und welche Wunder der bewegten Einstimmigkeit! Homoiochromie könnte man sie nennen und auf das Jota ein ganzes Credo gründen. In den frühen Bildern hatten die Dinge wohl allerlei Schattenseiten, aber einen Schatten doch nicht; jetzt sind sie dieser selber insgesamt und entreißen ihm Farben ohne Beispiel.

Sie lösen sich von den Wänden, denen die Verwitterung zugesetzt hat, und sieht man genau hin, so gibt sich zu erkennen, daß sie's auch im übertragenen Sinn tun. Noch einmal, im Vergehen, vertreten sie das Humanum wie einst, als es in seine Zukunft blickte; es blickt in ihnen zurück auf seine Schicksale und kehrt ihnen den Rücken. Die alten, die greisen Motive leuchten noch einmal im schattenwerfenden Feuer; aber sie tun es transitorisch, nur für nicht mehr lange.

Sie werden gleich gewesen sein, endgültig zum Teufel gegangen – zu alias Persephone, Hades, Irgendwemundwas – zum Mythos, zu bloßen Wörtern –: ach, wie schade um sie! Wie schön aber auch ... gemalt müßte werden, wie schön doch geht, was da den Bach hinabgeht – ja das, so etwas: ach, »wie schön so etwas untergeht!« ... so schöne Sachen waren einmal auf der Welt ... es muß dort hier doch gut zu doch doch gut zu leben gewesen sein ...

Schatten selbst, schattenlos –: gibt es denn kein Licht mehr? Die Romantik der Sonne-Mond-und-Sterne-Beleuchtung ist nicht mehr zugelassen, das ist wahr, – aber vielleicht doch ihr übertragener Sinn, La Lumière, das Licht, das Karlheinz Deschner seine »Lieblingsfarbe« nannte? Es hatte immer seine Gefahr, auch für die Farben. Jetzt tut es ihnen nichts mehr an, weil auch das idealistische Durch-Nacht-zum-Endlichdoch zu Ende ist: es gibt ihnen Ruhe.

Also auch nichts Kritisches mehr: Licht/Schatten – Gutes/Böses ... der absolute Blick, der sich auf sie richtet, trifft keine Entscheidung zwischen ihnen; er sieht nur nach, ob sie noch Schönheit abgeben, das Ein-und-Alles, das »Richtige« zuletzt: panoptisch geht er über die Sachen und ihre Welttheatralik. Nur wer da unten war wie Orpheus, kann so den Letzten Dingen zusehen, während sie die ersten widerrufen, und sie neu ordnen: zum still vor sich hin lebenden Stil.

In den Bildern der Anfang-60er Jahre ist das Licht irgend- und nirgendwo zugleich; sie werfen im fast Dunklen noch kleine Schatten; daß Gestalt noch da ist, abermals, ist ihr Gehalt. Im Spätwerk, in dem der Blick genau wie nie auf die Trümmer der Gestalten geht, erscheint das Licht selbst in der Majestät der Farbe. In ihrer unumschränkten Gewalt entfaltet sich das menschenlose Dasein triumphierend: zur glühenden Freude der überlebenden Natur.

Sie geht, diese ›Farbe an sich‹, auf wie einst die Weiße Tafel, in deren Summe alle Valeurs vereinigt waren: so reich vereinigend liegt im späten Peru das weiße Haus am Hang. Alles ist gereinigt Sinn nur seiner selbst. Die »Blaue Tür« führt ins Blaue, der »Grüne Eingang« ins Grüne, wohin sonst? Die Farben sind nun ganz bei sich; eine ist Schatten der andern. Sie leisten sich die Liebesdienste, einander ihr Licht zu leihen, wo Licht nicht mehr ist.

Es sind da Aquarelle entstanden, unglaublich: Farben, so zart wie nie, so leise wie nirgends, so blaß wie nichts. Derartige Fragilität findet sich manchmal auf Pastellen des Barock, deren Farbpigmente bedroht waren durch den Schüdderump der Fuhrwerke beim Transport und vom Papier fielen. Sie mußten unbewegt bleiben, um zu dauern; nun dürfen sie gehen beim Unter- und Übergang, und im Zerfall gelingt die Bleibende Erinnerung, umfassend.

Auch die an Eurydike, die wirkliche: Blätter, die ›in aller Stille‹, fast schamhaft hinter der praktizierten Platitüde zurückbleiben, daß das Leben weitergeht. Im Himmelblau bilden sich nur noch Schleierwolken, sehr zaghafte Einwände gegen die Weislich Geordnete Welt. Wer sich den Süden ins Leben gewünscht hat, wollte sich das »Mehr Licht« verwirklichen; es ist das Letzte Wort des unstillbaren und unerfüllbaren Wünschens überhaupt, das am Ziel ist.

Aber keine metaphysische Phantasie: vom Jenseitigen aus ist es, gesehen, das Diesseits, was noch einmal in Sicht kommt. Seine Farben reden in ihrer Blässe auch angriffiger miteinander; sie legen offen, welche Gefahr von seinen Dingen immer ausging. Die Dinge selbst sind die alten: die Buden des menschenleeren

Da-Seins, die ihren Zauber erst dadurch entfalten können, daß sie von ihm verlassen sind, endlich ... Aber was heißt das – endlich – letztenendlich –

Lauter Letzte Sachen – nur daß sie nicht mehr, wie früher, so heißen müssen: sie sind jetzt da, haben sich lange angekündigt; man hätte sie lesen können. »Der letzte Fisch« war nicht der schäbige Rest, den die Fraß-Gesellschaft der Jetzt-Zeit übrig gelassen hat, sondern jener Eine, in dem der Maler ihr Letzt-Sein erblickte. Es geht wirklich zu Ende mit Allem – auch mit der prinzipiellen Hoffnung, die vom Tod prinzipiell widerlegt wird, wie Adorno den Bloch ermahnte.

›Bedeutet‹ der Fisch denn nicht auch noch einmal, was er einmal auch war: das verschlüsselte Hoffnungsgeheimnis, den Namen des erlösenden Menschensohns, den sich die im Finstern Thal als bildliches Paßwort wiesen? Bedeutet er die ganze Geschichte, die daraus wurde und nun Matthäi am letzten ist? Ist die Erlösbarkeit des Menschen selbst verendet? *Yo pienso y es así*, weiß der Don Quijote ES. Das ganze Spätwerk malt die Trümmer des bethlehemitischen Stalls.

Jeder, der mit Wörtern redet, weiß, wie unmöglich es ist, mit ihnen die Farben- und Formenrede wiederzugeben; es geht nur in sozusagen indirekter Gleichnissprache und mit dem Bewußtsein, daß man nicht die Sache Kunst selber, sondern nur ihr Echo im eigenen Ich-Raum reproduziert. Flemming ist mit seiner »Erschöpfung« nicht ganz bei Trost, weil ihn die Botschaft der Untröstlichkeit im Spätwerk voll erreicht hat; er sollte ihr wie sich in Ruhe trauen.

ES ist alt geworden über seinen vielen Erkenntnissen, die er selber gar nicht kennt: – er läßt's damit gut sein, läßt sie einfach so gut sein, wie sie sind; er schreibt sie in seine Bilder und blättert nicht mehr in der Literatur nach angemessenen Vokabularien. In aller Stille konstatiert der alte Orpheus die Verlustsumme: Bruchstücke von Schönheit. Der Blick darauf ist der Gottes über der Welt, beschwichtigend: »Es ist alles gut in Ewigkeit«, ja? Nein.

Das unermüdliche Repetieren des Gehens, des langsamen Schritts durch die Schattenfarben, ist von staunenswerter Energie; es hat in seiner Beredtheit fast etwas Appellierendes. Soll der Schöpfer des schönen Budenzaubers doch in den letzten Momenten noch eingreifen, Einhalt tun, Eurydike an die Oberfläche zurück lassen? Bloß eine Geste wäre nötig, eine ... aber die Bilder glauben nichts; auch das ist vorüber, wo man das noch konnte.

Nur Gleichnisse: alles Vergängliche; Ereignisse nur als Kunst, mit Wörtern unbeschreiblich. Die ewige Eurydike ist endgültig hinab wie alles Andere auch. Die Wüste bezeugt das »Dabjah was here«; die »Messingstadt« liegt unter dem Sand vergangen, märchen-einst, welt-fremd geworden: Reste. Aber die Erinnerung kommt an den hellichten Tag: Die Zeiträume gehen nach rückwärts auf und zeigen, was alles war. Es war einmal alles anders gewesen.

Schöner? Die Spätwerke sind Gestalten des Abschieds von der Sinnlichkeit; es bleiben auch die Wände übrig, die ihr im Weg standen, aber sie immer noch widerspiegeln als das erinnerliche Licht. Es läuft auch diese Trennlinie durch die Bilder: Echo der Scheidung von Licht und Finsternis am Anfang, als Gott Himmel und Erde schuf; auch das »wüst und leer« aus dem ältesten Mythos ist wieder zu sehen, aber nur halb – wie so manche Sachen.

Oder gehört zum Altershandwerk das Vergessen? Entsteht nur einmal mehr durch Weglassen »der Stil«? Es ist ja doch seltsam: gar kein Schrecken geht von diesen Bildern aus; sie bewirken am Ende, was ES von der strengen Erziehung zum Handwerk durch seinen Vater sagte: daß nur und nur liebevolle Erinnerungen davon bleiben. Es ist das wahre Sehen auch des Pessimisten. »Desillusion«: die Augenöffnung Baltasar Gracians, *desengaño*.

ES endet seine schönen Jugend-Entsinnungen mit ein paar alten Sätzen aus dem schon über-achtzigsten Jahr: wie Kokoschka ihn ein Halbjahrhundert zuvor einmal beschieden habe, er, OK, sei der Letzte Maler – »was er offenbar«, merkt ES dazu an, »von Courbet entlehnte, der das zu Corot gesagt haben soll, in der späten Mitte des neunzehnten Jahrhunderts.« Hier, nach dem langen zwanzigsten, ist's noch einmal Einer; es zu werden, sehen als Ziel nur die größten Künstler.

Alles Gehen geht dem Nichts entgegen; hier scheint es angelangt. Der größte Illustrator des Jahrhunderts illustriert nichts mehr. Aber er bewegt als Orpheus noch einmal die Bäume und Felsen. Was ein Text manchmal vollbringen kann: in einem Satz kleiner Wörter eine ganze Vision zu beschwören, das gelingt einigen der späten Bilder vollkommen: »Der Platz für den letzten Esel« – so etwas streift im Vorübergehen das Unendliche und bezwingt Persephone noch immer.

Andante des Spätwerks, nun sehr langsam geworden: die Farben als dramatische Personen gehen auf das Weiß zu wie auf die mystische Union, das Alles-in-Einem, das es physikalisch ist; ähnlich plante Schmidt als End-Werks-Szene der »Julia« die Wiedervereinigung aller seiner Bücherfiguren – vermutlich aber um sie in einem gewaltigen Akt der Selbstdestruktion ästhetisch zu zerstören. Hier versammeln sie sich um ein Kräftezentrum der unvergänglichen Liebe.

ES's Bilderblicke gehen hierhin und dorthin; wer ihm mit den eigenen Augen folgt, darf es ihm nachtun und Lizenz nehmen von der Einsicht, daß es die vollkommene Gestalt der geordneten Totale bei den Texten so wenig gibt wie bei den Bildern. Man muß auch abbrechen, um nicht den Wörtern zuviel anzumaßen. Aussichten keine mehr ... wie denn auch, gegen den Tod?

Aber das Gehen geht weiter noch immer, langsam, beharrlich, und man kann sich nicht losreißen von seinem Anblick – sollte er, der Meister, des End- und Über-Meisterwerks, das nicht zu haben ist, nicht doch noch habhaft werden können? Aussicht ... ja, wie denn, gegen

Einer, der mit Wörtern über die ganz großen Werke immer nachgedacht hat, sich selber daran zu versuchen aber nicht begnadet war, steht zuletzt wörterlos vor dem, der es wurde.

Sein letztes Bild wird eines sein, auf dem Eurydike wiederkehrt und die Farben alle wieder vereint sind: Weiß wie Nichts.

Lieber Eberhard, Du bekommst hier ein sehr fragmentarisches Bild, in dem nur winzige Stellen ausgemalt sind, den ›Karton‹ zu einem Bild sozusagen; das kennst Du. Diese Notizen, auf dem schmalen Grat zwischen den Abgründen Deiner Bilder gemacht und an ihren Rand geschrieben, sind Versuche, etwas zu sagen, was im Niemandsland zwischen Richtig und Falsch sein eigenes Recht behauptet –: nimm sie mit Nachsicht. Ich gebe sie nur zögernd her, weil sie das Porträtisten-Problem, Dich mir im Anschauen Deiner Bilder sich zeigen zu lassen, nur um- und abkreisen und nicht lösen. Zu sagen, was Deine Kunst sei, gelingt ihnen nicht; sie bezeugen vielleicht aber mit, wie suggestiv sie, diese Kunst, erwirkt, daß des Lernens vor ihr kein Ende ist. Du mußt Dich damit abfinden, daß wir lebenslänglichen Betrachter so wenig wie Du selber wissen, was sie ist, woher sie kommt, wohin sie geht. Nur was Du selber bist als ihr Urheber, kann ich inzwischen mit einiger Gewißheit sagen, und ich hab's, ganz erschrocken selber, Dir gesagt, als wir seinerzeit zusammen aus der Eröffnung der »Metzgerfamilie« kamen. Hier sei's wiederholt: Du bist, mein lieber alter Freund, ein großer Mann – ein sehr großer Mann – –

Jetzt bist Du schön alt geworden ... geh langsam ... bleib mir noch lange bei Farbe ...

Immer Dein

Hans.

ZU DEN AUTOREN

Prof. Dr. Rolf Becks, Wirtschaftswissenschaftler, TU Darmstadt

Dr. Wolfram Benda, Kunstverleger, Bayreuth

Dr. Irena Berjas, Kunsthistorikerin und Goldschmiedemeisterin, Wienhausen

Prof. Dr. Dietrich Briesemeister, ehemaliger Direktor des Ibero-Amerikanischen Instituts Preußischer Kulturbesitz in Berlin, Wolfenbüttel

Prof. Dr. Horst Denkler, Literaturwissenschaftler, FU Berlin

Dr. Hilde Domin †, Schriftstellerin, Heidelberg

Prof. Dr. Jörg Drews, Literaturwissenschaftler, Literaturkritiker, Universität Bielefeld

Prof. Dr. Hans Ulrich Engelmann, Komponist, Darmstadt

Björn Engholm, ehemaliger Ministerpräsident des Landes Schleswig-Holstein, Lübeck

Prof. Maria Friedrich, Theaterwissenschaftlerin, München

Werner Fuld, Schriftsteller, Schondorf a.A. / Altea

Prof. Klaus Fußmann, Maler, Universität der Künste, Berlin

Prof. Dr. Alfredo Gómez Gil, Schriftsteller und Literaturwissenschaftler, Madrid

Drs. h.c. mult. Günter Grass, Schriftsteller, Grafiker und Bildhauer, Berlin / Lübeck

Prof. Dr. Hilmar Hoffmann, ehemaliger Präsident des Goethe-Instituts, Frankfurt / Main

Prof. Dr. Federico Kauffmann Doig, Archäologe, Lima (Perú)

Ingrid Kranz, Kunsterzieherin, Kuratorin des Werkes von Kurt Kranz, Wedel

Bernd Krimmel, ehemaliger Direktor der Mathildenhöhe, Darmstadt

Dr. h.c. Günter Kunert, Schriftsteller, Kaisborstel

Prof. Leo Leonhard, Maler und Grafiker, Bickenbach

Dr. Helmut Luft, Psychoanalytiker, Hofheim

Christoph Meckel, Schriftsteller und Grafiker, Berlin

Prof. Günther Moewes, Architekt, Dortmund

Prof. Dr. Klaus Pörtl, Hispanist, Universität Mainz

Dr. Heiko Postma, Schriftsteller, Hannover

Konstanze Radziwill, Filmautorin, Bremen

Bernd Rauschenbach, Sekretär der Arno-Schmidt-Stiftung, Bargfeld

Prof. Dr. Karl Riha, Literaturwissenschaftler und Schriftsteller (gelegentliches Pseudonym: Hans Wald), Universität Siegen

Prof. Dr. Dieter Ronte, Museumsdirektor, Bonn

Dr. h.c. Peter Rühmkorf, Schriftsteller, Hamburg

Prof. Malte Sartorius, Grafiker und Maler, HBK Braunschweig

Gotthelf Schlotter, Bildhauer, Darmstadt

Dr. Anita Shah, Kunsthistorikerin, Kuratorin der Eberhard-Schlotter-Stiftung, Celle

Götz Spieß, Maler und Grafiker, Wentorf

Prof. Dr. Heiko und Dr. Ursula von der Leyen, Bundesministerin für Familie, Sehnde

Prof. Dr. Dr. h.c. Jörg Wills, Mathematiker, Universität Siegen

Gabriele Wohmann, Schriftstellerin, Darmstadt

Dr. Hans Wollschläger., Schriftsteller und Übersetzer, Königsberg

Prof. Paul Wunderlich, Maler, Grafiker und Bildhauer, HBK Hamburg